U0462570

商品归类差异
案例解析
200+? 问

杜连莹　编著

中国海关出版社有限公司

中国·北京

图书在版编目（CIP）数据

商品归类差异案例解析 200+ 问 / 杜连莹编著 . —北京：中国海关出版社
有限公司，2024.1
ISBN 978-7-5175-0728-4

Ⅰ . ①商… Ⅱ . ①杜… Ⅲ . ①商品－分类 Ⅳ . ① F760.2

中国国家版本馆 CIP 数据核字（2023）第 255977 号

商品归类差异案例解析 200+ 问

SHANGPIN GUILEI CHAYI ANLI JIEXI 200+ WEN

作　　者：杜连莹
责任编辑：熊　芬
责任印制：孙　倩
出版发行：中国海关出版社有限公司
社　　址：北京市朝阳区东四环南路甲 1 号　　　　　邮政编码：100023
编 辑 部：01065194242-7528（电话）
发 行 部：01065194221/4238/4246/5127（电话）
社办书店：01065195616（电话）
　　　　　https://weidian.com/? userid=319526934（网址）
印　　刷：中煤（北京）印务有限公司　　　　经　　销：新华书店
开　　本：889mm×1194mm　1/16
印　　张：30.25　　　　　　　　　　　　　字　　数：833 千字
版　　次：2024 年 1 月第 1 版
印　　次：2024 年 1 月第 1 次印刷
书　　号：ISBN 978-7-5175-0728-4
定　　价：98.00 元

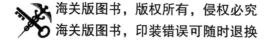

参与人员

顾　　问　　高瑞峰　朱　昉

审稿专家　　赵　泉　王　媛　闫铁恒　王　刚

　　　　　　刘　鹏　陈　昊　朱　明　谈文洲

　　　　　　吴　毅

统　　筹　　范一夫　张中昱

校　　对　　郑　超　陆俊颖　邓　宏　舒　悦

　　　　　　陈熠喆　郝鸿铭　熊祥林　张　楠

　　　　　　李佳楠　王　峰　冼妙颜

序 言 PREFACE

在国际贸易中，商品归类是非常重要的，因为不同的归类可能会导致不同的关税和监管要求。因此，准确的商品归类对于企业和海关来说至关重要，它直接影响到企业的成本和竞争力，以及海关税收安全。

然而，商品归类并不是一个简单的任务，是海关进出口货物监管、征税、统计、缉私、稽查等业务工作的重要基础，是海关业务的重点和难点。由于商品种类繁多、规格多样、归类标准繁杂，很容易出现归类差异，对于广大进出口企业而言，归类质量优劣是海关对企业实施认证和管理，为企业提供便利服务的重要依据。近年来，由于对归类规则的解读、对商品归类的理解不同，企业关务人员引发归类差错造成的缉私、稽查案件频发，案值也不断增长，致使相关企业受到处罚乃至降级的情况屡见不鲜。因此，深入研究商品归类差异是非常必要的。

在此情况下，为有效规范进出口企业申报行为，着力提升海关一线关员和企业关务人员归类技能，减少人为归类差错，提高进出口企业归类质量，加快通关速度，促进贸易便利化，我们以案例解析为切入点，对商品归类的基本概念、原则和方法进行系统的阐述，详细解释商品归类的基本原则，如实质特征原则、功能用途原则和外观特征原则，并介绍商品归类的常用方法，如比对法、分解法和综合法等，结合多年海关归类工作经验编写了本书。

　　本书根据中国主要口岸进出口商品特点，精选了 200 余个容易出现归类差错的典型案例，涵盖塑料、木制品、纺织、宝石、金属、电气、机械、汽配、仪器仪表、医药、化工等行业的重点商品。本书以图文并茂方式，对案例商品常见归类差错和归类误区进行了阐述，并对商品归类思路、方法及归类推演过程进行了深入浅出的论证。本书对于海关一线关员和企业关务人员掌握正确的归类思路和方法，提升归类准确率具有重要意义。熟练掌握本书的思路和方法，可以对归类工作起到事半功倍的效果。

海关总署关税一级专家
海口海关关长

海关总署稽查一级专家
海关总署企业管理和稽查司副司长

目 录 CONTENTS

▶ ## 第六章　用于 1 千伏以上线路的电气装置

▶ 第七章　用于电压不超过 1 千伏线路的熔断器、自动断路器、安全栅、继电器及接触器

▶ 第八章　可编程序控制器

▶ 第九章　用于电压不超过 1 千伏线路的控制面板和组合开关式控制装置

▶ 第十章　未集成可编程序控制器功能和数控装置功能的人机界面

第十一章　电缆及电导体

▶ 第十二章 电动机类商品

▶ 第十三章　电气发光装置、灯具及照明装置

第一节　LED 发光装置，LED 灯具及照明装置

第二节　其他电气发光装置、灯具、照明装置

▶ 第十四章　化学工业及其相关工业的产品

第一节　原料药及成品药

第二节　未列名化学品

第三节　其他需要关注的化学品

附录一　进出口货物申报管理指南

附录二　商品归类总规则

第一章

塑料制品及橡胶制品

案例 1　丙烯腈－丁二烯－苯乙烯共聚物制单丝

应归入税则号列 3916.9090

申报信息

申 报 名 称: ABS 树脂等。

申 报 价 格: 136.17 美元 / 卷等。

申报税则号列: 3903.3090(其他初级形状的丙烯腈 - 丁二烯 - 苯乙烯共聚物)等。

商品信息

商 品 状 态: 实际商品为成卷(绕在线轴上且装在塑料盒内)的塑料制单丝,截面直径为 1.5 毫米,规格为 300 米 / 卷。该商品的材质为丙烯腈 - 丁二烯 - 苯乙烯共聚物。

功 能 用 途: 该商品主要用于制作各类塑料制品。

归类解析

正 确 归 类: 实际商品为截面直径超过 1 毫米的成卷的塑料制单丝,材质为丙烯腈 - 丁二烯 - 苯乙烯共聚物。该商品符合《中华人民共和国进出口税则》(以下简称《税则》)和《进出口税则商品及品目注释》(以下简称《税则注释》)对品目 39.16 项下的"塑料制的单丝(截面直径超过 1 毫米)"的描述,属《税则》具体列名商品。根据归类总规则一及六,该商品应归入税则号列 3916.9090。

归 类 差 错: 截面直径超过 1 毫米的塑料制单丝(应归入品目 39.16 项下)有时被错误地按照初级形状的塑料归类,例如,按照初级形状的丙烯腈 - 丁二烯 - 苯乙烯共聚物归入子目 3903.30 项下。

归 类 辨 析: 核验此类商品时,应仔细核查商品的材质、功能用途等信息,必要时可要求企业提供说明资料,以便准确判定商品归类。

商品照片

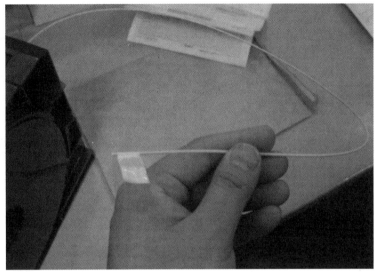

案例 2　玻璃纤维增强的塑料制蝶形截面异型材

应归入税则号列 3916.9090

申报信息

申 报 名 称: 玻璃纤维杆、玻璃纤维棒等。

申 报 价 格: 4.37 美元 / 个等。

申报税则号列: 7019.9090（玻璃纤维制其他物品）等。

商品信息

商 品 状 态: 实际商品为表面较为光滑的蝶形截面的异型材，质地结实坚硬。其化学成分（按质量百分比计）为玻璃纤维（55%）、石灰岩（12%）、聚酯（33%）。该商品是通过将多层玻璃纤维层叠，加入石灰岩，并浸渍聚酯（即浆状的聚酯，属于初级形状的塑料），之后，经加热固化、拉伸成型、机械加工（裁切成一定长度）等工艺制成。

功 能 用 途: 该商品经进一步加工后，可用于风力发电机组的涡轮叶片上，起支撑、加强作用。

归类解析

正 确 归 类: 该商品是塑料与玻璃纤维、石灰岩的复合制品，是内嵌有玻璃纤维增强物的塑料制异型材，质地结实坚硬，具有《税则》第三十九章塑料制品的基本特征。根据《税则注释》第三十九章总注释对"塑料与纺织品以外其他材料的复合制品"的描述，该商品应归入《税则》第三十九章。同时，根据《税则注释》品目 70.19 的排他条款，该商品不应归入品目 70.19 项下，而应归入《税则》第三十九章。结合该商品的形态、工艺、材质等信息，该商品应按照"塑料制条、杆、型材及异型材"归入品目 39.16 项下，并应归入税则号列 3916.9090。

归 类 差 错: 内嵌有玻璃纤维增强物且具备塑料制品基本特征的条、杆、型材、异型材等物品，有时被错误地按照"玻璃纤维制其他物品"归入子目 7019.90 项下。

归 类 辨 析: 对塑料和玻璃纤维的复合制品而言，商品质地是判别商品归类（是按照塑料制品归入第三十九章，还是按照玻璃纤维制品归入品目 70.19 项下）的重要因素。如果商品质地结实坚硬，具备塑料制品的基本特征，则可按照塑料制品归入第三十九章；如果商品质地较软、较柔韧、较脆、较易折断或破碎等，则考虑按照玻璃纤维制品归入品目 70.19 项下。

核验此类商品时，应仔细核查商品的材质、质地、加工工艺等信息，必要时可要求企业提供说明资料，以便准确判定商品归类。

商品照片

案例 **3** 玻璃纤维增强的塑料制 L 形和 C 形截面异型材

应归入税则号列 3916.9090

申报信息

申 报 名 称： 绝缘支架（玻璃纤维制）等。

申 报 价 格： 7.75 美元／个等。

申报税则号列： 8547.9090（电气机器、器具或设备用的其他绝缘零件）等。

商品信息

商 品 状 态： 实际商品为表面较为光滑的 L 形和 C 形截面的异型材，质地结实坚硬。其化学成分（按质量百分比计）为玻璃纤维（43%）、玄武岩（15%）、环氧树脂（42%）。该商品是通过将多层玻璃纤维层叠，加入玄武岩，并浸渍环氧树脂（浆状的环氧树脂，属于初级形状的塑料）后，经加热固化、拉伸成型、机械加工等工艺制成。

功 能 用 途： 该商品经进一步加工（裁切边角、打孔等）后，可安装在功率控制系统中使用，其功能是对电气设备或部件进行支撑和固定，并起到绝缘作用。

归类解析

正 确 归 类： 该商品是塑料与玻璃纤维、玄武岩的复合制品，是内嵌有玻璃纤维增强物的塑料制异型材，质地结实坚硬，具有《税则》第三十九章塑料制品的基本特征。根据《税则注释》第三十九章总注释对"塑料与纺织品以外其他材料的复合制品"的描述，该商品应归入《税则》第三十九章。结合该商品的形态、工艺、材质等信息，该商品应按照"塑料制条、杆、型材及异型材"归入品目 39.16 项下，并应归入税则号列 3916.9090。

归 类 差 错： 内嵌有玻璃纤维增强物且具备塑料制品基本特征的条、杆、型材、异型材等物品，有时被错误地按照"玻璃纤维制其他物品"归入子目 7019.90 项下。

归 类 辨 析： 对塑料和玻璃纤维的复合制品而言，商品质地是判别商品归类（是按照塑料制品归入第三十九章，还是按照玻璃纤维制品归入品目 70.19 项下）的重要因素。如果商品质地结实坚硬，具备塑料制品的基本特征，则可按照塑料制品归入第三十九章；如果商品质地较软、较柔韧、较脆、较易折断或破碎等，则考虑按照玻璃纤维制品归入品目 70.19 项下。

核验此类商品时，应仔细核查商品的材质、质地、加工工艺等信息，必要时可要求企业提供说明资料，以便准确判定商品归类。

商品照片

案例4　塑料制 Y 形管接头

应归入税则号列 3917.4000

申报信息

申 报 名 称： 医用接头等。

申 报 价 格： 0.325 美元 / 个等。

申报商品编号： 90189099.99（其他医疗、外科或兽医用仪器器具的零件及附件）等。

商品信息

商 品 状 态： 实际商品为塑料材质的 Y 形管接头。

功 能 用 途： 该商品的功能为在不同的管路之间进行连接。该商品通常连接在医疗血液体外循环管路中使用，但该商品只具备管路连接功能，不具备其他功能（特别是不具备诊断、治疗、手术等功能）。同时，该商品只能用于血液体外循环管路，不能植入人或动物体内使用。

归类解析

正 确 归 类： 该商品的功能是在不同的管路之间进行连接。除此之外，不具备其他功能。该商品明显属于塑料制管子附件。同时，该商品不能植入人或动物体内使用，不属于"专用于医疗、外科、牙科或兽医的植入物"。因此，根据《税则》第十五类注释二（一）对"通用零件"的描述，以及品目 73.07 的品目条文可知，该商品属于"第十五类注释二所规定的贱金属制通用零件的塑料制类似品"。

虽然该商品用于医疗血液体外循环管路，但根据《税则》第九十章注释一（六）的排他条款，该商品不应归入第九十章，而应按照"第十五类注释二所规定的贱金属制通用零件的塑料制类似品"归入《税则》第三十九章。根据品目 39.17 的品目条文及子目设置情况可知，该商品应归入品目 39.17 和税则号列 3917.4000。

归 类 差 错： 塑料制管子附件有时被错误地按照"医疗、外科或兽医用仪器器具"或"医疗、外科或兽医用仪器器具的零件及附件"归入品目 90.18 项下。

归 类 辨 析：核验此类商品时，应仔细核查商品的材质、组成结构、功能用途、工作原理等信息，必要时可要求企业提供说明资料，以便准确判定商品归类。

商品照片

 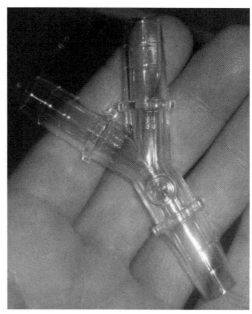

案例 5 盛装电池用塑料盒

应归入税则号列 3923.1000

申报信息

申 报 名 称： 移动电话机用电池保护壳等。

申 报 价 格： 0.1605 美元 / 个等。

申报税则号列： 8517.7930（手持式无线电话机用其他零件）等。

商品信息

商 品 状 态： 实际商品为聚乙烯材质的长方体形状塑料盒。

功 能 用 途： 该商品用于盛装手机电池，并在运输、存储手机电池的过程中保护电池。该
商品属于塑料容器范畴。

归类解析

正 确 归 类： 实际商品为用于盛装手机电池并在运输、存储过程中保护电池的塑料盒，
该商品符合《税则》及《税则注释》对品目 39.23 项下的"供运输或包装货
物用的塑料制品"的描述，属《税则》品目 39.23 项下具体列名商品。根据
归类总规则一及六，该商品应按照具体列名归入税则号列 3923.1000（塑料
盒、箱及类似品）。

归 类 差 错： 此类商品有时被错误地按照《税则》第十六类机器或电气设备的专用零件，
归入零件的品目、子目及税则号列。例如，按照手持式无线电话机零件归入
税则号列 8517.7930。

归 类 辨 析： 核验此类商品时，应仔细核查商品的材质、组成结构、功能用途、工作原理
等信息，必要时可要求企业提供说明资料，以便准确判定商品归类。

商品照片

案例 6   塑料制线轴

应归入税则号列 3923.4000

申报信息

申 报 名 称: 线轴等。

申 报 价 格: 18.7 美元 / 个等。

申报商品编号: 84799090.90(《税则》第八十四章其他品目未列名的具有独立功能的机器及机械器具的其他零件)等。

商品信息

商 品 状 态: 实际商品为塑料制线轴。

功 能 用 途: 该商品是缠绕、存放电缆的载体。该商品可用于电缆生产线。在电缆生产线上,操作人员可以将经当前工位加工后的电缆缠绕在该线轴上,以便临时存放电缆,同时,也便于将电缆输送到生产线的下一工位,进行下一步加工。

归类解析

正 确 归 类: 实际商品为塑料制线轴,是缠绕、存放电缆的载体。该商品符合《税则》和《税则注释》对品目 39.23 项下"塑料制卷轴、纡子、筒管及类似品"的描述,属《税则》具体列名商品。虽然该商品可用于电缆加工机器(应归入品目 84.79 项下),但根据《税则》第十六类注释一(三)的排他条款,该线轴应按照其自身材质归入《税则》第三十九章,而不应归入第十六类。根据归类总规则一及六,该商品应按照具体列名归入税则号列 3923.4000(塑料制卷轴、纡子、筒管及类似品)。

归 类 差 错: 各类材质的线轴有时被错误地按照《税则》第十六类机器或电气设备的专用零件,归入零件的品目、子目及税则号列,例如,按照电缆加工机器的专用零件归入税则号列 8479.9090。

归 类 辨 析: 核验此类商品时,应仔细核查商品的材质、组成结构、功能用途、工作原理等信息,必要时可要求企业提供说明资料,以便准确判定商品归类。

商品照片

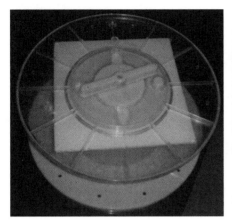  

案例 7 塑料制字母标识

应归入税则号列 3926.9090

申报信息

申 报 名 称: 手机垫片等。

申 报 价 格: 0.0983 ~ 0.1067 美元 / 个等。

申报税则号列: 8517.7930（手持式无线电话机用其他零件）等。

商品信息

商 品 状 态: 实际商品为表面经电镀的塑料材质的扁平形态的英文字母标识，包括 "N""O""K""I""A" 5 个英文字母标识。报验时，"N""O""K""I""A" 5 个字母排成一行，黏附在同一条自粘塑料膜上。该商品的加工工艺为：用激光雕刻机将真空镀膜塑料片切割成 "N""O""K""I""A" 5 个扁平形态的英文字母，然后将 5 个字母黏附在自粘塑料膜具有黏性的一面上（自粘塑料膜仅用于在运输过程中保护塑料字母，并不是实际商品）。

功 能 用 途: 该商品用于黏附在手持式无线电话机等电子商品外壳上，充当诺基亚品牌的标识。将附着有 "N""O""K""I""A" 5 个塑料字母的自粘塑料膜带有黏性的一面粘贴在电子商品的外壳上，并压实，然后将自粘塑料膜揭掉。于是，5 个塑料字母便被贴附在电子商品外壳上，形成诺基亚标识。

归类解析

正 确 归 类: 实际商品为塑料材质的扁平形态的英文字母标识。根据《税则》第十五类注释二（三）对 "通用零件" 的描述和品目 83.10 的品目条文可知，该商品属于 "第十五类注释二所规定的贱金属制通用零件及塑料制类似品"。

因此，虽然该商品用于手持式无线电话机等电子商品（归入《税则》第十六类），但根据《税则》第十六类注释一（七）的排他条款，该商品不应归入第十六类，而应按照 "第十五类注释二所规定的贱金属制通用零件的塑料制类似品" 归入《税则》第三十九章。根据《税则》和《税则注释》对品目 39.26 的描述可知，该商品应归入品目 39.26 项下。最后，根据品目 39.26 的子目设置情况可知，该商品应归入税则号列 3926.9090，并应归入商品编号

39269090.90。

归 类 差 错：贱金属制通用零件及塑料制类似品（应分别归入《税则》第十五类和第三十九章）有时被错误地按照《税则》第十六类机器或电气设备的专用零件，归入零件的品目、子目及税则号列。

归 类 辨 析：核验此类商品时，应仔细核查商品的材质、组成结构、功能用途、工作原理等信息，必要时可要求企业提供说明资料，以便准确判定商品归类。

商品照片

案例 8 塑料制铭牌

应归入税则号列 3926.9090

申报信息

申 报 名 称： 电流互感器标牌等。

申 报 价 格： 0.6 美元 / 个等。

申报税则号列： 8538.9000（其他专用于或主要用于品目 85.35、85.36、85.37 所列装置的零件）等。

商品信息

商 品 状 态： 实际商品为塑料材质的铭牌，性状为矩形片状。该铭牌上标识了商品（电流互感器）的品名、品牌、序列号、生产企业及工作参数等信息。

功 能 用 途： 该商品用于安装在电流互感器上作为电流互感器的铭牌。

归类解析

正 确 归 类： 实际商品为塑料材质的铭牌。根据《税则》第十五类注释二（三）对"通用零件"的描述和品目 83.10 的品目条文可知，该商品属于"第十五类注释二所规定的贱金属制通用零件及塑料制类似品"。

虽然该商品用于电流互感器（归入子目 8504.3），但根据《税则》第十六类注释一（七）的排他条款，该商品不应归入第十六类，而应按照"第十五类注释二所规定的贱金属制通用零件的塑料制类似品"归入《税则》第三十九章。根据《税则》和《税则注释》对品目 39.26 的描述可知，该商品应归入品目 39.26 项下。最后，根据品目 39.26 的子目设置情况可知，该商品应归入税则号列 3926.9090，并应归入商品编号 39269090.90。

归 类 差 错： 贱金属制通用零件及塑料制类似品（应分别归入《税则》第十五类和第三十九章）有时被错误地按照《税则》第十六类机器或电气设备的专用零件，归入零件的品目、子目及税则号列。

归 类 辨 析： 核验此类商品时，应仔细核查商品的材质、组成结构、功能用途、工作原理等信息，必要时可要求企业提供说明资料，以便准确判定商品归类。

商品照片

案例 9　手持式无线电话机保护套用塑料垫片

应归入税则号列 3926.9090

申报信息

申 报 名 称： 塑料片等。

申 报 价 格： 0.14 ~ 0.35 美元 / 个等。

申报税则号列： 3920.6100（聚碳酸酯制非泡沫塑料的板、片、膜、箔及扁条，未用其他材料强化、层压、支撑或用类似方法合制）、3920.6900（其他聚酯制非泡沫塑料的板、片、膜、箔及扁条，未用其他材料强化、层压、支撑或用类似方法合制）等。

商品信息

商 品 状 态： 实际商品为加工出一个椭圆形孔或异形孔的圆角矩形形状的非泡沫硬质塑料扁片。该商品无黏性，亦未用其他材料强化、层压、支撑或用类似方法合制。

功 能 用 途： 该商品主要用作手持式无线电话机保护套的骨架。在该商品的表面包覆皮革或人造革后，可制成手持式无线电话机用保护套。

归类解析

正 确 归 类： 实际商品为加工出一个椭圆形孔或异形孔的圆角矩形形状的非泡沫硬质塑料扁片，该商品无黏性，亦未用其他材料强化、层压、支撑或用类似方法合制。该商品主要用作手持式无线电话机保护套的骨架。根据《税则注释》对品目 39.20 的描述［经磨边、钻孔、铣削、卷边、搓捻、镶框或其他加工以及切成除矩形（包括正方形）以外其他形状的板、片等，不论是否经表面加工（包括切割成小块正方形或其他矩形），一般均作为品目 39.18、39.19 或 39.22 至 39.26 的物品归类］可知，该商品的形状和加工工艺已超出品目 39.20 的范围。结合该商品的实际状态（无黏性）和用途（用作手持式无线电话机保护套的骨架）可知，该商品不应归入品目 39.18、39.19 及 39.22 至 39.25，而应归入品目 39.26 项下。

根据归类总规则一及六，该商品应按照"其他塑料制品"归入品目 39.26 项下，并应归入税则号列 3926.9090 及商品编号 39269090.90。

归类差错： 经磨边、钻孔、铣削、卷边、搓捻、镶框或其他加工以及切成除矩形（包括正方形）以外其他形状的非自粘的塑料板、片等物品常被错误地按照"其他非泡沫塑料的板、片、膜、箔及扁条，未用其他材料强化、层压、支撑或用类似方法合制"归入品目 39.20 项下，或被错误地按照"其他塑料板、片、膜、箔、扁条"归入品目 39.21 项下。

归类辨析： 经磨边、钻孔、铣削、卷边、搓捻、镶框或其他加工以及切成除矩形（包括正方形）以外其他形状的塑料板、片等物品通常应归入品目 39.18、39.19 或 39.22 至 39.26。此类商品如无黏性，且用途不符合《税则》和《税则注释》对品目 39.18、39.19 及 39.22 至 39.25 的描述，则应考虑归入品目 39.26 项下。

商品照片

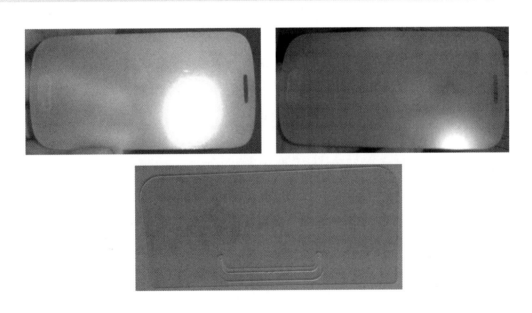

案例 **10** 塑料制实心化妆刷柄

应归入税则号列 3926.9090

申报信息

申 报 名 称： 化妆刷手柄等。

申 报 价 格： 0.03 美元 / 个等。

申报税则号列： 3917.2900（其他塑料制硬管）等。

商品信息

商 品 状 态： 实际商品为塑料（化学成分为聚乙烯）材质的具有特定形状的实心化妆刷柄，条杆状，一端较为平整（此端用于安装化妆刷头），另一端较细较尖，中间部分较粗。

功 能 用 途： 该商品是化妆刷的柄。在该商品的一端安装刷头后，即制成人体化妆刷。

归类解析

正 确 归 类： 该商品是塑料（聚乙烯）制实心化妆刷柄。化妆刷应归入《税则》品目 96.03 项下。根据《税则注释》品目 96.03 的排他条款，化妆刷的柄应按照材质进行归类。故塑料材质的化妆刷柄应归入《税则》第三十九章。根据形态特征，该商品（实心化妆刷柄）应按照"其他塑料制品"归入品目 39.26 项下，并应归入税则号列 3926.9090 及商品编号 39269090.90。

归 类 差 错： 品目 39.26 项下的塑料制品有时被错误地按照"塑料管"归入品目 39.17 项下。

归 类 辨 析： 根据《税则注释》品目 96.03 的排他条款，品目 96.03 项下的化妆刷、油漆刷、毛笔、画笔及类似品用的已制成的刷柄（或称为刷杆）应按照材质归类。例如，木制刷柄应归入品目 44.17 项下，塑料刷柄通常应归入品目 39.26 项下。

商品照片

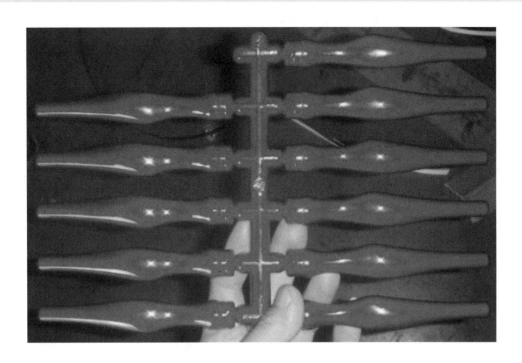

 **案例 11** 塑料制索尼爱立信标识

应归入税则号列 3926.9090

申报信息

申 报 名 称： 塑料标牌、自粘塑料片等。

申 报 价 格： 0.15 美元 / 个等。

申报税则号列： 3919.9090（其他自粘的塑料板、片、膜、箔、带、扁条及其他扁平形状材料）等。

商品信息

商 品 状 态： 实际商品为塑料材质的索尼爱立信标识，是一个正面凸起背面凹陷的小圆片，其背面具有黏性。

功 能 用 途： 该商品用于粘贴在索尼爱立信品牌的手机正面，作为品牌标识。

归类解析

正 确 归 类： 虽然该商品为自粘的塑料商品，但并非扁平形状的物品，不符合《税则》对品目 39.19 的描述"自粘的塑料板、片、膜、箔、带、扁条及其他扁平形状材料"，故不应归入品目 39.19 项下。根据商品实际形态特征，该商品应按照"其他塑料制品"归入品目 39.26 项下，并归入税则号列 3926.9090 和商品编号 39269090.90。

归 类 差 错： 非扁平形状的自粘塑料物品有时被错误地按照"自粘的塑料板、片、膜、箔、带、扁条及其他扁平形状材料"归入品目 39.19 项下。

归 类 辨 析： 非扁平形状的自粘塑料物品通常应按照"其他塑料制品"归入品目 39.26 项下。

商品照片

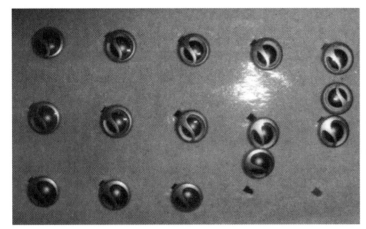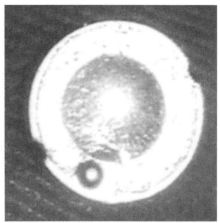

案例 12 未经加强且未与其他材料合制的带接头硫化橡胶管

应归入税则号列 4009.1200

申报信息

申 报 名 称： 钢铁制管接头等。

申 报 价 格： 51.68 欧元 / 千克等。

申报税则号列： 7307.9900（钢铁制其他管子附件）等。

商品信息

商 品 状 态： 实际商品为非硬质硫化橡胶制管子，两端安装有碳钢制管接头。该橡胶管未经加强且未与其他材料合制。

功 能 用 途： 该商品可连接在风力发电机组的齿轮箱和润滑系统之间，用以输送润滑油。

归类解析

正 确 归 类： 该商品符合《税则》和《税则注释》对品目 40.09 项下"硫化橡胶（硬质橡胶除外）制的管子，不论是否装有附件（例如，接头、肘管、法兰）"的描述，属《税则》具体列名商品。根据归类总规则一及六，该商品应按照具体列名归入税则号列 4009.1200（未经加强且未与其他材料合制的，装有附件的硫化橡胶制管子）。

归 类 差 错： 装有钢铁制管子附件的硫化橡胶制管子有时被错误地按照钢铁制管子附件归入品目 73.07 项下。例如，归入税则号列 7307.9900。

归 类 辨 析： 核验此类商品时，应仔细核查商品的材质、组成结构、功能用途、工作原理等信息，必要时可要求企业提供说明资料，以便准确判定商品归类。

商品照片

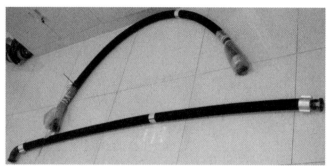

案例 13　经纺织材料加强的带接头硫化橡胶管

应归入税则号列 4009.3200

申报信息

申 报 名 称： 液压管、石油钻井配件（软管）等。

申 报 价 格： 30～40 美元／个等。

申报商品编号： 84129090.90（其他发动机及动力装置的零件）、84314310.00（石油或天然气钻探机用零件）等。

商品信息

商 品 状 态： 实际商品为非硬质硫化橡胶制管子，两端安装有合金制管接头。该橡胶管内部经纺织材料加强，除纺织材料外，未经其他材料加强且未与其他材料合制。

功 能 用 途： 该商品可连接在石油钻探机等设备的液压油箱和液压缸或液压马达之间，用以输送液压油。

归类解析

正 确 归 类： 该商品符合《税则》和《税则注释》对品目 40.09 项下"硫化橡胶（硬质橡胶除外）制的管子，不论是否装有附件（例如，接头、肘管、法兰）"的描述，属《税则》具体列名商品。根据归类总规则一及六，该商品应按照具体列名归入税则号列 4009.3200（用纺织材料加强或只与纺织材料合制的，装有附件的硫化橡胶制管子）。

归 类 差 错： 硫化橡胶管有时被错误地按照《税则》第十六类商品的专用零件，归入零件的品目、子目及税则号列。

归 类 辨 析： 核验此类商品时，应仔细核查商品的材质、组成结构、功能用途、工作原理等信息，必要时可要求企业提供说明资料，以便准确判定商品归类。

商品照片

 **案例 14** 测量仪器用硫化橡胶制环形传动带

应归入税则号列 4010.3900

申报信息

申 报 名 称： 仪器附件 / 橡胶制传动带等。

申 报 价 格： 0.05 美元 / 个等。

申报商品编号： 90159000.90（品目 90.15 所列大地测量、水道测量、海洋、水文、气象或地球物理用仪器及装置的其他零件）等。

商品信息

商 品 状 态： 实际商品为非硬质硫化橡胶制环形传动带，周长约 20 厘米。该商品为单一材质的物品，仅由硫化橡胶制成，不含其他材料。

功 能 用 途： 该商品安装在激光投线仪等测量仪器的传动系统中使用。在上述测量仪器中，由微电机通过该硫化橡胶制环形传动带带动皮带轮转动，由皮带轮带动仪器的激光测量头转动，完成测量。

归类解析

正 确 归 类： 该商品属《税则》具体列名商品，应归入品目 40.10 项下。根据该商品的实际长度，该商品应归入税则号列 4010.3900（硫化橡胶制其他传动带）。

归 类 差 错： 硫化橡胶制传动带（应归入品目 40.10 项下）有时被错误地按照《税则》第十六类商品或第九十章商品的专用零件归入零件的品目、子目及税则号列。

归 类 辨 析： 核验此类商品时，应仔细核查商品的材质、组成结构、功能用途、工作原理等信息，必要时可要求企业提供说明资料，以便准确判定商品归类。

商品照片

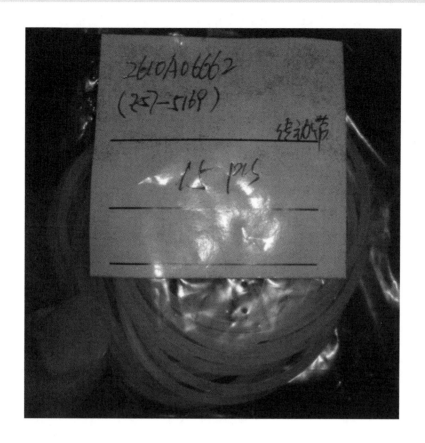

案例 **15** 船舶柴油发动机用硫化橡胶制密封圈

应归入税则号列 4016.9310

申报信息

申 报 名 称: 船舶配件（O 形圈）等。

申 报 价 格: 2.5 美元 / 个等。

申报税则号列: 8409.9910（用作船舶发动机的压燃式活塞内燃发动机的零件）等。

商品信息

商 品 状 态: 实际商品为非硬质、非海绵硫化橡胶制 O 形密封圈。该商品为单一材质的
物品，仅由硫化橡胶制成，不含其他材料。

功 能 用 途: 该商品安装在船舶用柴油发动机与液、气体管路相连接的部位，起密封作
用，使得上述连接部位水气不透。

归类解析

正 确 归 类: 实际商品为船舶的柴油发动机（属于《税则》第十六类具体列名商品）用非
硬质、非海绵硫化橡胶制密封圈。根据《税则》第十六类注释一（一）的排
他条款，该商品应归入品目 40.16 项下，具体应归入税则号列 4016.9310（机
器及仪器用硫化橡胶制垫片、垫圈及其他密封垫）。

归 类 差 错: 用作《税则》第十六类商品的非硬质硫化橡胶制零件（应归入品目 40.16 项
下）有时被错误地按照《税则》第十六类商品的专用零件归入零件的品目、
子目及税则号列。

归 类 辨 析: 核验此类商品时，应仔细核查商品的材质、组成结构、功能用途、工作原理
等信息，必要时可要求企业提供说明资料，以便准确判定商品归类。

商品照片

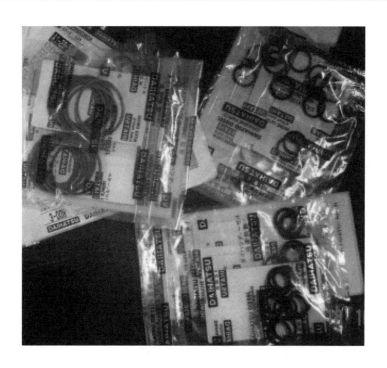

案例 16　钻探设备用硫化橡胶制密封圈

应归入税则号列 4016.9310

申报信息

申 报 名 称： 盘根 / 石油钻机配件等。

申 报 价 格： 12 美元 / 个等。

申报税则号列： 8431.4310（石油或天然气钻探机用零件）等。

商品信息

商 品 状 态： 实际商品为非硬质、非海绵硫化橡胶制密封圈。该商品为单一材质的物品，仅由硫化橡胶制成，不含其他材料。

功 能 用 途： 该商品安装在石油钻探设备的管路接口部位，起密封作用，使得上述接口部位具有良好的密封性，不渗水，不渗油。

归类解析

正 确 归 类： 实际商品为石油钻探设备（属于《税则》第十六类具体列名商品）用非硬质、非海绵硫化橡胶制密封圈。根据《税则》第十六类注释一（一）的排他条款，该商品应归入品目 40.16 项下，具体应归入税则号列 4016.9310（机器及仪器用硫化橡胶制垫片、垫圈及其他密封垫）。

归 类 差 错： 用作《税则》第十六类商品的非硬质硫化橡胶制零件（应归入品目 40.16 项下）有时被错误地按照《税则》第十六类商品的专用零件归入零件的品目、子目及税则号列。

归 类 辨 析： 核验此类商品时，应仔细核查商品的材质、组成结构、功能用途、工作原理等信息，必要时可要求企业提供说明资料，以便准确判定商品归类。

商品照片

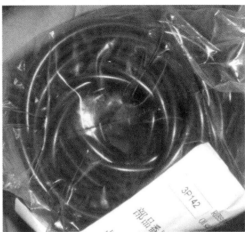

 案例 **17** 液体泵用硫化橡胶制 O 形密封圈

应归入税则号列 4016.9310

申报信息

申 报 名 称: 油封、密封圈等。

申 报 价 格: 418.1333 欧元 / 千克等。

申报税则号列: 8484.1000（密封垫或类似接合衬垫，用金属片与其他材料制成或用双层或多层金属片制成）等。

商品信息

商 品 状 态: 实际商品为非硬质硫化橡胶制 O 形密封圈，材质为丁腈橡胶。该商品为单一材质的物品，仅由硫化橡胶制成，不含其他材料。

功 能 用 途: 该商品安装在液体泵中起密封作用。

归类解析

正 确 归 类: 实际商品为单一材质的硫化橡胶制 O 形密封圈，安装在液体泵（属于《税则》第十六类第八十四章品目 84.13 项下的商品）中起密封作用，属《税则》具体列名商品。根据《税则》第十六类注释一（一）的排他条款，该商品应归入品目 40.16 项下，具体应归入税则号列 4016.9310（机器及仪器用硫化橡胶制垫片、垫圈及其他密封垫）。

归 类 差 错: 单一材质的硫化橡胶制密封件有时被错误地按照由两种或多种材料（例如，橡胶、纺织品、塑料、纸、金属、石棉等）制成的成套密封垫（圈）、复合材料密封垫（圈）或类似接合衬垫归入品目 84.84 项下。

归 类 辨 析: 单一材质的硫化橡胶制密封件应归入子目 4016.93 项下；由两种或多种材料（例如，橡胶、纺织品、塑料、纸、金属、石棉等）制成的成套密封垫（圈）、复合材料密封垫（圈）或类似接合衬垫则应归入品目 84.84 项下。

商品照片

案例 18 轿车门窗用硫化橡胶制密封条

应归入税则号列 4016.9390

申报信息

申 报 名 称: 车用窗框件等。

申 报 价 格: 3.2 美元 / 个等。

申报商品编号: 87089999.90（品目 87.01 ~ 87.05 所列机动车辆的其他零件、附件）等。

商品信息

商 品 状 态: 实际商品为非硬质、非海绵硫化橡胶制密封条，为单一材质的物品，仅由硫化橡胶制成，不含其他材料。

功 能 用 途: 该商品安装在轿车的车门、车窗等部位，起密封作用，使得轿车的车门、车窗具有良好的防雨、防水和防风性能。

归类解析

正 确 归 类: 实际商品为《税则》品目 87.03 所列机动车车身用非硬质、非海绵硫化橡胶制密封条。根据《税则》第十七类注释二（一）的排他条款，该商品应归入品目 40.16 项下，具体应归入税则号列 4016.9390（用于机器、仪器以外用途的硫化橡胶制垫片、垫圈及其他密封垫）。

归 类 差 错: 非硬质硫化橡胶制机动车零件、附件（应归入品目 40.16 项下）有时被错误地按照机动车辆的专用零件、附件归入品目 87.08 项下。

归 类 辨 析: 核验此类商品时，应仔细核查商品的材质、组成结构、功能用途、工作原理等信息，必要时可要求企业提供说明资料，以便准确判定商品归类。

商品照片

案例 *19*　皮囊式液压蓄能器用硫化橡胶皮囊

应归入税则号列 4016.9500

申报信息

申 报 名 称： 液压机用皮囊等。

申 报 价 格： 57～63 美元／个等。

申报商品编号： 84879000.00（《税则》第八十四章其他品目未列名的机器零件）、84799090.90（《税则》第八十四章其他品目未列名的具有独立功能的机器及机械器具零件）等。

商品信息

商 品 状 态： 实际商品为非硬质、非海绵硫化橡胶制密闭的囊袋状物品，中空，可充气（报验时未充入气体）。该商品的一端安装有一个用于充气的金属制进气门。

功 能 用 途： 该商品安装在皮囊式液压蓄能器的金属外壳中使用，是皮囊式液压蓄能器的重要零件。具体使用时，该商品内部会充入一定压强的氮气，其功能是在液压油压力的作用下蓄积能量，并在需要时重新释放。

皮囊式液压蓄能器连接在液压动力系统的液压管路中，当液压动力系统中液压油的压强较高时，液压油会进入皮囊式液压蓄能器并挤压该商品及其内部的氮气，随着该商品发生形变，液压油的能量逐渐被该商品内部的氮气吸收；当液压动力系统中液压油的压强降低时，该商品发生膨胀，释放能量，将氮气的能量转化为液压油的能量，将液压油排出蓄能器，为液压动力系统提供助力。

归类解析

正 确 归 类： 实际商品为皮囊式液压蓄能器用硫化橡胶皮囊，是皮囊式液压蓄能器（属《税则》第十六类第八十四章商品，应归入税则号列 8479.8999）的专用零件，是一种可充气的非硬质、非海绵硫化橡胶制品。根据《税则》第十六类注释一（一）的排他条款及海关总署 J2011－0002 号归类决定，该商品应归入品目 40.16 项下，具体应归入税则号列 4016.9500（硫化橡胶制其他可充气制品），并应归入商品编号 40169500.90。

归 类 差 错： 非硬质硫化橡胶制机器、仪器用零件、附件（应归入品目 40.16 项下）有时被错误地按照《税则》第十六类商品或第九十章商品的专用零件、附件，归入零附件的品目、子目及税则号列。

归 类 辨 析： 核验此类商品时，应仔细核查商品的材质、组成结构、功能用途、工作原理等信息，必要时可要求企业提供说明资料，以便准确判定商品归类。

商品照片

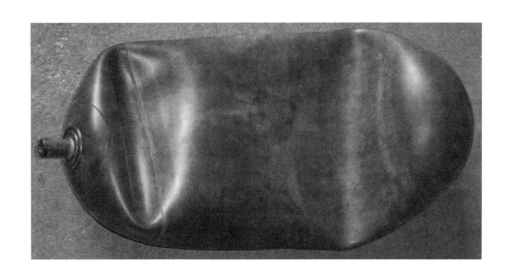

案例 20 非海绵硫化橡胶制可充气环形缓冲垫

应归入税则号列 4016.9500

申报信息

申 报 名 称：密封垫（复合材料制）等。

申 报 价 格：2825.95 日元／个等。

申报商品编号：84841000.00（用金属片与其他材料制成或用双层或多层金属片制成的密封垫或类似接合衬垫）、40169910.90（非海绵硫化橡胶制其他机器及仪器用零件）等。

商品信息

商 品 状 态：实际商品为由非硬质、非海绵硫化橡胶制成的中空、密闭的环形物品，其上安装有进气嘴，可充气。

功 能 用 途：该商品充气后可充当缓冲垫，起到防撞、减震等作用，可用于多种设备、环境。

归类解析

正 确 归 类：实际商品为非硬质、非海绵硫化橡胶制可充气制品，属《税则》具体列名商品。根据归类总规则一及六，该商品应按照"非海绵硫化橡胶制其他可充气制品"归入税则号列 4016.9500，并应归入商品编号 40169500.90。

归 类 差 错：品目 40.16 项下的硫化橡胶制品有时被错误地按照"密封垫或类似接合衬垫，用金属片与其他材料制成或用双层或多层金属片制成；成套或各种不同材料的密封垫或类似接合衬垫，装于袋、套或类似包装内；机械密封件"归入品目 84.84 项下。此外，子目 4016.95 项下的"非海绵硫化橡胶制其他可充气制品"有时被错误地按照"其他非海绵硫化橡胶制品"归入子目 4016.99 项下。

归 类 辨 析：在对可能归入《税则》第四十章的橡胶制品进行归类时，应注意核查商品的材质（例如，是否为硫化橡胶，是否为海绵硫化橡胶，是否为硬质橡胶等）、形态、组成结构（例如，是否具有中空结构，是否可充气等）、加工工艺等要素，以便确定商品的正确归类。

商品照片

案例 **21** 隔膜泵用硫化橡胶制膜片

应归入税则号列 4016.9910

申报信息

申 报 名 称： 隔膜泵用膜片、隔膜泵用衬膜等。

申 报 价 格： 8250 ~ 33500 日元 / 个等。

申报税则号列： 8413.9100（液体泵用零件）等。

商品信息

商 品 状 态： 实际商品为隔膜泵（属于往复式排液泵的一种，应归入子目 8413.50 项下）用硫化橡胶制膜片（又称隔膜片、阀膜片等）。该商品的材质为非硬质、非海绵硫化橡胶。该商品外观为圆盘状物品，中心位置带有圆孔。

功 能 用 途： 在隔膜泵的工作过程中，该商品在隔膜泵驱动机构的带动下来回鼓动，从而改变隔膜泵的工作室的容积，使隔膜泵吸入和排出液体。

归类解析

正 确 归 类： 该商品为隔膜泵（属《税则》第十六类第八十四章商品）用硫化橡胶制零件。根据《税则》第十六类注释一（一）的排他条款，该商品应归入品目 40.16 项下。结合该商品的形态、功能用途可知，该商品应按照"机器及仪器用硫化橡胶制其他零件"归入税则号列 4016.9910，并应归入商品编号 40169910.90。

归 类 差 错：《税则》第十六类、第十七类及第九十章商品用硫化橡胶制零件有时被错误地按照《税则》第十六类、第十七类或第九十章商品的专用零件归入零件的品目、子目及税则号列。

归 类 辨 析：《税则》第十六类、第十七类及第九十章商品用硫化橡胶制品应归入《税则》第四十章的相应品目项下。例如，硫化橡胶管应归入品目 40.09 项下，硫化橡胶制传动带及输送带应归入品目 40.10 项下，硫化橡胶制轮胎应归入品目 40.11、40.12 或 40.13 项下，硫化橡胶制其他物品应归入品目 40.16 项下。

商品照片

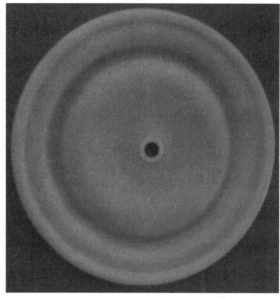

案例 22 测量仪器用硫化橡胶制保护盖

应归入税则号列 4016.9910

申报信息

申 报 名 称： 仪器附件 / 软质橡胶盖等。

申 报 价 格： 0.21 美元 / 个等。

申报商品编号： 90159000.90（品目 90.15 所列大地测量、水道测量、海洋、水文、气象或地球物理用仪器及装置零件）等。

商品信息

商 品 状 态： 实际商品为非硬质、非海绵硫化橡胶制圆形盖状物品。

功 能 用 途： 该商品用于套在水平仪等测量仪器的光学镜头上使用，起到减震、缓冲、保护光学镜头等作用。

归类解析

正 确 归 类： 实际商品为《税则》第九十章所列测量仪器用非硬质、非海绵硫化橡胶制物品，根据《税则》第九十章注释一（一）的排他条款，该商品应归入品目 40.16 项下。结合该商品具体用途可知，该商品应归入税则号列 4016.9910（硫化橡胶制机器、仪器用其他零件），并应归入商品编号 40169910.90。

归 类 差 错： 用于《税则》第十六类商品或第九十章商品的非硬质硫化橡胶制物品（应归入品目 40.16 项下）有时被错误地按照第十六类商品或第九十章商品的专用零件，归入零件的品目、子目及税则号列。

归 类 辨 析： 核验此类商品时，应仔细核查商品的材质、组成结构、功能用途、工作原理等信息，必要时可要求企业提供说明资料，以便准确判定商品归类。

商品照片

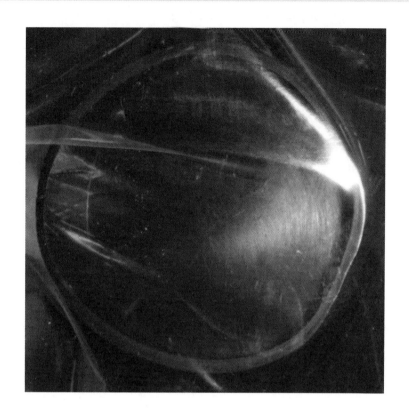

案例 **23**　　硫化橡胶制红外线遥控器键盘

应归入税则号列 4016.9910

申报信息

申 报 名 称： 按键等。

申 报 价 格： 0.15 美元 / 个等。

申报税则号列： 8543.9090（税则第八十五章其他品目未列名的具有独立功能的电气设备及装置用零件）等。

商品信息

商 品 状 态： 实际商品为非硬质、非海绵硫化橡胶制键盘，其上带有多个硫化橡胶材质的按键。该商品为单一材质的物品，仅由硫化橡胶制成，不含其他材料，也不带有任何机械、电子或电气零部件。

功 能 用 途： 该商品安装在空调用红外线遥控器上，作为红外线遥控器的键盘使用。

归类解析

正 确 归 类： 实际商品为空调用红外线遥控器（属于《税则》第八十五章商品，应归入税则号列 8543.7099）用非硬质、非海绵硫化橡胶制零件。根据《税则》第十六类注释一（一）的排他条款，该商品应归入品目 40.16 项下。结合该商品的具体用途可知，该商品应归入税则号列 4016.9910（硫化橡胶制机器、仪器用其他零件），并应归入商品编号 40169910.90。

归 类 差 错： 用于《税则》第十六类商品或第九十章商品的非硬质硫化橡胶制物品（应归入品目 40.16 项下）有时被错误地按照第十六类商品或第九十章商品的专用零件，归入零件的品目、子目及税则号列。

归 类 辨 析： 核验此类商品时，应仔细核查商品的材质、组成结构、功能用途、工作原理等信息，必要时可要求企业提供说明资料，以便准确判定商品归类。

商品照片

 **空调用硫化橡胶制缓冲垫**

应归入税则号列 4016.9910

申报信息

申 报 名 称： 支架等。

申 报 价 格： 0.04 美元 / 个等。

申报税则号列： 8415.9010（子目 8415.1010、8415.1021、8415.8110 及 8415.8210 所列空气调节器用零件）、8415.9090（品目 84.15 所列其他空气调节器用零件）、3926.9010（塑料制机器及仪器用零件）等。

商品信息

商 品 状 态： 实际商品为非硬质、非海绵硫化橡胶制矩形片状缓冲垫，尺寸为 40 毫米 × 4 毫米。该商品为单一材质的物品，仅由硫化橡胶制成，不含其他材料。

功 能 用 途： 该商品安装在空气调节器内部，起减震、缓冲等作用。

归类解析

正 确 归 类： 实际商品为空气调节器（属于《税则》第八十四章商品）用非硬质、非海绵硫化橡胶制零件。根据《税则》第十六类注释一（一）的排他条款，该商品应归入品目 40.16 项下。结合该商品的具体用途可知，该商品应归入税则号列 4016.9910（硫化橡胶制机器、仪器用其他零件），并应归入商品编号 40169910.90。

归 类 差 错： 用于《税则》第十六类商品或第九十章商品的非硬质硫化橡胶制物品（应归入品目 40.16 项下）有时被错误地按照第十六类商品或第九十章商品的专用零件，归入零件的品目、子目及税则号列。

归 类 辨 析： 核验此类商品时，应仔细核查商品的材质、组成结构、功能用途、工作原理等信息，必要时可要求企业提供说明资料，以便准确判定商品归类。

商品照片

案例 25　硫化橡胶制吸盘

应归入税则号列 4016.9910

申报信息

申 报 名 称： 手机用吸盘仪等。

申 报 价 格： 600.08 美元／千克等。

申报商品编号： 85177930.00（手持式无线电话机用其他零件）、90309000.90（品目90.30所列电量测量或检验仪器和装置用零件、附件）、90319000.90（《税则》第九十章其他品目未列名的测量或检验仪器、器具及机器用零件、附件）等。

商品信息

商 品 状 态： 实际商品为非硬质、非海绵硫化橡胶制吸盘，为矩形垫状物品，其中央位置带有一个智能手机性状的凹槽，该凹槽的形状和尺寸与相关型号的智能手机相同，可以与智能手机严密贴合，使该商品与智能手机贴合的区域形成真空，其四角位置带有圆孔。该商品为单一材质的物品，仅由硫化橡胶制成，不含其他材料。

功 能 用 途： 该商品安装在测试智能手机功能的测试仪器上使用。其功能是与智能手机严密贴合，使该商品与智能手机贴合的区域形成真空，利用大气压的作用来吸附、移动智能手机，以便测试仪器对智能手机进行测试。

归类解析

正 确 归 类： 实际商品为手机测试仪器（属于《税则》第九十章商品）用非硬质、非海绵硫化橡胶制零件。根据《税则》第九十章注释一（一）的排他条款，该商品应归入品目40.16项下。结合该商品的形态、功能用途可知，该商品应归入税则号列4016.9910（硫化橡胶制机器、仪器用其他零件），并应归入商品编号40169910.90。

归 类 差 错： 用于《税则》第十六类商品或第九十章商品的非硬质硫化橡胶制物品（应归入品目40.16项下）有时被错误地按照第十六类商品或第九十章商品的专用零件，归入零件的品目、子目及税则号列。

归类辨析：核验此类商品时，应仔细核查商品的材质、组成结构、功能用途、工作原理等信息，必要时可要求企业提供说明资料，以便准确判定商品归类。

商品照片

案例 26　硫化橡胶制耳机插孔保护盖

应归入税则号列 4016.9910

申报信息

申 报 名 称： 手机用话音孔橡胶垫、耳机插孔保护盖等。

申 报 价 格： 0.0437 美元 / 个等。

申报商品编号： 85177930.00（手持式无线电话机用其他零件）、85189000.90（品目 85.18 所列货品的其他零件）等。

商品信息

商 品 状 态： 实际商品为非硬质、非海绵硫化橡胶制方形盖状物品，为单一材质的物品，仅由硫化橡胶制成，不含其他材料。

功 能 用 途： 该商品覆盖在手机的耳机插孔位置，起到缓冲、防尘等作用。

归类解析

正 确 归 类： 实际商品为手机（属于《税则》第八十五章商品）用非硬质、非海绵硫化橡胶制零件。根据《税则》第十六类注释一（一）的排他条款，该商品应归入品目 40.16 项下。结合该商品的形态、功能用途可知，该商品应归入税则号列 4016.9910（硫化橡胶制机器、仪器用其他零件），并应归入商品编号 40169910.90。

归 类 差 错： 用于《税则》第十六类商品或第九十章商品的非硬质硫化橡胶制物品（应归入品目 40.16 项下）有时被错误地按照第十六类商品或第九十章商品的专用零件，归入零件的品目、子目及税则号列。

归 类 辨 析： 核验此类商品时，应仔细核查商品的材质、组成结构、功能用途、工作原理等信息，必要时可要求企业提供说明资料，以便准确判定商品归类。

商品照片

第二章

木制品及纸制品

案例 **1** 画笔和毛笔用木制笔杆

应归入税则号列 4417.0090

申报信息

申 报 名 称： 笔杆等。

申 报 价 格： 0.0229 美元 / 个等。

申报税则号列： 9608.9920（蜡纸铁笔；钢笔杆、铅笔杆及类似的笔杆）等。

商品信息

商 品 状 态： 实际商品为已经加工成型的桦木制笔杆，为画笔（例如，用于绘制油画或水彩画的画笔）和毛笔（例如，用于写书法或办公的毛笔）的笔杆。实际商品包括 3 种规格的商品：第一种是两端较粗中部略细的笔杆，第二种是一端较粗一端较细的笔杆，第三种是粗细较为均一的笔杆。该商品已经具备成品笔杆的形态，可以直接作为画笔、毛笔的笔杆使用。

功 能 用 途： 该商品用作画笔、毛笔的笔杆。在该商品的一端安装一个由一簇毛（例如，猪鬃等）构成的笔头之后，就制成了完整的画笔或毛笔。

归类解析

正 确 归 类： 以该商品为笔杆的画笔和毛笔应归入品目 96.03 项下，并应归入子目 9603.30（画笔、毛笔及化妆用的类似笔）项下。根据《税则注释》对品目 96.03 的描述，画笔、毛笔属于"其他帚及刷"范畴。相应地，画笔、毛笔的笔杆属于刷柄范畴，应按照刷柄的归类原则进行归类。

根据《税则注释》品目 96.03 的排他条款，刷柄应按照材质归类。因此，该商品（画笔、毛笔的笔杆）也应按照材质（桦木）归类，并应归入《税则》第四十四章。具体来说，该商品应按照"木制刷柄"归入品目 44.17 项下，并应归入税则号列 4417.0090。

归 类 差 错： 毛笔、油画及水彩画笔的笔杆常被错误地按照"钢笔杆、铅笔杆及类似的笔杆"归入品目 96.08 项下，特别是被错误地归入税则号列 9608.9920。

归 类 辨 析： 根据《税则注释》对品目 96.03 的描述，毛笔、油画及水彩画笔属于"刷"的范畴。相应地，毛笔、油画及水彩画笔的笔杆属于刷柄范畴，应按照刷柄的归类原则进行归类。即，按照材质归类。其中，毛笔、油画及水彩画笔的木制笔杆应归入品目 44.17 项下。

商品照片

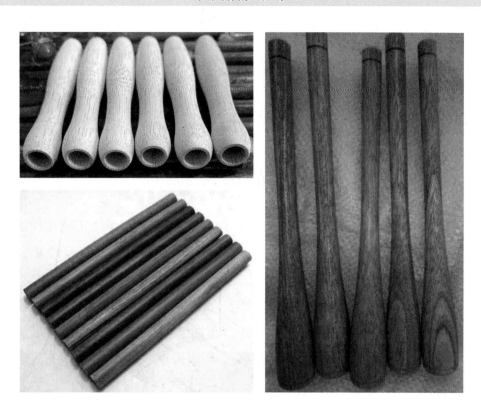

案例 2 非落地式木制柜子

应归入税则号列 4420.9090

申报信息

申 报 名 称: 木柜等。

申 报 价 格: 35 美元 / 千克等。

申报商品编号: 94036099.90(用于办公室、厨房、卧室以外其他用途的木家具)等。

商品信息

商 品 状 态: 实际商品为非落地式木制柜子,为木板(其材质为桐木和密度板,不属于拉敏木,也不属于濒危木)制的长方体盒状物品,中空,尺寸约为 170 毫米 × 75 毫米 × 210 毫米。该商品外表面已加工得非常光滑并已喷漆。

功 能 用 途: 该商品供家居使用,具体用途为:将该木柜放置在桌面上,充当摆放小件工艺品或装饰品的摆柜。春节时,人们在该木柜的内部摆放一些寓意吉祥的小工艺品或装饰品,以示吉祥如意、健康长寿,该木柜本身只充当摆柜,本身并无装饰或寓意吉祥的作用。

归类解析

正 确 归 类: 实际商品为摆放在桌面上使用的木制小摆柜,该商品符合《税则》和《税则注释》对品目 44.20 项下的"第九十四章以外的木制家具"的描述,属《税则》具体列名商品。根据归类总规则一及六,该商品应按照具体列名归入品目 44.20 项下,并应归入税则号列 4420.9090。

归 类 差 错: 44.20 项下的木制家具有时被错误地归入品目 94.03 项下。

归 类 辨 析: 核验家具类商品时,除应核查商品的材质、组成结构、功能用途外,还应核实商品的体积、质量和使用方法(例如,是落地使用,还是摆放在桌案上使用等),必要时可要求企业提供说明资料,以便准确判定商品归类。

商品照片

案例 3　木制工艺折扇

应归入税则号列 4420.1920

申报信息

申 报 名 称： 扇子等。

申 报 价 格： 2.22 美元 / 个等。

申报税则号列： 4823.9030（纸扇）等。

商品信息

商 品 状 态： 实际商品为由薄木片制成的工艺折扇。该商品的材质不属于热带木，也不属于拉敏木或濒危木。

功 能 用 途： 该商品可用作室内装饰品，例如，悬挂或摆放在室内，起装饰作用。

归类解析

正 确 归 类： 该商品符合《税则》和《税则注释》对品目 44.20 项下的"木制其他装饰品"的描述，属《税则》具体列名商品。根据归类总规则一及六，该商品应按照具体列名归入品目 44.20 项下，并应归入税则号列 4420.1920（木扇）。

归 类 差 错： 木扇有时被错误地按照纸扇归入品目 48.23 及税则号列 4823.9030。

归 类 辨 析： 核验此类商品时，应仔细核查商品的材质、组成结构、功能用途、工作原理等信息，必要时可要求企业提供说明资料，以便准确判定商品归类。

商品照片

木制工艺品（小琵琶）

应归入税则号列 4420.1990

申报信息

申 报 名 称： 塑料制工艺品等。

申 报 价 格： 1.47 美元 / 个等。

申报税则号列： 3926.4000（塑料制小雕塑品及其他装饰品）等。

商品信息

商 品 状 态： 实际商品为木制小件工艺品（小琵琶）。该商品的材质不属于热带木，也不属于拉敏木或濒危木。

功 能 用 途： 该商品可用作室内装饰品，例如，摆放在桌案上，起装饰作用。

归类解析

正 确 归 类： 该商品符合《税则》和《税则注释》对品目 44.20 项下的"木制其他装饰品"的描述，属《税则》具体列名商品。根据归类总规则一及六，该商品应按照具体列名归入品目 44.20 项下，并应归入税则号列 4420.1990（木制其他装饰品）。

归 类 差 错： 木制装饰品（归入品目 44.20 项下）有时被错误地按照塑料制装饰品归入品目 39.26 及税则号列 3926.4000 项下。

归 类 辨 析： 核验此类商品时，应仔细核查商品的材质、组成结构、功能用途、工作原理等信息，必要时可要求企业提供说明资料，以便准确判定商品归类。

商品照片

用计算机设计的打印图纸

应归入税则号列 4911.9100

申报信息

申 报 名 称: 机械图纸、退火炉设计图纸、设备材料等。

申 报 价 格: 1752.38 美元 / 套等。

申报税则号列: 4901.1000（单张的书籍、小册子、散页印刷品及类似印刷品，不论是否折叠）、4906.0000（手绘的建筑、工程、工业、商业、地形或类似用途的设计图纸原稿；手稿；用感光纸照相复印或用复写纸誊写的上述物品复制件）、4911.1010（无商业价值的商业广告品、商品目录及类似印刷品）等。

商品信息

商 品 状 态: 实际商品为在计算机上用制图软件设计出电子图样，然后利用打印机打印在纸上制成的图纸，包括机器零部件三视图、机械商品研发设计图、机械设备结构图等。

功 能 用 途: 该商品主要用于机械商品研发、设计，机器零部件生产等。

归类解析

正 确 归 类: 根据归类总规则一及六，并参考海关总署 Z2006—0347 号归类决定，该商品应按照"其他印刷品"归入品目 49.11 项下，并应按照"其他印刷的设计图样"归入税则号列 4911.9100。

归 类 差 错: 在计算机上用制图软件设计并用打印机打印在纸上制成的图纸有时被错误地按照"书籍、小册子、散页印刷品及类似印刷品"归入品目 49.01 项下（例如，归入税则号列 4901.1000），或被错误地按照"手绘的设计图纸原稿，或用感光纸照相复印或用复写纸誊写的复制件"归入品目 49.06 项下，或被错误地按照"无商业价值的商业广告品、商品目录及类似印刷品"归入税则号列 4911.1010。

归 类 辨 析: 核验图纸类商品时，除应核查商品的材质和内容外，还应仔细核查商品的制作工艺，必要时可要求企业提供说明资料，以便准确判定商品归类。

归入品目 49.06 项下的设计图纸仅限于手绘的设计图纸原稿和用感光纸照相

复印或用复写纸誊写的手绘设计图纸原稿的复制件。印刷的设计图纸（包括在计算机上用制图软件设计并用打印机打印在纸上制成的图纸）应酌情归入品目 49.05 或 49.11 项下。其中，地图、水道图、地形图及类似图表应归入品目 49.05 项下，其他设计图纸应归入品目 49.11 项下。

商品照片

第三章

纺织材料制品

案例 1　两端制成套环的纺织材料制绳索及编带

应归入税则号列 5609.0000

申报信息

申 报 名 称： 合成纤维制索缆、尼龙吊带、尼龙吊绳等。

申 报 价 格： 11.88～420.70 美元 / 个等。

申报商品编号： 56075000.00（其他合成纤维制线、绳、索、缆）、59119000.90（其他专门技术用途纺织商品及制品）等。

商品信息

商 品 状 态： 实际商品为加工成指定长度且两端均制成套环的纺织材料制绳索及编带，其材质为涤纶、丙纶、尼龙等合成纤维。

功 能 用 途： 该商品具有高强度，可配合起重机等工程机械使用，用以吊取或拖拽物品。

归类解析

正 确 归 类： 该商品符合《税则》和《税则注释》对品目 56.09 的描述。根据归类总规则一及六，该商品应按照"用纱线、品目 54.04 或 54.05 的扁条及类似品或线、绳、索、缆制成的其他品目未列名物品"归入税则号列 5609.0000。

归 类 差 错： 品目 56.09 项下的商品（例如，裁成段并在一端或两端制成套环的纱线、绳索，装有端头、环、钩等的纱线、绳索，绳梯，装货吊索等）有时被错误地按照"纺织材料制线、绳、索、缆"归入品目 56.07 项下，或被错误地按照《税则》第五十九章注释八所规定的作专门技术用途的纺织商品及制品"归入品目 59.11 项下。

归 类 辨 析： 品目 56.07 项下商品为，不论是否编织或编结而成，不论是否用橡胶或塑料浸渍、涂布、包覆或套裹，也不论是否切成一定长度的纺织材料制线、绳、索、缆。

如果将品目 56.07 项下商品的一端或两端制成套环，或在品目 56.07 项下商品的一端或两端安装端头、环、钩等物品，或将品目 56.07 项下商品的两端缝制、连接在一起制成环形，或进行其他类似加工，则所得商品应归入品目 56.09 项下。

核验此类商品时，应仔细核查商品的材质、组成结构、功能用途、工作原理等信息，必要时可要求企业提供说明资料，以便准确判定商品归类。

商品照片

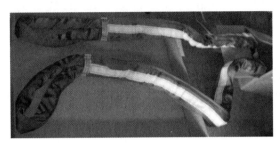
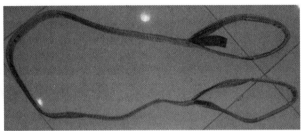

案例 **2**　纺织材料制环形绳索

应归入税则号列 5609.0000

申报信息

申 报 名 称： 尼龙吊带、尼龙吊绳等。

申 报 价 格： 790.02 美元 / 个等。

申报商品编号： 56075000.00（其他合成纤维制线、绳、索、缆）、59119000.90（其他专门技术用途纺织商品及制品）等。

商品信息

商 品 状 态： 实际商品为将纺织材料制绳索加工成指定长度，并将两端牢固地接合在一起制成的环形绳索，其材质为涤纶、丙纶、尼龙等合成纤维。

功 能 用 途： 该商品具有高强度，可配合起重机等工程机械使用，用以吊取或拖拽物品。

归类解析

正 确 归 类： 该商品为纺织材料制环形绳索，符合《税则》和《税则注释》对品目 56.09 的描述。根据归类总规则一及六，该商品应按照"用纱线、品目 54.04 或 54.05 的扁条及类似品或线、绳、索、缆制成的其他品目未列名物品"归入税则号列 5609.0000。

归 类 差 错： 品目 56.09 项下的商品（例如，裁成段并在一端或两端制成套环的纱线、绳索，装有端头、环、钩等的纱线、绳索，绳梯，装货吊索等）有时被错误地按照"纺织材料制线、绳、索、缆"归入品目 56.07 项下，或被错误地按照《税则》第五十九章注释八所规定的作专门技术用途的纺织商品及制品"归入品目 59.11 项下。

归 类 辨 析： 品目 56.07 项下商品为，不论是否编织或编结而成，不论是否用橡胶或塑料浸渍、涂布、包覆或套裹，也不论是否切成一定长度的纺织材料制线、绳、索、缆。

如果将品目 56.07 项下商品的一端或两端制成套环，或在品目 56.07 项下商品的一端或两端安装端头、环、钩等物品，或将品目 56.07 项下商品的两端缝制、连接在一起制成环形，或进行其他类似加工，则所得商品应归入品目

56.09 项下。

核验此类商品时，应仔细核查商品的材质、组成结构、功能用途、工作原理等信息，必要时可要求企业提供说明资料，以便准确判定商品归类。

商品照片

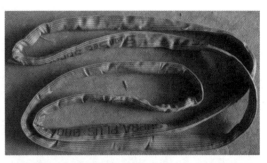

案例 3　安装有环的纺织材料制挂绳和背带

应归入税则号列 5609.0000

申报信息

申 报 名 称： 吊绳、吊带、背带等。

申 报 价 格： 2.65 美元 / 个等。

申报商品编号： 56075000.00（其他合成纤维制线、绳、索、缆）等。

商品信息

商 品 状 态： 实际商品包括两种：一种是用塑料环将纺织材料制编带的两端连接在一起制成环形后，再加装金属环和金属挂钩制成的挂绳；另一种是将纺织材料制编带两端缝合在一起制成环形，再缝制成双层编带后，在双层编带两端安装塑料环制成的背带。两种商品的材质均为合成纤维。

功 能 用 途： 挂绳用于挂装标识牌。背带可安装在背包上，用作背包的背带。

归类解析

正 确 归 类： 该商品符合《税则》和《税则注释》对品目 56.09 的描述。根据归类总规则一及六，该商品应按照"用纱线、品目 54.04 或 54.05 的扁条及类似品或线、绳、索、缆制成的其他品目未列名物品"归入税则号列 5609.0000。

归 类 差 错： 品目 56.09 项下的商品（例如，裁成段并在一端或两端制成套环的纱线、绳索，装有端头、环、钩等的纱线、绳索，绳梯，装货吊索等）有时被错误地按照"纺织材料制线、绳、索、缆"归入品目 56.07 项下，或被错误地按照《税则》第五十九章注释八所规定的作专门技术用途的纺织商品及制品"归入品目 59.11 项下。

归 类 辨 析： 品目 56.07 项下商品为，不论是否编织或编结而成，不论是否用橡胶或塑料浸渍、涂布、包覆或套裹，也不论是否切成一定长度的纺织材料制线、绳、索、缆。

如果将品目 56.07 项下商品的一端或两端制成套环，或在品目 56.07 项下商品的一端或两端安装端头、环、钩等物品，或将品目 56.07 项下商品的两端缝制、连接在一起制成环形，或进行其他类似加工，则所得商品应归入品目

56.09 项下。

核验此类商品时，应仔细核查商品的材质、组成结构、功能用途、工作原理等信息，必要时可要求企业提供说明资料，以便准确判定商品归类。

商品照片

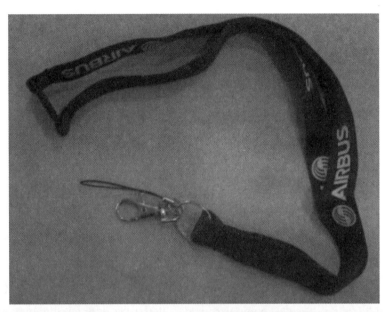

案例4 **智能手机内置扬声器用无纺织物制防尘网**

应归入税则号列 5911.9000

申报信息

申 报 名 称：手机听筒防尘网等。

申 报 价 格：0.145 美元 / 个等。

申报税则号列：8517.7930（手持式无线电话机用其他零件）等。

商品信息

商 品 状 态：实际商品为加工成圆角矩形形状的无纺织物垫片（具体材质为聚酯纤维，即涤纶），规格为 10 毫米（长度）×5 毫米（宽度）×2 毫米（厚度）。该商品有一面具有黏性，可以贴附在其他物品上。该商品的形状和尺寸与智能手机的内置扬声器基本相同。

功 能 用 途：该商品的功能是保护智能手机的内置扬声器，防止灰尘进入智能手机的内置扬声器中。该商品的使用方法是：当内置扬声器安装在智能手机的框架上之后，将该商品具有黏性的一面贴附在内置扬声器上即可。

归类解析

正 确 归 类：该商品无须进一步加工即可直接贴附在智能手机的内置扬声器上使用，为智能手机（属《税则》第十六类第八十五章品目 85.17 项下商品）用无纺织物制品，其材质、形态、规格、功能用途均符合《税则》和《税则注释》对品目 59.11 项下的"专门技术用途的纺织制品"的描述。根据《税则》第十六类注释一（五）的排他条款，该商品应按照"专门技术用途的纺织制品"归入品目 59.11 项下。根据品目 59.11 的子目设置情况可知，该商品应按照"其他专门技术用途的纺织制品"归入税则号列 5911.9000。

归 类 差 错：用于《税则》第十六类商品的专门技术用途的纺织商品和纺织制品（包括《税则》第十六类商品用的纺织材料制零件，不论是否专用）常被错误地按照《税则》第十六类商品的专用零件归入零件的税则号列。例如，按照手持式无线电话机的专用零件归入税则号列 8517.7930。

归 类 辨 析：报验时已加工成特定形状和尺寸，无须进一步加工即可直接用于《税则》第十六类商品的纺织材料制品（包括第十六类商品用纺织材料制零件，不论是否专用。上述纺织材料制品可以装有其他材料制的附件，但本身必须仍具有纺织制品的基本特征）通常应归入品目 59.10 或 59.11 项下。其中，纺织材料制传动带、输送带应归入品目 59.10 项下，其他纺织材料制品应按照"专门技术用途的其他纺织制品"归入品目 59.11 项下。

商品照片

案例 **5**　无纺织物制过滤袋

应归入税则号列 5911.9000

申报信息

申 报 名 称：过滤芯、过滤袋等。

申 报 价 格：4.77 美元 / 个等。

申报税则号列：8543.9090（《税则》第八十五章其他品目未列名的具有独立功能的电气设备及装置的零件）等。

商品信息

商 品 状 态：实际商品为已加工成形的无纺织物制过滤袋，其材质为聚酯纤维，即涤纶。该商品外观为一端开口的袋状容器（开口的形状为圆形），开口一端的口径为 17.5 厘米、长度为 48 厘米，制造该商品的无纺织物的微孔孔径为 25 微米。

功 能 用 途：该商品的功能是滤除工业用液体（例如，电镀液、润滑机油、机床切削液等）中直径大于 25 微米的固体杂质（例如，金属或非金属的颗粒、粉尘、碎屑等）。该商品主要用于工业用液体过滤装置（应归入《税则》第十六类第八十四章品目 84.21 及子目 8421.2 项下）、电镀设备（应归入《税则》第十六类第八十五章品目 85.43 及子目 8543.3 项下）等机器或电气设备（即《税则》第十六类商品）。该商品无须进一步加工即可直接安装在上述机器或电气设备中使用。

制造该商品的原料（无纺织物）具有多孔结构，布满了孔径约 25 微米的微孔。当含有固体杂质的工业用液体流经该商品时，液体成分可以从该商品的微孔中流出，直径大于 25 微米的固体杂质则无法通过该商品的微孔，被截留和收集在该商品中，从而实现对工业用液体的过滤。

归类解析

正 确 归 类：该商品为《税则》第十六类商品用的无纺织物制零件，其材质、形态、规格、功能用途均符合《税则》和《税则注释》对品目 59.11 项下的"专门技术用途的纺织制品"的描述。根据《税则》第十六类注释一（五）的排他条款，该商品应按照"专门技术用途的纺织制品"归入品目 59.11 项下。根据品目 59.11 的子目设置情况，该商品应按照"其他专门技术用途的纺织制品"归入税则号列 5911.9000。

归 类 差 错：用于《税则》第十六类商品的专门技术用途的纺织商品和纺织制品（包括《税则》第十六类商品用的纺织材料制零件，不论是否专用）常被错误地按照《税则》第十六类商品的专用零件归入零件的税则号列。例如，按照电镀设备专用零件归入税则号列 8543.9090。

归 类 辨 析：报验时已加工成特定形状和尺寸，无须进一步加工即可直接用于《税则》第十六类商品的纺织材料制零件（不论是否专用。上述纺织材料制零件可以装有其他材料制的附件，但本身必须仍具有纺织制品的基本特征）应归入品目 59.10 或 59.11 项下。其中，纺织材料制传动带、输送带应归入品目 59.10 项下，纺织材料制其他零件应按照"专门技术用途的其他纺织制品"归入品目 59.11 项下。

商品照片

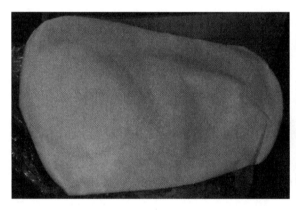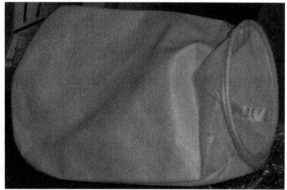

案例 **6** 无纺织物制集尘袋

应归入税则号列 5911.9000

申报信息

申 报 名 称： 集尘袋等。

申 报 价 格： 4.77 美元 / 个等。

申报税则号列： 8421.9990（非家用型液体或气体过滤、净化机器及装置的零件）、8508.7090（其他真空吸尘器用零件）等。

商品信息

商 品 状 态： 实际商品为已加工成形的无纺织物制集尘袋，其材质为聚酯纤维（即涤纶）。该商品外观为一端开口的袋状容器。

功 能 用 途： 该商品主要用作工业用旋风除尘器及工业用真空吸尘器的内置集尘袋，并可直接安装在工业用旋风除尘器或工业用真空吸尘器中使用，用于过滤工业用旋风除尘器或工业用真空吸尘器吸入的空气气流并收集空气气流中的灰尘和其他物质。

归类解析

正 确 归 类： 该商品为《税则》第十六类商品用的无纺织物制零件，其材质、形态、规格、功能用途均符合《税则》和《税则注释》对品目 59.11 项下的"专门技术用途的纺织制品"的描述。根据《税则》第十六类注释一（五）的排他条款，该商品应按照"专门技术用途的纺织制品"归入品目 59.11 项下。根据品目 59.11 的子目设置情况，该商品应按照"其他专门技术用途的纺织制品"归入税则号列 5911.9000。

归 类 差 错： 用于《税则》第十六类商品的专门技术用途的纺织商品和纺织制品（包括《税则》第十六类商品用的纺织材料制零件，不论是否专用）常被错误地按照《税则》第十六类商品的专用零件归入零件的税则号列。例如，按照"气体过滤、净化机器及装置的零件"归入税则号列 8421.9990，或按照"真空吸尘器用零件"归入税则号列 8508.7090。

归 类 辨 析： 报验时已加工成特定形状和尺寸，无须进一步加工即可直接用于《税则》第十六类商品的纺织材料制零件（不论是否专用。上述纺织材料制零件可以装有其他材料制的附件，但本身必须仍具有纺织制品的基本特征）应归入品目59.10 或 59.11 项下。其中，纺织材料制传动带、输送带应归入品目 59.10 项下，纺织材料制其他零件应按照"专门技术用途的其他纺织制品"归入品目 59.11 项下。

商品照片

 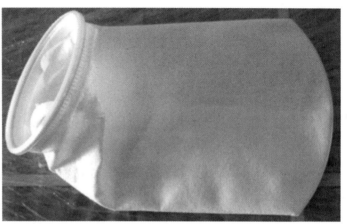

案例 7   **无纺织物制滤芯**

应归入税则号列 5911.9000

申报信息

申 报 名 称： 滤芯等。

申 报 价 格： 12.35 美元 / 个等。

申报税则号列： 8421.9990（非家用型液体或气体过滤、净化机器及装置的零件）等。

商品信息

商 品 状 态： 实际商品为加工成圆筒形状的无纺织物制滤芯。

功 能 用 途： 该商品的功能是滤除水中的固体杂质（例如，砂粒、碎屑等）。该商品主要用于工业用水过滤器（应归入《税则》第十六类第八十四章品目 84.21 及子目 8421.21 项下）中，且无须进一步加工即可直接安装在工业用水过滤器中使用。

归类解析

正 确 归 类： 该商品为用于《税则》第十六类商品的无纺织物制零件，其材质、形态、规格、功能用途均符合《税则》和《税则注释》对品目 59.11 项下的"专门技术用途的纺织制品"的描述。根据《税则》第十六类注释一（五）的排他条款，该商品应按照"专门技术用途的纺织制品"归入品目 59.11 项下。根据品目 59.11 的子目设置情况可知，该商品应按照"其他专门技术用途的纺织制品"归入税则号列 5911.9000。

归 类 差 错： 用于《税则》第十六类商品的专门技术用途的纺织商品和纺织制品（包括《税则》第十六类商品用的纺织材料制零件，不论是否专用）常被错误地按照《税则》第十六类商品的专用零件归入零件的税则号列。例如，按照"液体过滤、净化机器及装置的零件"归入税则号列 8421.9990。

归 类 辨 析： 报验时已加工成特定形状和尺寸，无须进一步加工即可直接用于《税则》第十六类商品的纺织材料制零件（不论是否专用。上述纺织材料制零件可以装有其他材料制的附件，但本身必须仍具有纺织制品的基本特征）应归入品目59.10 或 59.11 项下。其中，纺织材料制传动带、输送带应归入品目 59.10 项下，纺织材料制其他零件应按照"专门技术用途的其他纺织制品"归入品目 59.11 项下。

商品照片

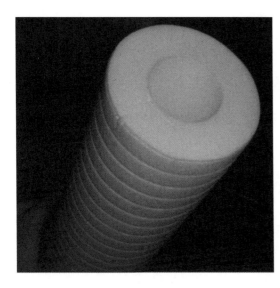 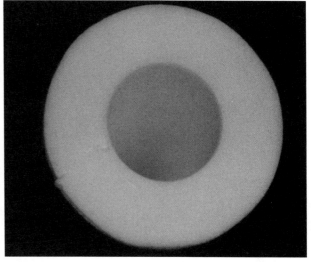

第四章

宝石或半宝石、贵金属及其制品，仿首饰

案例 1　人工合成的压电石英片

应归入税则号列 7104.1000

申报信息

申 报 名 称： 丸形水晶片等。

申 报 价 格： 5.88 日元 / 个等。

申报税则号列： 8517.7930（手持式无线电话机用其他零件）、8541.9000（品目 85.41 所列商品用零件）等。

商品信息

商 品 状 态： 实际商品为无色透明的圆形或类圆形的小薄片，直径为 5 ~ 8 毫米，材质为石英（化学成分为二氧化硅）。该商品是以人工合成的石英晶体为原材料，经选料—切割—打磨—检验等工序加工出的商品。该商品在报验时未经过电镀，也未装配任何机械、电子或电气零部件。

功 能 用 途： 该商品是制造石英晶体振荡器的原材料。将该商品加工成石英晶体振荡器的具体工艺为：在该商品表面电镀一层金属电极，然后加装外壳、底座、管脚等零件，最终制成石英晶体振荡器。

归类解析

正 确 归 类： 该商品符合《税则》和《税则注释》对品目 71.04 项下的"合成的压电石英"的描述，属《税则》具体列名商品。根据归类总规则一及六，该商品应按照具体列名归入税则号列 7104.1000。

归 类 差 错： 压电石英（应归入品目 71.03 或 71.04 项下）有时被错误地按照《税则》第八十五章商品的专用零件归入零件的税则号列，特别是按照"已装配压电晶体的零件"归入税则号列 8541.9000 或按照"手持式无线电话机用零件"归入税则号列 8517.7930。

归 类 辨 析： 核验此类商品时，应仔细核查商品的材质、加工工艺、加工程度、功能用途、工作原理等信息，必要时可要求企业提供说明资料，以便准确判定商品归类。

商品照片

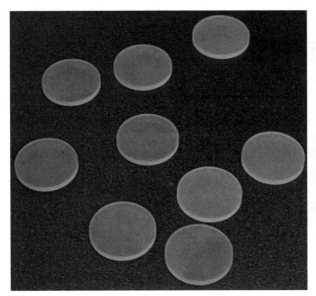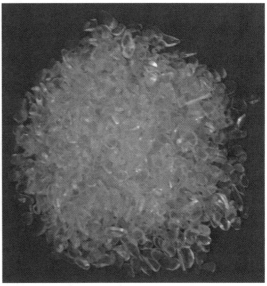

案例 **2** **成卷的银丝和银镍合金丝**

应归入税则号列 7106.9290

申报信息

申 报 名 称: 电接触材料等。

申 报 价 格: 338.24 ~ 451.66 美元 / 千克等。

申报税则号列: 8536.9011（工作电压不超过 36 伏的接插件）、8536.9019（36 伏＜工作电压≤ 1 千伏的接插件）、8536.9090（用于电压不超过 1 千伏线路的其他电路连接装置）、8538.9000（其他专用于或主要用于品目 85.35、85.36 或 85.37 所列装置的零件）等。

商品信息

商 品 状 态: 实际商品为成卷（绕于线轴上）的银白色金属丝，包括两种：一种是成卷的银丝，含银量为 99.90%，直径 1.8 毫米，规格为 200 米 / 卷等；另一种是成卷的银镍合金丝，材质为 AgNi30，化学成分（按质量百分比计）为银 70%、镍 30%，直径 1.72 毫米，规格为 200 米 / 卷等。商品标签上印有"线材""Ag""AgNi30"等标识。

功 能 用 途: 该商品是以银和银镍合金为原材料，经轧制或拉制，制成银丝和银镍合金丝，并绕在线轴上得到的商品。

该商品具有良好的导电和耐腐蚀性能，主要用于制造电触点。电触点的功能是，安装在开关、断路器、继电器、接触器等电气装置的电触头上，起导电作用。

归类解析

正 确 归 类: 该商品符合《税则》和《税则注释》对品目 71.06 项下的"半制成的银、银合金"的描述。根据归类总规则一及六，该商品应按照"其他半制成的银、银合金"归入税则号列 7106.9290。

归 类 差 错: 银丝和银镍合金丝可用于制造电触点，故有时被错误地按照电触点归入子目 8536.90 或 8538.90 项下。

归 类 辨 析： 实际商品为成卷（绕制于线轴上）的银丝和银镍合金丝。从报验状态来说，该商品是线状材料，属于半制成的银／银合金，明显不具有制成的零部件或制品特征。因此，不应归入《税则》第八十五章。

核验金属丝类商品时，应注意核对商品的化学成分和加工工艺，以便准确判定商品归类。

商品照片

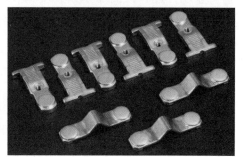

案例 3　成卷的金线

应归入税则号列 7108.1300

申报信息

申 报 名 称: 工业用金线、金线等。

申 报 价 格: 47.115 美元 / 卷等。

申报商品编号: 71159010.20(金制工业或实验室用制品)、71159010.90(其他工业或实验室用贵金属或包贵金属制品)、71159090.00(其他贵金属或包贵金属制品)等。

商品信息

商 品 状 态: 实际商品为成卷(绕于线轴上)的金黄色金属细丝,包括直径 0.8 毫米、每卷长度 5000 英尺,直径 25 微米、每卷长度 500 米等多种规格的商品。商品包装物上印有 "Au" "Au99.99" "99.99% GOLD" "BONDING WIRE" 等标识。

功 能 用 途: 该商品是以纯度为 99.99% 的较粗的黄金丝为原材料,经拉线设备拉制成细线(或经轧制设备轧制成细线),并绕在线轴上得到的商品。

该商品具有熔点高、导电性能佳、耐腐蚀性好等特性,主要用于半导体器件或集成电路的制造工艺,作为半导体器件或集成电路的连接材料,在半导体器件或集成电路中起电路连接作用。

该商品通常配合引线键合机使用,由引线键合机将该金线焊接到半导体器件或集成电路的触点上。

归类解析

正 确 归 类: 该商品是以较粗的黄金丝为原材料,经拉制或轧制工艺制成的细线,属于非货币用金。根据《税则注释》对品目 71.08、71.06 的描述可知,该商品符合《税则》和《税则注释》对品目 71.08 项下的 "半制成的金" 的描述。根据归类总规则一及六,并参考海关总署 Z2006—0421 号归类决定,该商品应按照 "非货币用的其他半制成形状的金" 归入税则号列 7108.1300。

归 类 差 错: 此类商品有时被错误地按照 "其他贵金属或包贵金属制品" 归入品目 71.15 项下,例如,归入商品编号 71159010.20(金制工业或实验室用制品)、71159010.90(其他工业或实验室用贵金属或包贵金属制品)或税则号列

7115.9090（其他贵金属或包贵金属制品）。

归 类 辨 析： 从报验状态来说，该商品是线状材料，明显不具有制成的零部件或制品特征。因此，该商品不应按照"贵金属或包贵金属的其他制品"归入品目71.15 项下。

该商品是以较粗的黄金丝为原料，经拉制或轧制工艺制成的细丝，金含量为99.99%。该商品的化学成分和加工工艺符合《税则》和《税则注释》对品目71.08 项下的"半制成的金"的描述，故应归入品目71.08 项下。

商品照片

案例4 **成卷的铂铑合金丝**

应归入税则号列 7110.1990

申报信息

申 报 名 称： 铂铑热电偶丝等。

申 报 价 格： 543 日元 / 米、8999 日元 / 克等。

申报商品编号： 71159010.90（其他工业或实验室用贵金属或包贵金属制品）等。

商品信息

商 品 状 态： 实际商品为成卷（绕于线轴上）的白色金属丝。该金属丝直径为 0.06 毫米，每卷长度为 500 米。该商品的化学成分（按质量百分比计）为铂 87%、铑 13%。

功 能 用 途： 该商品是以铂铑合金为原材料，经锻造、滚轧、拉拔后得到的铂铑合金丝，表面没有涂镀任何材料或物质。

该商品用于制造工业用热电偶、铂丝温度计、电触头和各种用途的电极等。

归类解析

正 确 归 类： 该商品的化学成分和加工工艺符合《税则》和《税则注释》对品目 71.10 项下的"半制成的铂"的描述。根据归类总规则一及六，该商品应归入品目 71.10 项下，并应按照"其他半制成的铂"归入税则号列 7110.1990。

归 类 差 错： 此类商品有时被错误地按照"其他贵金属或包贵金属制品"归入品目 71.15 项下，特别是按照"其他工业或实验室用贵金属或包贵金属制品"归入商品编号 71159010.90。

归 类 辨 析： 从报验状态来说，该商品是线状材料，属于半制成的铂，明显不具有制成的零部件或制品特征。因此，该商品不应按照"贵金属或包贵金属的其他制品"归入品目 71.15 项下，而应按照"半制成的铂"归入品目 71.10 项下。

商品照片

案例5　钇铝石榴石激光晶体

应归入税则号列 7116.2000

申报信息

申 报 名 称： 焊接机用晶体棒、激光打标机用晶体棒、压电晶体、已装配压的电晶体等。

申 报 价 格： 4837.21 日元 / 个等。

申报税则号列： 8466.9390（品目 84.56 至 84.61 所列机器用其他零件）、8515.9000（品目 85.15 所列机器及装置的零件）、8541.6000（已装配的压电晶体）、9013.9010（税则号列 9013.1000 及 9013.2000 所列货品用零件、附件）等。

商品信息

商 品 状 态： 实际商品为粉红色的圆柱形细棒，其两端的两个圆面非常光滑。该商品是以钇铝石榴石（属于合成宝石）为原料，经切割、磨光等工艺制成的晶体。

功 能 用 途： 该商品是一种激光工作物质，又称为激光晶体。其功能是在激光器的电光源发出的光的激励下产生激光束。

归类解析

正 确 归 类： 实际商品为以钇铝石榴石（属于《税则注释》品目 71.04 明确列出的合成宝石）为原料，经切割、磨光等工艺制成的钇铝石榴石晶体，属于合成宝石制成的物品。根据《税则注释》品目 90.13 的排他条款可知，该商品应按照材质归类。该商品符合《税则》和《税则注释》对品目 71.16 项下的"用宝石或半宝石（天然、合成或再造）制成的物品"的描述。根据归类总规则一及六，该商品应归入税则号列 7116.2000。

归 类 差 错： 此类商品有时被错误地按照"激光加工机床的零件"归入品目 84.66 项下（主要是归入税则号列 8466.9390），或被错误地按照"激光焊接机器及装置的零件"归入子目 8515.90 项下，或被错误地按照"已装配的压电晶体"归入税则号列 8541.6000，或被错误地按照"激光器的零件、附件"归入税则号列 9013.9010。

归 类 辨 析： 核验此类商品时，应注意核对商品的材质等信息，以便准确判定商品归类。

商品照片

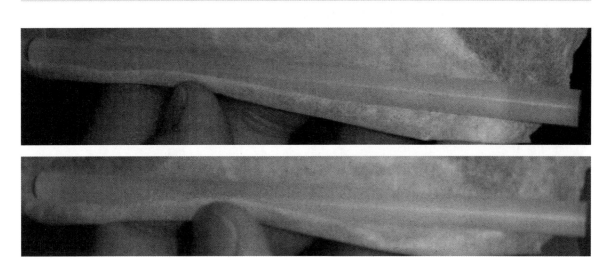

案例 6　贱金属制奖牌及奖章

应归入税则号列 7117.1900

申报信息

申 报 名 称：奖牌等。

申 报 价 格：0.8 美元 / 个等。

申报税则号列：7616.9990（其他非工业用铝制品）等。

商品信息

商 品 状 态：实际商品为贱金属（铝合金等）制的奖牌及奖章。奖牌、奖章上带有文字或图案。该奖牌、奖章装配有供佩戴用的挂绳。从体积和重量来说，该奖牌、奖章适于个人随身佩戴。

功 能 用 途：该商品用于在竞赛（例如，体育比赛、知识竞赛等）中颁发给优胜人员以示奖励，并适于获奖者个人随身佩戴。

归类解析

正 确 归 类：该商品符合《税则》和《税则注释》对品目 71.17 项下的"贱金属制仿首饰"的描述，属《税则》具体列名商品。根据归类总规则一及六，该商品应归入税则号列 7117.1900（贱金属制其他仿首饰）。

归 类 差 错：铝合金制的供个人佩戴的奖牌、奖章（应按照贱金属制仿首饰归入税则号列 7117.1900）有时被错误地按照其他铝制品归入品目 76.16 项下。

归 类 辨 析：核验此类商品时，应仔细核查商品的材质、加工工艺、功能用途、工作原理等信息，必要时可要求企业提供说明资料，以便准确判定商品归类。

商品照片

案例 **7** 塑料制仿首饰

应归入税则号列 7117.9000

申报信息

申 报 名 称： 塑料手镯、塑料珠子、塑料片等。

申 报 价 格： 3~8 美元 / 千克等。

申报税则号列： 3926.4000（塑料制小雕塑品及其他装饰品）等。

商品信息

商 品 状 态： 实际商品包括下列 3 种仿首饰：一是塑料制手镯，为单一材质的物品，仅由塑料制成，不含其他材料；二是全部由塑料珠串成的手链及项链；三是由塑料珠和贱金属珠（以塑料珠为主）串成的手链。

功 能 用 途： 上述商品佩戴在人的手腕、颈部、胸前（佩戴在胸前时通常是为了与特定服装搭配）等部位，起装饰作用。

归类解析

正 确 归 类： 实际商品为单一材质的塑料制仿首饰和以塑料为主要材料的仿首饰。这些商品符合《税则》和《税则注释》对品目 71.17 项下的"仿首饰"的描述，属《税则》具体列名商品。根据《税则》第三十九章注释二（十七）的排他条款，该商品应按照"仿首饰"归入品目 71.17 项下。根据这些商品的材质可知，该商品应按照"除贱金属材料外其他材料制仿首饰"归入税则号列 7117.9000。

归 类 差 错： 塑料制手镯、手串、手链、项链等仿首饰有时被错误地按照"塑料制小雕塑品及其他装饰品"归入税则号列 3926.4000。

归 类 辨 析： 在对可能归入《税则》第三十九章的塑料材质商品进行归类时，除应核验商品的材质、形态、加工工艺和功能用途等信息外，还应考虑该商品是否为《税则》第三十九章注释二从《税则》第三十九章排除的商品。

商品照片

第五章

贱金属及其制品

案例 1 钕铁硼合金速凝永磁片

应归入税则号列 7202.9911

申报信息

申 报 名 称： 钕铁合金粉末、金属永磁铁等。

申 报 价 格： 294 美元/千克等。

申报税则号列： 7205.2990（生铁、镜铁及除合金钢外其他钢铁的粉末）、8505.1190（其他金属的永磁铁及磁化后准备制永磁铁的物品）等。

商品信息

商 品 状 态： 实际商品为不规则片状固体，质脆，具有青灰色金属光泽，由塑料桶包装。该商品的化学成分（按质量百分比计）为铁 61.52%，钕 33.3%，硼、镨及其他成分 5.18%（其中，硼镨以外其他成分占比不超过 1%）。

功 能 用 途： 在真空感应炉中，利用高频感应加热原理，将钕铁硼合金原料熔化，钕铁硼合金熔液通过耐火喷嘴流淌到以一定速度旋转的金属轮（该金属轮内腔由冷却水循环冷却）上，钕铁硼合金熔液被瞬间冷却，凝结成固态，并被向外甩出，形成具有磁性能的不规则形状薄片，即为该商品。

该商品用于制造钕铁硼合金磁粉，钕铁硼合金磁粉可用于生产钕铁硼永磁体。

归类解析

正 确 归 类： 该商品符合《税则》和《税则注释》对品目 72.02 项下的"钕铁硼合金速凝永磁片"的描述，属《税则》具体列名商品。根据归类总规则一及六，并参考海关总署 Z2022—0122 号归类决定，该商品应按照具体列名归入税则号列 7202.9911。

归 类 差 错： 在出口环节，品目 72.02 项下的钕铁硼合金有时被错误地按照"生铁、镜铁及钢铁的颗粒和粉末"归入品目 72.05 项下，或被错误地按照"金属的永磁铁及磁化后准备制永磁铁的物品"归入品目 8505.11 项下。

归 类 辨 析： 核验此类商品时，应仔细核查商品的化学成分、加工工艺、功能用途、工作原理等信息，必要时可要求企业提供说明资料，并可报送具有相关资质的化验机构化验，以便准确判定商品归类。

商品照片

商品照片

案例 **2**　不锈钢制法兰盘

应归入税则号列 7307.2100

申报信息

申 报 名 称： 钢铁制管嘴、离心机用连接件等。

申 报 价 格： 32.17美元/千克等。

申报商品编号： 84219190.90（离心机用其他零件）、73079900.00（钢铁制其他管子附件）等。

商品信息

商 品 状 态： 实际商品为不锈钢制法兰盘。

功 能 用 途： 该商品的功能是对不同的液（气）体管路进行连接，或将液（气）体管路与阀门、龙头、旋塞等装置连接在一起。

归类解析

正 确 归 类： 实际商品为不锈钢制法兰盘，该商品符合《税则》和《税则注释》对品目73.07项下的"钢铁制管子附件"的描述，属《税则》具体列名商品。

根据《税则》第十五类注释二（一）关于"通用零件"的描述可知，该商品属于第十五类注释二所称的"通用零件"。根据《税则》第十六类注释一（七）的排他条款可知，该商品应归入第十五类。具体来说，该商品应按照具体列名归入品目73.07和税则号列7307.2100（不锈钢制法兰）。

归 类 差 错： 钢铁制管子附件（应归入品目73.07项下）有时被错误地按照《税则》第十六类商品或第九十章商品的专用零件归入零件的品目、子目及税则号列（例如，按照离心机零件归入子目8421.91项下）。进口环节，不锈钢制法兰盘有时被错误地按照"除铸件和不锈钢制管子附件外，其他钢铁制管子附件"归入子目7307.9项下，特别是归入子目7307.92或7307.99项下。

归 类 辨 析： 核验此类商品时，应仔细核查商品的材质、组成结构、功能用途、工作原理等信息，必要时可要求企业提供说明资料，以便准确判定商品归类。

商品照片

案例 3　不锈钢制管接头

应归入税则号列 7307.2900

申报信息

申 报 名 称： 不锈钢管阀配件（龙头旋塞管道连接件）等。

申 报 价 格： 3.29 美元 / 个等。

申报税则号列： 8481.9090（龙头、旋塞或类似装置用零件）、7307.9900（钢铁制其他管子附件）等。

商品信息

商 品 状 态： 实际商品为不锈钢制管接头。

功 能 用 途： 该商品的功能是对不同的液（气）体管路进行连接，或将液（气）体管路与阀门、龙头、旋塞等装置连接在一起。

归类解析

正 确 归 类： 实际商品为不锈钢制管接头，符合《税则》和《税则注释》对品目 73.07 项下的"钢铁制管子附件"的描述，属《税则》具体列名商品。根据《税则》第十五类注释二（一）关于"通用零件"的描述可知，该商品属于第十五类注释二所称的"通用零件"。根据《税则》第十六类注释一（七）的排他条款可知，该商品应归入第十五类。具体来说，该商品应按照具体列名归入品目 73.07 和税则号列 7307.2900（不锈钢制其他管子附件）。

归 类 差 错： 钢铁制管子附件（应归入品目 73.07 项下）有时被错误地按照《税则》第十六类商品或第九十章商品的专用零件归入零件的品目、子目及税则号列（例如，按照阀门零件归入子目 8481.90 项下）。进口环节，不锈钢制管子附件有时被错误地按照"除铸件和不锈钢制管子附件外，其他钢铁制管子附件"归入子目 7307.9 项下，特别是归入子目 7307.92 或 7307.99 项下。

归 类 辨 析： 核验此类商品时，应仔细核查商品的材质、组成结构、功能用途、工作原理等信息，必要时可要求企业提供说明资料，以便准确判定商品归类。

商品照片

案例 **4** 合金钢制法兰盘

应归入税则号列 7307.9100

申报信息

申 报 名 称： 钢铁连接件、机床用连接件等。

申 报 价 格： 1.35 美元 / 个等。

申报税则号列： 8466.9390（品目 84.56 至 84.61 所列机器用其他零件）、7307.9900（钢铁制其他管子附件）等。

商品信息

商 品 状 态： 实际商品为合金钢制法兰盘，材质为合金钢，但不属于不锈钢。

功 能 用 途： 该商品的功能是对不同的液（气）体管路进行连接，或将液（气）体管路与阀门、龙头、旋塞等装置连接在一起。

归类解析

正 确 归 类： 该商品符合《税则》和《税则注释》对品目 73.07 项下的"钢铁制管子附件"的描述，属《税则》具体列名商品。根据《税则》第十五类注释二（一）关于"通用零件"的描述可知，该商品属于第十五类注释二所称的"通用零件"。根据《税则》第十六类注释一（七）的排他条款可知，该商品应归入第十五类。具体来说，该商品应按照具体列名归入品目 73.07 和税则号列 7307.9100（除铸件和不锈钢制管子附件外，其他钢铁制法兰）。

归 类 差 错： 钢铁制管子附件（应归入品目 73.07 项下）有时被错误地按照《税则》第十六类商品或第九十章商品的专用零件归入零件的品目、子目及税则号列（例如，按照加工机床零件归入品目 84.66 项下）。进口环节，钢铁制法兰盘有时被错误地按照"除铸件和不锈钢制管子附件外，其他钢铁制螺纹肘管、弯管、管套及其他管子附件"归入子目 7307.92 或 7307.99 项下。

归 类 辨 析： 核验此类商品时，应仔细核查商品的材质、组成结构、功能用途、工作原理等信息，必要时可要求企业提供说明资料，以便准确判定商品归类。

商品照片

案例 5 钢丝制绞股绳

应归入税则号列 7312.1000

申报信息

申 报 名 称：钢丝绳（连接扣）、接头、接地片等。

申 报 价 格：0.29 美元 / 个等。

申报商品编号：85389000.00（其他专用于或主要用于品目 85.35、85.36 或 85.37 所列装置的零件）、85299090.90（品目 85.25～85.28 所列装置或设备的其他零件）等。

商品信息

商 品 状 态：实际商品为由多根钢丝紧密绞合而成的绞股绳，长度约 12 厘米。该商品的一端制成了套环，另一端安装了一个金属环。

功 能 用 途：该商品可用于信号分配器、监控摄像机等电气设备，是连接在电气设备和零件之间，防止零件脱落或丢失。例如，该商品可用于信号分配器，连接在信号分配器的插口和插口保护盖之间（具体来说，该商品制成套环的一端套在信号分配器的插口上，该商品安装了金属环的一端连接在插口保护盖上），从而防止插口保护盖脱落或丢失。

归类解析

正 确 归 类：该商品符合《税则》和《税则注释》对品目 73.12 项下的"非绝缘的钢铁绞股绳"的描述，属《税则》具体列名商品。根据《税则》第十五类注释二（一）关于"通用零件"的描述可知，该商品属于第十五类注释二所称的"通用零件"。根据《税则》第十六类注释一（七）的排他条款可知，该商品应归入第十五类。具体来说，该商品应按照具体列名归入品目 73.12 和税则号列 7312.1000。

归 类 差 错："非绝缘的钢铁绞股线、绳、缆、编带、吊索及类似品"（应归入品目 73.12 项下）有时被错误地按照《税则》第十六类商品或第九十章商品的专用零件归入零件的品目、子目及税则号列。例如，按照"专用于或主要用于品目 85.35、85.36 或 85.37 所列装置的零件"归入品目 85.38 项下，或按照"品目 85.25～85.28 所列装置或设备的零件"归入品目 85.29 项下等。

归 类 辨 析： 核验此类商品时，应仔细核查商品的材质、组成结构、功能用途、工作原理等信息，必要时可要求企业提供说明资料，以便准确判定商品归类。

商品照片

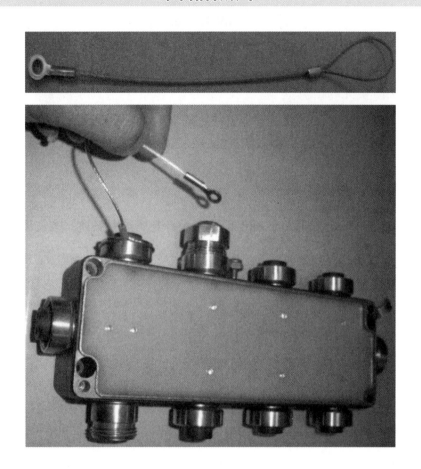

案例 6　不锈钢丝制机织物

应归入税则号列 7314.1400

申报信息

申 报 名 称: 过滤网等。

申 报 价 格: 7.12 美元 / 个等。

申报商品编号: 84219990.90(其他液体或气体过滤、净化机器及装置的零件)等。

商品信息

商 品 状 态: 实际商品为裁切成正方形片状的不锈钢丝制机织物,边长为 1020 毫米,由经纬两个方向的不锈钢丝致密地交织在一起构成。制造该商品的不锈钢丝的直径为 0.04～0.07 毫米。

功 能 用 途: 该商品用于制造液体过滤装置的过滤部件。将该商品进一步裁切成特定的形状和尺寸(例如,圆形、椭圆形等),并安装边框后,可作为过滤部件安装在液体过滤装置中使用。

归类解析

正 确 归 类: 从加工程度来说,该商品尚不具备过滤装置专用零件的特征,需要进一步裁切成特定形状和尺寸并安装边框后才能作为过滤装置的零件使用,故应按照材质归类。根据归类总规则一及六,该商品应按照"不锈钢制其他机织物"归入税则号列 7314.1400。

归 类 差 错: 尚不具备专用零件特征的钢铁丝制机织物(应归入品目 73.14 项下)有时被错误地按照《税则》第十六类商品或第九十章商品的专用零件归类,例如,按照"液体或气体过滤、净化机器及装置的零件"归入子目 8421.99 项下。

归 类 辨 析: 核验此类商品时,应仔细核查商品的材质、组成结构、功能用途、工作原理等信息,必要时可要求企业提供说明资料,以便准确判定商品归类。

商品照片

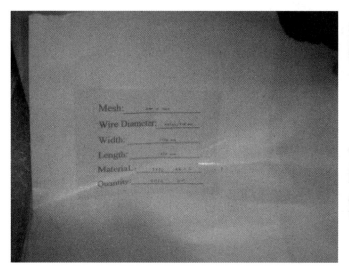 

案例 7　包装机用钢铁制滚子链

应归入税则号列 7315.1190

申报信息

申 报 名 称：链条等。

申 报 价 格：1340 美元 / 个等。

申报商品编号：84229090.90（品目 84.22 所列其他瓶子及其他容器的洗涤或干燥机器，瓶、罐、箱、袋或其他容器装填、封口、密封、贴标签的机器，其他瓶、罐、管、筒或类似容器的包封机器，其他包装或打包机器，以及其他饮料充气机用零件）等。

商品信息

商 品 状 态：实际商品为包装机用钢铁制滚子链，由钢铁材质的内链片（又称内链板）、外链片（又称外链板）、销套、销轴等零件构成。具体组装方式为：先用销套和销轴将一左一右两个内链片组装在一起构成单个的链节；然后用一左一右两个外链片将各个链节组装在一起，构成滚子链。该商品不带有任何机械、电子或电气部件。

功 能 用 途：该商品安装在包装机上，起传动作用。

归类解析

正 确 归 类：该商品为包装机用钢铁制滚子链，属《税则》品目 73.15 项下具体列名商品。根据《税则》第十五类注释二（一）关于"通用零件"的描述可知，该商品属于第十五类注释二所称的"通用零件"。根据《税则》第十六类注释一（七）的排他条款可知，该商品应归入第十五类。具体来说，该商品应按照具体列名归入品目 73.15 和税则号列 7315.1190（其他钢铁制滚子链）。

归 类 差 错：钢铁制链条（应归入品目 73.15 项下）有时被错误地按照《税则》第十六类商品或第九十章商品的专用零件归入零件的品目、子目及税则号列，例如，按照"包装机用零件"子目 8422.90 项下。

归 类 辨 析：核验此类商品时，应仔细核查商品的材质、组成结构、功能用途、工作原理等信息，必要时可要求企业提供说明资料，以便准确判定商品归类。

商品照片

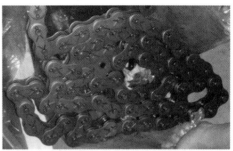

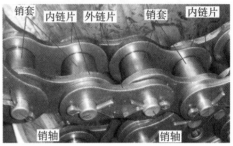

案例 **8** 履带用钢铁制链轨及链轨节、链片

应分别归入税则号列 7315.1200 和 7315.1900

申报信息

申 报 名 称：履带链轨、链轨总成、链轨、链条、链节、链轨节、链片等。

申 报 价 格：链轨，1300 ~ 1415.36 美元 / 个，2.48 ~ 3.4729 美元 / 千克，539.4964 美元 /
米等；链轨节，8.98 ~ 11.94 美元 / 个等。

申报商品编号：87087010.00（品目 87.01 所列车辆用车轮及其零件、附件）、87089910.00
（品目 87.01 所列车辆用其他零件、附件）、87089999.90（品目 87.01 至
87.05 所列机动车辆用其他零件、附件）、84314999.00（品目 84.26、84.29
或 84.30 所列机械的其他零件）等。

商品信息

商 品 状 态：实际商品为用于构成履带的钢铁制链轨以及用于组成链轨的链轨节和用于构
成链轨节的链片。履带，又称履带总成，是安装在履带式挖掘机、推土机等
履带式工程机械，或履带式拖拉机、履带式重型汽车、坦克等履带式车辆底
部，用以辅助上述机械或车辆行进的钢质环形链带。

功 能 用 途：链轨是履带中用以固定履带板并带动履带板移动的钢质链条。链轨主要由左
链片、右链片、销套、销轴等构成。链轨和履带的装配顺序为：首先利用销
套将一个左链片和一个右链片组装在一起，构成一个链轨节；然后利用销轴
将多个链轨节顺次连接在一起，构成链轨；最后利用螺栓将履带板固定在链
轨上，构成完整的履带。

归类解析

正 确 归 类：根据归类总规则一及六，并参考海关总署 J2009—0010 号归类决定，用于履
带的链轨应按照"钢铁制其他铰接链"归入税则号列 7315.1200。相应地，
链轨节和左、右链片应按照钢铁制铰接链的零件归入税则号列 7315.1900。

归 类 差 错：钢铁制链轨和链轨节有时被错误地按照履带式工程机械（例如，履带式挖掘
机、推土机等）的专用零件归入品目 84.31 项下（例如，归入子目 8431.43
或 8431.49 项下）或按照履带式车辆的专用零件归入品目 87.08 项下。

归 类 辨 析： 核验此类商品时，应仔细核查商品的材质、组成结构、功能用途、工作原理等信息，必要时可要求企业提供说明资料，以便准确判定商品归类。

商品照片

案例 9　钢铁制环节链

应归入税则号列 7315.8900

申报信息

申 报 名 称： 钢铁制吊链等。

申 报 价 格： 21.67 欧元 / 个等。

申报税则号列： 8431.4999（品目 84.26、84.29 或 84.30 所列机械的其他零件）等。

商品信息

商 品 状 态： 实际商品为钢铁制环节链，但不属于日字环节链，也不属于焊接链。该商品
一端安装有金属环，另一端安装有吊钩。

功 能 用 途： 该商品可用于吊取物品。

归类解析

正 确 归 类： 该商品的材质、结构、用途均符合《税则》和《税则注释》对品目 73.15 的
描述，属《税则》具体列名商品。根据《税则》第十五类注释二（一）关
于"通用零件"的描述可知，该商品属于第十五类注释二所称的"通用零
件"。根据《税则》第十六类注释一（七）的排他条款可知，该商品应归入
第十五类。具体来说，该商品应按照具体列名归入品目 73.15 和税则号列
7315.8900（钢铁制其他链）。

归 类 差 错： 钢铁制链条（应归入品目 73.15 项下）有时被错误地按照《税则》第十六类
商品或第九十章商品的专用零件归入零件的品目、子目及税则号列（例如，
按照起重机用零件或输送机用零件归入品目 84.31 项下）。

归 类 辨 析： 核验此类商品时，应仔细核查商品的材质、组成结构、功能用途、工作原理
等信息，必要时可要求企业提供说明资料，以便准确判定商品归类。

商品照片

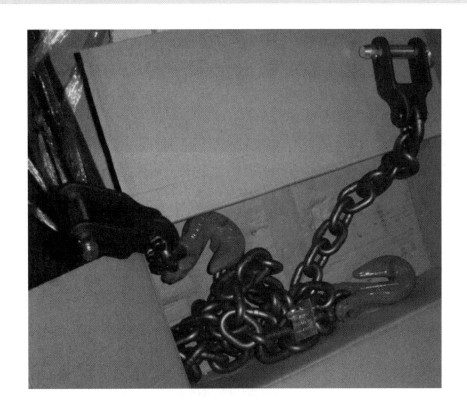

案例 **10** 钢铁制平头螺栓

应归入税则号列 7318.1590

申报信息

申 报 名 称： 仪器附件 / 钢铁制螺栓等。

申 报 价 格： 0.02 美元 / 个等。

申报商品编号： 90159000.90（品目 90.15 所列大地测量、水道测量、海洋、水文、气象或地球物理用仪器及装置的其他零件）等。

商品信息

商 品 状 态： 实际商品为钢铁制平头螺栓，抗拉强度小于 800 兆帕，杆径小于 6 毫米。

功 能 用 途： 该商品安装在经纬仪、水平仪等测量仪器上，起连接、固定作用。

归类解析

正 确 归 类： 实际商品为钢铁制平头螺栓，属《税则》品目 73.18 项下具体列名商品。根据《税则》第十五类注释二（一）关于"通用零件"的描述可知，该商品属于第十五类注释二所称的"通用零件"。根据《税则》第九十章注释一（六）的排他条款可知，该商品应归入第十五类。具体来说，该商品应按照具体列名归入品目 73.18 和税则号列 7318.1590（其他钢铁制螺栓）。

归 类 差 错： 钢铁制螺栓（应归入品目 73.18 项下）有时被错误地按照《税则》第十六类商品或第九十章商品的专用零件归入零件的品目、子目及税则号列，例如，按照"大地测量仪器用零件"子目 9015.90 项下。

归 类 辨 析： 核验此类商品时，应仔细核查商品的材质、组成结构、功能用途、工作原理等信息，必要时可要求企业提供说明资料，以便准确判定商品归类。

商品照片

 **钢铁制销子**

应归入税则号列 7318.2400

申报信息

申 报 名 称： 操作机构、钢铁制销子等。

申 报 价 格： 0.18 美元 / 个等。

申报税则号列： 8538.9000（其他专用于或主要用于品目 85.35、85.36 或 85.37 所列装置的零件）等。

商品信息

商 品 状 态： 实际商品为不锈钢制圆柱形销子。

功 能 用 途： 该商品安装在开关、自动断路器、接触器等电气装置的销孔中，起连接、固定作用。

归类解析

正 确 归 类： 实际商品为钢铁制销子，属《税则》品目 73.18 项下具体列名商品。根据《税则》第十五类注释二（一）关于"通用零件"的描述可知，该商品属于第十五类注释二所称的"通用零件"。根据《税则》第十六类注释一（七）的排他条款可知，该商品应归入第十五类。具体来说，该商品应按照具体列名归入品目 73.18 和税则号列 7318.2400（钢铁制销及开尾销）。

归 类 差 错： 钢铁制销子（应归入品目 73.18 项下）有时被错误地按照《税则》第十六类商品或第九十章商品的专用零件归入零件的品目、子目及税则号列，例如，按照"专用于或主要用于品目 85.35、85.36 或 85.37 所列装置的零件"归入品目 85.38 项下。

归 类 辨 析： 核验此类商品时，应仔细核查商品的材质、组成结构、功能用途、工作原理等信息，必要时可要求企业提供说明资料，以便准确判定商品归类。

商品照片

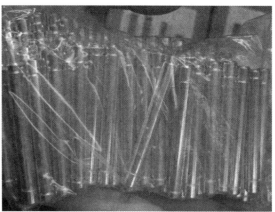

案例 12　合金钢制螺旋弹簧

应归入税则号列 7320.2090

申报信息

申 报 名 称： 弹簧、操作机构用钢铁制弹簧等。

申 报 价 格： 0.02～0.12 美元／个等。

申报税则号列： 8538.9000（其他专用于或主要用于品目 85.35、85.36 或 85.37 所列装置的零件）、8415.9010（税则号列 8415.1010、8415.1021、8415.8110 及 8415.8210 所列空气调节器用零件）、8415.9090（品目 84.15 所列其他空气调节器用零件）、3926.9010（塑料制机器及仪器用零件）等。

商品信息

商 品 状 态： 实际商品为合金钢制螺旋弹簧。

功 能 用 途： 该商品安装在自动断路器、接触器、空气调节器等设备的内部，起减震、缓冲等作用。

归类解析

正 确 归 类： 实际商品为合金钢制螺旋弹簧且明显不属于钟表发条，属《税则》品目 73.20 项下具体列名商品。根据《税则》第十五类注释二（二）关于"通用零件"的描述可知，该商品属于第十五类注释二所称的"通用零件"。根据《税则》第十六类注释一（七）的排他条款可知，该商品应归入第十五类。具体来说，该商品应按照具体列名归入品目 73.20 和税则号列 7320.2090（钢铁制其他螺旋弹簧）。

归 类 差 错： 钢铁制弹簧及弹簧片（应归入品目 73.20 项下）有时被错误地按照《税则》第十六类商品或第九十章商品的专用零件归入零件的品目、子目及税则号列，例如，按照"专用于或主要用于品目 85.35、85.36 或 85.37 所列装置的零件"归入品目 85.38 项下，或按照空气调节器零件归入子目 8415.90 项下。

归 类 辨 析： 核验此类商品时，应仔细核查商品的材质、组成结构、功能用途、工作原理等信息，必要时可要求企业提供说明资料，以便准确判定商品归类。

商品照片

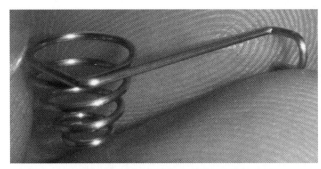 

案例 *13*　合金钢制碟形弹簧

应归入税则号列 7320.9090

申报信息

申 报 名 称: 连铸机配件 / 阻尼等。

申 报 价 格: 42 欧元 / 个等。

申报税则号列: 8454.9029(钢坯连铸机用其他零件)等。

商品信息

商 品 状 态: 实际商品为合金钢制碟形弹簧,其外观为加工成圆锥面的环状物品。

功 能 用 途: 该商品安装在液压动力装置或液压系统内部,起减震、缓冲、蓄能等作用。
例如,该商品可以安装在直线作用的液压动力装置中,当液压动力装置的活
塞朝一个方向做直线运动,挤压该商品时,该商品会发生弹性形变并吸收活
塞的动能,蓄积能量;当活塞的动能完全被该商品吸收后,该商品的形状会
逐渐复原,并释放能量,推动活塞朝反方向做直线运动。

归类解析

正 确 归 类: 该商品符合《税则》和《税则注释》对品目 73.20 项下"钢铁制其他弹簧"
的描述,属《税则》具体列名商品。根据《税则》第十五类注释二(二)
关于"通用零件"的描述可知,该商品属于第十五类注释二所称的"通用
零件"。根据《税则》第十六类注释一(七)的排他条款可知,该商品应归
入第十五类。具体来说,该商品应按照具体列名归入品目 73.20 和税则号列
7320.9090(钢铁制其他弹簧)。

归 类 差 错: 钢铁制弹簧及弹簧片(应归入品目 73.20 项下)有时被错误地按照《税则》
第十六类商品或第九十章商品的专用零件归入零件的品目、子目及税则号
列,例如,按照"金属冶炼及铸造用的转炉、浇包、锭模及铸造机的零件"
归入子目 8454.90 项下。

归 类 辨 析: 核验此类商品时,应仔细核查商品的材质、组成结构、功能用途、工作原理
等信息,必要时可要求企业提供说明资料,以便准确判定商品归类。

商品照片

案例 14 盘卷的精炼铜制细管

应归入税则号列 7411.1019

申报信息

申 报 名 称： 空调配件、空调用管路、空调用铜管等。

申 报 价 格： 9.83 美元 / 千克等。

申报税则号列： 8415.9010（税则号列 8415.1010、8415.1021、8415.8110 及 8415.8210 所列空气调节器的零件）。

商品信息

商 品 状 态： 实际商品为盘卷的精炼铜制细管。该精炼铜管的外表面较为光滑，不带有螺纹或翅片，外径为 5 毫米，规格为 300 米 / 卷，含氧量大于 5PPM。

功 能 用 途： 该商品裁切成指定长度后，可用于制作空气调节器的冷媒传输管路。该商品不能直接用作空气调节器的冷媒传输管路，需要裁切成指定长度后才能安装在空气调节器中使用。

归类解析

正 确 归 类： 从形态和加工程度来说，该商品尚不具备专用零件特征。该商品符合《税则》和《税则注释》对品目 74.11 项下的"铜管"的描述，属《税则》具体列名商品。根据归类总规则一及六，该商品应按照具体列名归入品目 74.11 项下，并应归入税则号列 7411.1019（外径不超过 25 毫米的其他精炼铜管）和商品编号 74111019.90。

归 类 差 错： 尚不具备零件特征的铜管（应归入品目 74.11 项下）有时被错误地按照《税则》第十六类商品的专用零件，归入零件的品目、子目及税则号列，例如，按照空气调节器零件归入子目 8415.90 项下。

归 类 辨 析： 核验此类商品时，应仔细核查商品的材质、组成结构、功能用途、工作原理等信息，必要时可要求企业提供说明资料，以便准确判定商品归类。

商品照片

案例 15 精炼铜制 Y 形三通管接头

应归入税则号列 7412.1000

申报信息

申 报 名 称： 冷凝器用 U 形管、U 形管等。

申 报 价 格： 0.11 ~ 0.1513 美元 / 个等。

申报税则号列： 8415.9010（税则号列 8415.1010、8415.1021、8415.8110 及 8415.8210 所列的空气调节器的零件）等。

商品信息

商 品 状 态： 实际商品为精炼铜制 Y 形三通管接头。

功 能 用 途： 该商品连接在空气调节器用冷凝器的冷媒传输管路中使用，其功能是同时将三段冷媒传输管路紧密地连接在一起。

归类解析

正 确 归 类： 该商品符合《税则》及《税则注释》对品目 74.12 项下的"铜制管子附件"的描述，属《税则》具体列名商品。根据《税则》第十五类注释二（一）对"通用零件"的描述可知，该商品属于第十五类注释二所称的"通用零件"。根据《税则》第十六类注释一（七）的排他条款可知，该商品应归入第十五类。具体来说，该商品应按照具体列名归入品目 74.12 和税则号列 7412.1000（精炼铜制管子附件）。

归 类 差 错： 铜制管子附件（应归入品目 74.12 项下）有时被错误地按照《税则》第十六类商品或第九十章商品的专用零件，归入零件的品目、子目及税则号列，例如，按照空气调节器零件归入子目 8415.90 项下。

归 类 辨 析： 核验此类商品时，应仔细核查商品的材质、组成结构、功能用途、工作原理等信息，必要时可要求企业提供说明资料，以便准确判定商品归类。

商品照片

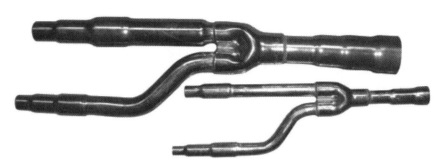

 铜锌合金制管接头

应归入税则号列 7412.2090

申报信息

申 报 名 称： 接头、管接头、铜合金制润滑接头、工业用铜制管接头、钢铁制管子接头等。

申 报 价 格： 0.76～2.29 欧元 / 个等。

申报税则号列： 8481.9010（阀门用零件）、8538.9000（其他专用于或主要用于品目 85.35、85.36 或 85.37 所列装置的零件）、7412.1000（精炼铜制管子附件）、7307.9900（钢铁制其他管子附件）等。

商品信息

商 品 状 态： 实际商品为黄铜（即铜锌合金）制管接头。

功 能 用 途： 该商品的功能为在不同的液（气）体管路之间进行连接，或在液（气）体管路和阀门、龙头等设备之间进行连接。

归类解析

正 确 归 类： 该商品符合《税则》和《税则注释》对品目 74.12 项下的"铜制管子附件"的描述，属《税则》具体列名商品。根据《税则》第十五类注释二（一）对"通用零件"的描述可知，该商品属于第十五类注释二所称的"通用零件"。根据《税则》第十六类注释一（七）的排他条款可知，该商品应归入第十五类。具体来说，该商品应按照具体列名归入品目 74.12 和税则号列 7412.2090（其他铜合金制管子附件）。

归 类 差 错： 铜制管子附件（应归入品目 74.12 项下）有时被错误地按照《税则》第十六类商品或第九十章商品的专用零件，归入零件的品目、子目及税则号列，例如，按照阀门零件归入子目 8481.90 项下。铜合金制管子附件（应归入子目 7412.2 项下）有时被错误地按照"精炼铜制管子附件"归入子目 7412.10 项下，或被错误地按照"钢铁制其他管子附件"归入子目 7307.99 项下。

归 类 辨 析： 核验此类商品时，应仔细核查商品的材质、组成结构、功能用途、工作原理等信息，必要时可要求企业提供说明资料，以便准确判定商品归类。

商品照片

 **案例 17　铝镀银导电粉**

应归入税则号列 7603.1000

申报信息

申 报 名 称: 铝银导电粉、银铝导电粉、导电银粉、喷涂物体表面导电用银铝导电粉等。

申 报 价 格: 342.52 美元 / 千克等。

申报商品编号: 71061019.00(平均粒径 ≥ 3 微米的非片状银粉)、71159010.10(工业或实验室用银制品)等。

商品信息

商 品 状 态: 实际商品为铝镀银导电粉。该商品外观为灰色或银灰色粉末状固体,粉末的颗粒形状为球形,平均粒径为 30 ~ 62 微米。其化学成分(按质量百分比计)为银含量 20% ~ 30%、铝含量 70% ~ 80%。该商品外层包装物为塑料桶,内层包装物为塑料袋,包装规格为 25 千克 / 桶。

功 能 用 途: 该商品是利用化学方法在高纯度铝粉表面镀一层银膜制成。将高纯度铝粉浸入含银离子的水溶液(例如,银盐溶液)中,使铝粉与溶液中的银离子发生置换反应,银单质被置换出来,在铝粉颗粒的外表面沉淀形成一层银镀膜,从而形成外表面镀银的铝粉。

该商品具有良好的导电性,也具有电磁屏蔽(即防电磁干扰及电磁辐射)功能,可用于生产导电涂料、导电浆料、导电胶、导电弹性体(导电硅橡胶)等商品。

将该商品作为导电颗粒添加到涂料、浆料、胶浆等商品中,制成导电涂料、导电浆料、导电胶等商品,喷涂在电子商品表面,可以起到电磁屏蔽作用。将该商品与硅橡胶混合,可以制造出具有导电功能的弹性体(即导电硅橡胶),导电弹性体可用于通讯机柜等设备,起到电磁屏蔽作用。

归类解析

正 确 归 类: 该商品是表面镀贵金属的贱金属粉,而并非含有贵金属的合金。根据《税则》第七十一章注释六及《税则注释》第七十一章总注释的排他条款,虽然该商品的银含量(按质量百分比计)达到 20% ~ 30%,但该商品不应归入

《税则》第七十一章，而应按照底料金属（铝粉）归入第十五类第七十六章。根据归类总规则一及六，并参考海关总署 Z2006—1301 号归类决定，该商品应归入品目 76.03 项下，并应归入税则号列 7603.1000（非片状铝粉）。

归 类 差 错：铝镀银粉常被错误地按照银粉或银合金粉归入子目 7106.10 项下（例如，按照非片状的银合金粉归入税则号列 7106.1019），或被错误地按照"工业或实验室用银制品"归入商品编号 71159010.10。

归 类 辨 析：核验此类商品时，应仔细核查商品的化学成分、加工工艺、功能用途等信息，必要时可要求企业提供说明资料，以便准确判定商品归类。

在贱金属表面镀贵金属制成的商品，无论贵金属含量（按质量百分比计）是否达到 2% 及以上，均应按照其底料金属归入《税则》第十五类的相应品目、子目及税则号列，而不应归入第七十一章。

商品照片

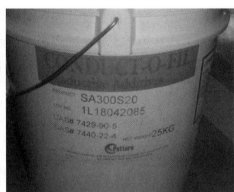

案例 18 **未锻轧锑**

应归入税则号列 8110.1010

申报信息

申 报 名 称： 高纯锑块等。

申 报 价 格： 75 美元 / 千克等。

申报税则号列： 8110.9000（除未锻轧锑、锑粉末及锑废碎料外，其他锑及锑制品）等。

商品信息

商 品 状 态： 实际商品为不规则块状固体，具有银白色金属光泽，由塑料瓶包装。该商品为高纯锑（纯度达 99.999%）。该商品没有经过锻轧加工，属于未锻轧锑。

功 能 用 途： 该商品可用于生产锑化铟、锑化镓等半导体材料，也可用作硅、锗等半导体材料的掺杂剂，也可用于生产热电转换元件、制冷元件、红外探测器和压电晶体。该商品在电子、化工、冶金、军事工业等多个领域具有广泛用途。

归类解析

正 确 归 类： 实际商品为未锻轧锑，属《税则》具体列名商品。根据归类总规则一及六，该商品应按照具体列名归入税则号列 8110.1010。

归 类 差 错： 未锻轧锑在出口环节常被错误地按照"除未锻轧锑、锑粉末及锑废碎料外，其他锑及锑制品"归入子目 8110.90 项下。

归 类 辨 析： 核验此类商品时，应仔细核查商品的化学成分、加工工艺、功能用途、工作原理等信息，必要时可要求企业提供说明资料，并可报送具有相关资质的化验机构化验，以便准确判定商品归类。

商品照片

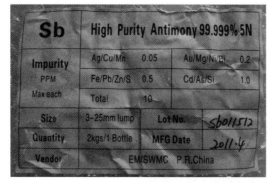

案例 **19** 金刚石切割线

应归入税则号列 8202.9910

申报信息

申 报 名 称： 金刚石切割线等。

申 报 价 格： 7400 美元 / 卷等。

申报税则号列： 8466.9100（品目 84.64 所列机器用零件）等。

商品信息

商 品 状 态： 实际商品为表面呈银灰色的成卷（绕在线轴上）的丝状物品，规格为 20000 米 / 卷，直径约为 300 微米。该商品是用特殊方法在钢丝表面涂镀一层金刚石颗粒后制成的商品。

功 能 用 途： 该商品可安装在玻璃切割机（该机器的功能是对玻璃进行冷切割）上使用。依靠表面涂镀的金刚石颗粒，该商品可以对玻璃进行切割。

具体使用时，将该商品按一定方式缠绕在玻璃切割机的轮轴组上，由轮轴带动该商品循环转动。当玻璃在切割机的轮轴组间穿过时，随着该商品循环转动，即可对玻璃进行切割。

归类解析

正 确 归 类： 该商品的材质、结构、功能均符合《税则》和《税则注释》对品目 82.02 项下的"锯片"的描述，属《税则》具体列名商品。根据归类总规则一及六，并参考海关总署 Z2006—1307 号归类决定，该商品应按照"机械锯用其他锯片"归入税则号列 8202.9910。

归 类 差 错： 品目 82.02 项下的机械锯用锯片有时被错误地按照加工机床的专用零件归入品目 84.66 项下，例如归入税则号列 8466.9100。

归 类 辨 析： 核验此类商品时，应仔细核查商品的材质、组成结构、功能用途、工作原理等信息，必要时可要求企业提供说明资料，以便准确判定商品归类。

商品照片

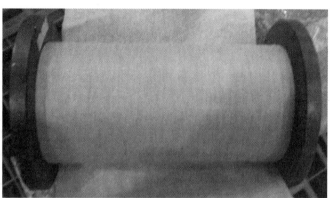

案例 20　合金钢制扳手

应归入税则号列 8204.1100

申报信息

申 报 名 称： 采矿机用力矩扳手、挤出机联轴器拆装扳手等。

申 报 价 格： 110 ~ 1753.22 美元 / 个等。

申报税则号列： 8431.4999（品目 84.26、84.29 或 84.30 所列机械的其他零件）、8467.8900（除风动工具和电动工具外，其他自身装有动力装置的手提式工具）、8477.9000（品目 84.77 所列橡胶或塑料及其商品的加工机器用零件）等。

商品信息

商 品 状 态： 实际商品为合金钢制扳手，由一个扳手头（又称套筒）和一个手柄组装在一起构成。扳手头和手柄报验时是分离的，二者可以组装成一体。

功 能 用 途： 该商品是用于紧固和拆卸螺栓（螺钉）或螺母的手工工具，可用于安装和拆卸各类机器、电气装置或仪器设备。

归类解析

正 确 归 类： 实际商品为合金钢制扳手。该商品符合《税则》和《税则注释》对品目 82.04 项下的"手动扳手"的描述，属《税则》具体列名商品。根据归类总规则一及六，该商品应归入税则号列 8204.1100（固定的手动扳手）。

归 类 差 错： 品目 82.04 项下的手动扳手有时被错误地按照《税则》第十六类商品的专用零件归入零件的品目、子目及税则号列（例如，按照采矿机的零件归入子目 8431.4 项下，按照"橡胶或塑料及其商品的加工机器用零件"归入子目 8477.9 项下等），或被错误地按照"本身装有动力装置的手提式工具"归入品目 84.67 项下。

归 类 辨 析： 核验此类商品时，应仔细核查商品的材质、组成结构、功能用途、工作原理等信息，必要时可要求企业提供说明资料，以便准确判定商品归类。

实际商品为由一个扳手头（又称套筒）和一个手柄组装在一起构成的手动扳手。虽然该商品的扳手头可以与手柄分离，但该商品并不属于可互换的扳手套筒，不应按照"可互换的扳手套筒，不论是否带手柄"归入子目 8204.2

项下，而应按照"手动扳手及扳钳"归入子目 8204.1 项下。同时，该商品不属于"带可调钳口的扳手"，故应按照"固定的手动扳手"归入子目 8204.11 项下。

商品照片

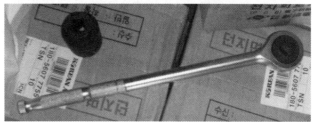

案例21　贱金属制手动润滑脂枪

应归入税则号列 8205.5900

申报信息

申 报 名 称： 手工用黄油枪、油嘴、注油枪、手动黄油枪等。

申 报 价 格： 15.14～57.13 美元/个等。

申报税则号列： 8409.9199（点燃式活塞内燃发动机的其他零件）、8424.2000（喷枪及类似器具）、8424.8999（其他液体或粉末的喷射、散布或喷雾的机械器具）、8467.8900（除风动工具和电动工具外，其他自身装有动力装置的手提式工具）等。

商品信息

商 品 状 态： 实际商品为贱金属制手动润滑脂枪，由手柄、枪头（又称加油嘴）、枪管（又称枪筒）、拉杆（又称拉手等）等零件构成。枪管内部安装有皮碗、弹簧、止回钢珠、排气螺丝等零件。具体使用时，需要在枪头上加装硬质或软质油管，以便为机械设备加注润滑脂。

功 能 用 途： 该商品是用于向机械设备加注润滑脂（俗称黄油）的贱金属制手动工具。用户手动操作该工具来实现加注润滑脂的功能。

用户向手动润滑脂枪中加入润滑脂（可以装入散装的润滑脂，也可以装入包装好的润滑脂），并排出该商品中的空气后，即可手动操作该商品，为机械设备加注润滑脂。

归类解析

正 确 归 类： 实际商品为贱金属制手动润滑脂枪。该商品符合《税则》和《税则注释》对品目 82.05 项下的"其他手工工具"的描述，属《税则》具体列名商品。根据归类总规则一及六，该商品应按照"其他手工工具"归入税则号列 8205.5900。

归 类 差 错： 贱金属制手动润滑脂枪有时被错误地按照"活塞内燃发动机的零件"归入品目 84.09 项下（例如，按照"点燃式活塞内燃发动机的零件"归入税则号列 8409.9199），或被错误地按照"液体或粉末的喷射、散布或喷雾的机械器具"归入品目 84.24 项下（例如，归入税则号列 8424.8999），或被错误地按照"本身装有动力装置的手提式工具"归入品目 84.67 项下（例如，归入税则号列 8467.8900）。

归 类 辨 析： 核验此类商品时，应仔细核查商品的材质、组成结构、功能用途、工作原理等信息，必要时可要求企业提供说明资料，以便准确判定商品归类。

贱金属制手动润滑脂枪与品目 84.67 项下的"本身装有动力装置的手提式工具"的区别为：前者不带有任何动力装置，属于手动工具，完全依靠操作人员提供的动力工作；后者本身安装有动力装置（例如，气压马达、电动机、液压动力装置等），且依靠自身的动力装置提供运转所需的动能。

贱金属制手动润滑脂枪与品目 84.24 项下的商品的区别为：后者以相对较高的速率喷射蒸汽、液体或固体材料，从而形成射流状或散射状（不论是否成滴），或以喷雾状进行喷射、散布；前者则是在不改变润滑脂物理性状的情况下将润滑脂注入机械设备中，不会以较高速率喷射润滑脂，故不会形成射流状或散射状，也不会对润滑脂产生雾化或喷雾的效果。

商品照片

案例 22 冲压模具及其零件

应归入税则号列 8207.3000

申报信息

申 报 名 称： 冲压模具、凹模、冲头等。

申 报 价 格： 3889.712 美元 / 个等。

申报税则号列： 8480.4110（金属、硬质合金用压铸模）、8480.4190（金属、硬质合金用其他注模或压模）、8480.4900（金属、硬质合金用其他型模）、8480.7190（塑料或橡胶用其他注模或压模）、8480.7900（塑料或橡胶用其他型模）、8466.9400（品目 84.62 或 84.63 所列机器用零件）等。

商品信息

商 品 状 态： 实际商品为冲压模具及凹模、冲头等冲压模具专用零件。该商品通常由金属（例如合金工具钢、高碳钢等）、硬质合金等刚性材料制成。

功 能 用 途： 冲压模具（又称冷冲压模具、冷冲模、冲模）的功能是对常温的硬质固体材料（例如金属、硬质塑料、硬质橡胶、木材等）施加压力或冲击力，使材料产生分离或塑性变形，从而将材料加工成指定形状。该商品通常安装在加工硬质材料的压力机（俗称冲压机床或冲床）上使用。冲压模具主要由工作零件，定位零件，压料、卸料与顶料零件，导向零件，固定零件等组装在一起构成，并可实现冲裁、冲孔、弯曲、翻边、拉深、成形、铆合等工艺。

在压力机的动力装置（例如电动机、液压或气压缸等）的带动下，冲压模具的上模体和下模体之间发生相对运动，从而对放置在冲压模具的凸模和凹模之间的加工对象施加压力或冲击力，将其加工成指定形状。

归类解析

正 确 归 类： 该商品符合《税则》和《税则注释》对品目 82.07 项下的"冲压工具"和"机床的可互换工具"的描述，属《税则》具体列名商品。根据《税则》第十六类注释一（十四）的排他条款可知，该商品应按照"可互换工具"归入品目 82.07 项下，并应按照"冲压工具"归入税则号列 8207.3000。

归 类 差 错： 冲压模具及其零件有时被错误地按照机床零件归入品目 84.66 项下（例如归入税则号列 8466.9400），或被错误地按照型模归入品目 84.80 项下（例如归入税则号列 8480.4110、8480.4190、8480.4900、8480.7190、8480.7900 等）。

归 类 辨 析： 核验此类商品时，应仔细核查商品的材质、组成结构、功能用途、工作原理等信息，必要时可要求企业提供说明资料，以便准确判定商品归类。

商品照片

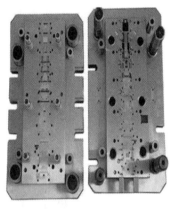

案例 23　手提式电钻用合金钢制钻头

应归入税则号列 8207.5090

申报信息

申 报 名 称： 手提式电钻用钻杆等。

申 报 价 格： 670.44 日元 / 个等。

申报税则号列： 8467.9910（其他手提式电动工具用零件）等。

商品信息

商 品 状 态： 实际商品为合金钢制的不同杆径和长度的麻花钻头。该钻头不带有天然或合成金刚石或立方氮化硼制的工作部件。

功 能 用 途： 该商品安装在手提式电钻上使用，充当手提式电钻的钻头，用于对加工对象进行钻孔。

归类解析

正 确 归 类： 实际商品为手提式电动工具用合金钢制钻头，该商品符合《税则》和《税则注释》对品目 82.07 项下的"可互换工具"的描述，属《税则》具体列名商品。根据《税则》第十六类注释一（十四）的排他条款可知，该商品应按照"可互换工具"归入品目 82.07 项下，并应按照"其他钻孔工具"归入税则号列 8207.5090。

归 类 差 错： 品目 82.07 项下的可互换工具有时被错误地按照《税则》第十六类商品的专用零件，归入零件的品目、子目及税则号列。

归 类 辨 析： 核验此类商品时，应仔细核查商品的材质、组成结构、功能用途、工作原理等信息，必要时可要求企业提供说明资料，以便准确判定商品归类。

商品照片

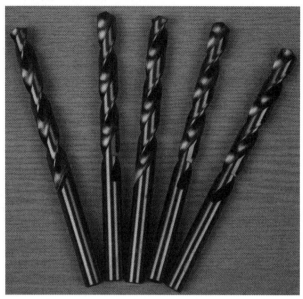

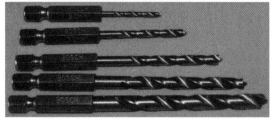

案例 24 机床用硬质合金制研磨头

应归入税则号列 8207.9090

申报信息

申 报 名 称： 磨头等。

申 报 价 格： 2.7 欧元/个等。

申报税则号列： 8466.9390（品目 84.56～84.61 所列机器用其他零件）等。

商品信息

商 品 状 态： 实际商品为硬质合金制研磨头。该商品不带有天然或合成金刚石或立方氮化硼制的工作部件。

功 能 用 途： 该商品安装在金属加工机床上使用，其功能为对工件进行打磨、研磨、去毛刺、抛光等加工。

归类解析

正 确 归 类： 该商品符合《税则》和《税则注释》对品目 82.07 项下的"机床的可互换工具"的描述，属《税则》具体列名商品。根据《税则》第十六类注释一（十四）的排他条款，该商品应按照"可互换工具"归入品目 82.07 项下，并应按照"其他可互换工具"归入税则号列 8207.9090。

归 类 差 错： 品目 82.07 项下的可互换工具有时被错误地按照《税则》第十六类商品的专用零件，归入零件的品目、子目及税则号列，例如，按照机床零件归入品目 84.66 项下，或按照手提式动力工具零件归入子目 8467.9 项下。

归 类 辨 析： 核验此类商品时，应仔细核查商品的材质、组成结构、功能用途、工作原理等信息，必要时可要求企业提供说明资料，以便准确判定商品归类。

商品照片

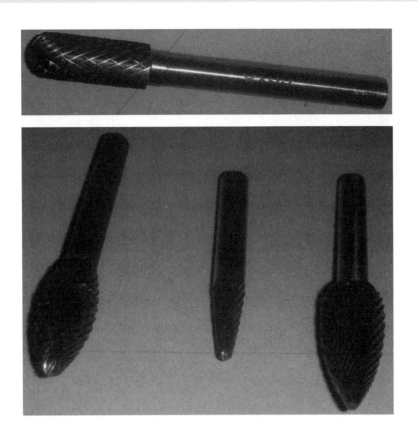

案例 **25** 手提式电动工具用合金钢制螺丝刀头及扳手头

应归入税则号列 8207.9090

申报信息

申 报 名 称： 螺丝刀头、批嘴等。

申 报 价 格： 0.94 美元 / 个等。

申报税则号列： 8467.9910（其他手提式电动工具用零件）等。

商品信息

商 品 状 态： 实际商品为合金钢制的不同杆径和长度的螺丝刀头（包括一字形螺丝刀头及十字形螺丝刀头等）及扳手头（包括外六角扳手头及内六角扳手头等）。该螺丝刀头和扳手头均不带有天然或合成金刚石或立方氮化硼制的工作部件。

功 能 用 途： 该商品安装在手提式电动螺丝刀、手提式电动扳手等手提式电动工具上使用，充当可互换的螺丝刀头及扳手头。

归类解析

正 确 归 类： 实际商品为手提式电动工具用合金钢制可互换工具，符合《税则》和《税则注释》对品目 82.07 项下的"可互换工具"的描述，属《税则》具体列名商品。根据《税则》第十六类注释一（十四）的排他条款，该商品应按照"可互换工具"归入品目 82.07 项下，并应按照"其他可互换工具"归入税则号列 8207.9090。

归 类 差 错： 品目 82.07 项下的可互换工具有时被错误地按照《税则》第十六类商品的专用零件，归入零件的品目、子目及税则号列，例如，按照机床零件归入品目 84.66 项下，或按照手提式动力工具零件归入子目 8467.9 项下。

归 类 辨 析： 核验此类商品时，应仔细核查商品的材质、组成结构、功能用途、工作原理等信息，必要时可要求企业提供说明资料，以便准确判定商品归类。

商品照片

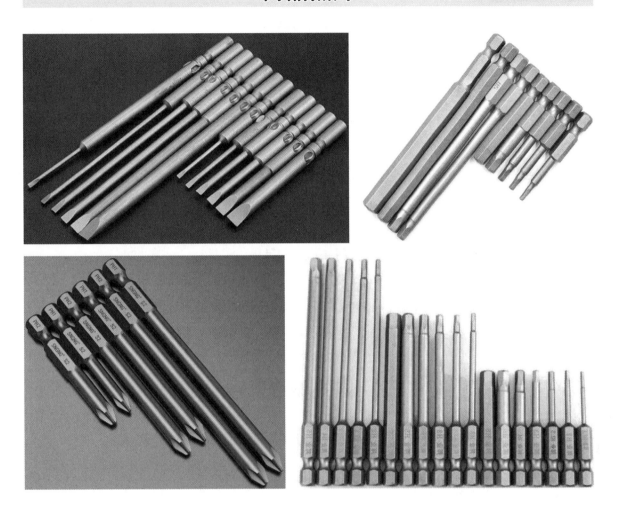

案例 **26** 切纸用合金钢刀片

应归入税则号列 8208.9000

申报信息

申 报 名 称： 纸板机用刀等。

申 报 价 格： 14.35 欧元 / 个等。

申报税则号列： 8439.9900（纸及纸板的制造或整理机器用零件）、8441.9010（切纸机用零件）、8441.9090（其他制造纸浆制品、纸制品或纸板制品的机器用零件）等。

商品信息

商 品 状 态： 实际商品为由合金钢制成的环形及条形刀片，刃口锋利。

功 能 用 途： 该刀片安装在纸板加工机上使用，其功能为切割纸板。

归类解析

正 确 归 类： 实际商品为合金钢制的切纸用刀片，属《税则》具体列名商品。根据归类总规则一及六，该商品应归入税则号列 8208.9000（其他机器或机械器具的刀及刀片）。

归 类 差 错： 品目 82.08 项下的刀及刀片有时被错误地按照《税则》第十六类机器或电气设备的专用零件，归入零件的品目、子目及税则号列，例如，按照"纸及纸板的制造或整理机器用零件"归入子目 8439.99 项下，或按照"其他制造纸浆制品、纸制品或纸板制品的机器用零件"归入子目 8441.90 项下。

归 类 辨 析： 核验此类商品时，应仔细核查商品的材质、组成结构、功能用途、工作原理等信息，必要时可要求企业提供说明资料，以便准确判定商品归类。

商品照片

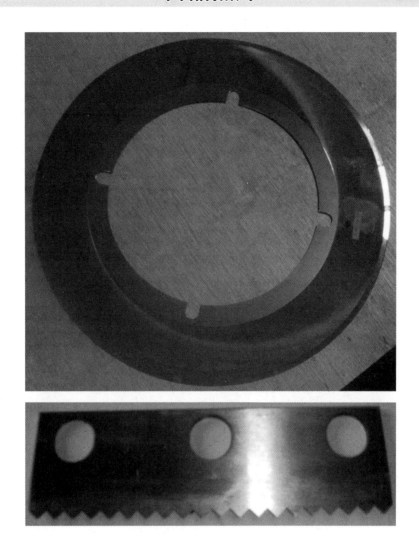

 **带接头的不锈钢制波纹软管**

应归入税则号列 8307.1000

申报信息

申 报 名 称: 蒸汽锅炉设备零件（金属管）、喷淋机用零件等。

申 报 价 格: 165 美元 / 个等。

申报税则号列: 8404.9090（品目 84.02 所列锅炉的辅助设备，以及水蒸气或其他蒸汽动力装置的冷凝器的零件），8424.9090（品目 84.24 所列机器及机械器具的零件）等。

商品信息

商 品 状 态: 实际商品为两端安装有接头，表面包覆有金属丝网保护层的不锈钢制波纹软管，长度约为 150 厘米。

功 能 用 途: 该商品可用于多种设备，主要用作传输冷热水或蒸汽的管路，具有良好的密闭性和耐腐蚀性。

归类解析

正 确 归 类: 实际商品为不锈钢制波纹软管，符合《税则》和《税则注释》对品目 83.07 项下的"贱金属软管"的描述，属《税则》具体列名商品。根据归类总规则一及六，该商品应按照具体列名归入税则号列 8307.1000（钢铁制软管）。

归 类 差 错: 品目 83.07 项下的贱金属软管有时被错误地按照《税则》第十六类机器或电气设备的专用零件，归入零件的品目、子目及税则号列，例如，按照"品目 84.02 或 84.03 所列锅炉的辅助设备，以及水蒸气或其他蒸汽动力装置的冷凝器的零件"归入子目 8404.90 项下，或按照"液体或粉末的喷射、散布或喷雾的机械器具用零件"归入子目 8424.90 项下。

归 类 辨 析: 核验此类商品时，应仔细核查商品的材质、组成结构、功能用途、工作原理等信息，必要时可要求企业提供说明资料，以便准确判定商品归类。

150

商品照片

案例 **28** 无接头的不锈钢制波纹软管

应归入税则号列 8307.1000

申报信息

申 报 名 称： 不锈钢波纹管、阀门用连接件等。

申 报 价 格： 6.32 美元 / 个等。

申报税则号列： 7307.2200（不锈钢制螺纹肘管、弯管及管套）、8481.9010（阀门用零件）等。

商品信息

商 品 状 态： 实际商品为两端尚未安装接头的不锈钢制波纹软管，长度约为 86.5 厘米，直径约为 5 厘米。

功 能 用 途： 该商品的两端安装接头后，可用于多种设备，主要用作水、油、蒸汽等的传输管路，具有良好的密闭性和耐腐蚀性。

归类解析

正 确 归 类： 实际商品为不锈钢制波纹软管，符合《税则》和《税则注释》对品目 83.07 项下的"贱金属软管"的描述，属《税则》具体列名商品。根据归类总规则一及六，该商品应按照具体列名归入税则号列 8307.1000（钢铁制软管）。

归 类 差 错： 品目 83.07 项下的贱金属软管有时被错误地按照《税则》第十六类机器或电气设备的专用零件，归入零件的品目、子目及税则号列，例如，按照"龙头、旋塞、阀门及类似装置用零件"归入子目 8481.90 项下。

归 类 辨 析： 核验此类商品时，应仔细核查商品的材质、组成结构、功能用途、工作原理等信息，必要时可要求企业提供说明资料，以便准确判定商品归类。

商品照片

案例 29　机电商品用贱金属制标识牌及铭牌

应归入税则号列 8310.0000

申报信息

申 报 名 称： 电解槽用标牌等。

申 报 价 格： 0.38 美元 / 个等。

申报税则号列： 8543.9090（第八十五章其他品目未列名的具有独立功能的电气设备及装置的零件）等。

商品信息

商 品 状 态： 实际商品为钢铁制标识牌及铭牌。标识牌为椭圆形片状物品，其上刻印有相关机电商品的名称、规格型号等信息。铭牌为圆角矩形片状物品，其上刻印有相关机电商品的类型、规格型号、序列号、工作参数、生产日期等信息。

功 能 用 途： 该商品可安装在机电商品上使用，用作机电商品的标识牌和铭牌。

归类解析

正 确 归 类： 实际商品为贱金属制标识牌及铭牌，符合《税则》和《税则注释》对品目 83.10 项下的"贱金属制的标志牌、铭牌、地名牌及类似品"的描述，属《税则》具体列名商品。根据《税则》第十五类注释二（三）对"通用零件"的描述可知，该商品属于"通用零件"。根据《税则》第十六类注释一（七）的排他条款，该商品应归入第十五类，并应按照具体列名归入税则号列 8310.0000。

归 类 差 错： 贱金属制标识牌及铭牌有时被错误地按照《税则》第十六类机器或电气设备的专用零件，归入零件的品目、子目及税则号列。

归 类 辨 析： 核验时应仔细核查商品的材质、功能用途及工作原理，必要时可要求企业提供说明资料，以确定商品的正确归类，防止骗取出口退税的情况发生。

商品照片

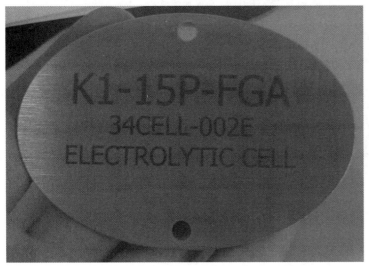
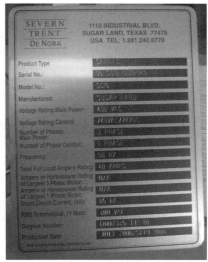

第六章

用于1千伏以上线路的电气装置

案例 **1** 额定电压 5 千伏的熔断器

应归入税则号列 8535.1000

申报信息

申 报 名 称: 保险丝、熔断器等。

申 报 价 格: 4.2 美元 / 个等。

申报税则号列: 8536.1000（用于电压不超过 1 千伏线路的熔断器）、8536.9011（工作电压不超过 36 伏的接插件）等。

商品信息

商 品 状 态: 实际商品为额定电压 5 千伏的熔断器。该商品是一种保险丝管，主要由熔体（即裁切成指定长度的保险丝）、玻璃管和金属帽（电极）构成。

功 能 用 途: 在电路中电流过载造成危险时，该商品内部的保险丝熔断，从而切断电路。

归类解析

正 确 归 类: 该商品属《税则》具体列名商品，根据归类总规则一及六，应按照"用于电压超过 1 千伏线路的熔断器"归入税则号列 8535.1000。

归 类 差 错: 用于电压超过 1 千伏的线路的熔断器常被错误地按照"用于电压不超过 1 千伏线路的熔断器"归入税则号列 8536.1000，或被错误地按照"用于电压不超过 1 千伏线路的其他电路连接装置"归入子目 8536.90 项下。

归 类 辨 析: 用于电压超过 1 千伏的线路的熔断器、开关、插头、插座、自动断路器等电气装置应归入品目 85.35 项下。

商品照片

案例 **2**　通用电气 Gerapid 高速直流断路器

应归入税则号列 8535.2100

申报信息

申 报 名 称： 电车道轨道出线设备机械部件、电车道轨道旁路设备机械部件、电车道轨道制动设备机械部件等。

申 报 价 格： 12074 ~ 14795 欧元 / 个等。

申报税则号列： 8608.0090（铁道及电车道轨道固定装置及附件；供铁道、电车道、道路、内河航道、停车场、港口或机场用的机械信号、安全或交通管理设备；上述货品的零件）等。

商品信息

商 品 状 态： 实际商品为通用电气（GE）Gerapid 2607、4207、6007、8007 等型号的高速直流断路器，是专用于直流线路的自动断路器，额定电压 1.5 千伏。该商品由触头系统（触头系统包括动触头和静触头两部分，动触头由一个主触头和一个电弧触头构成，静触头由一个主触头和一个电弧滑道构成）、灭弧室（其功能是消除断路器分断或闭合过程中产生的电弧）、机械机构（正常状态下，机械机构将断路器闭锁在"闭合"状态。在断路器分断过程中，机械机构带动断路器的触头系统运动，从而将断路器分断）、过电流脱扣器（是一个电磁机构，其功能是在电路中发生短路或电流过载时，迅速将断路器分断）、电磁闭合驱动器（是一个电磁式动力装置，其功能是迅速将断路器闭合）、电气控制箱（由稳压电源和多种控制电路板安装在一个金属箱体中构成，其功能是为断路器的各个零件供电，并控制断路器的各个零件工作）、ED 线圈脱扣器、并联跳闸装置、零电压脱扣器、强制跳闸脱扣器、手动杆等零件构成。其中，触头系统、灭弧室、机械机构、过电流脱扣器、电磁闭合驱动器和电气控制箱是断路器的必备件，ED 线圈脱扣器、并联跳闸装置、零电压脱扣器、强制跳闸脱扣器和手动杆是断路器的可选件。

功 能 用 途： 该商品的功能是在电路中发生短路或电流过载时迅速地自动分断电路，防止电路中的装置、设备或元器件被大电流损坏。该商品进口后将用于地铁供电系统。

归类解析

正 确 归 类: 实际商品为额定电压 1.5 千伏的专用于直流线路的自动断路器,属《税则》具体列名商品,根据归类总规则一及六,应按照"用于 1 千伏＜电压 ≤ 72.5 千伏的线路的自动断路器"归入税则号列 8535.2100。

归 类 差 错: 用于地铁供电系统的自动断路器常被错误地按照"铁道及电车道轨道固定装置及附件;供铁道、电车道、道路、内河航道、停车场、港口或机场用的机械(包括电动机械)信号、安全或交通管理设备;上述货品的零件"归入品目 86.08 项下,特别是被错误地归入税则号列 8608.0090。

归 类 辨 析: 用于电压超过 1 千伏线路的熔断器、开关、插头、插座、自动断路器等电气装置应归入品目 85.35 项下。

商品照片

案例 **3** 额定电压 3 千伏的隔离开关

应归入税则号列 8535.3090

申报信息

申 报 名 称：地铁系统直流配电盘辅助零部件、地铁系统专用直流隔离开关等。

申 报 价 格：5306 欧元／个等。

申报税则号列：8536.5000（用于电压不超过 1 千伏线路的开关）、8538.9000（其他专用于或主要用于品目 85.35、85.36 或 85.37 所列装置的零件）等。

商品信息

商 品 状 态：实际商品为额定电压 3 千伏的隔离开关，主要由导电部分（包括动触头、静触头、接线座）、绝缘子（包括支柱绝缘子、操作绝缘子）、电动机、传动机构（包括拐臂、连杆、齿轮等）、支持底座等零件构成。具体操作时，由电动机和传动机构带动动触头转动，从而使隔离开关的动触头和静触头闭合或分断。

功 能 用 途：该商品的主要功能是将电路的停电部分和带电部分隔离开，保证人身和设备的安全，同时也具有切换线路的功能。该商品主要用于地铁供电线路中，且主要在电器检修时使用。

归类解析

正 确 归 类：该商品属《税则》具体列名商品，根据归类总规则一及六，应按照"用于 1 千伏＜电压≤ 72.5 千伏的线路的隔离开关"归入税则号列 8535.3090。

归 类 差 错：用于电压超过 1 千伏线路的隔离开关常被错误地按照"用于电压不超过 1 千伏线路的开关"归入税则号列 8536.5000，或被错误地按照"专用于或主要用于品目 85.35、85.36 或 85.37 所列装置的零件"归入品目 85.38 项下（例如，归入税则号列 8538.9000）。

归 类 辨 析：用于电压超过 1 千伏线路的熔断器、开关、插头、插座、自动断路器等电气装置应归入品目 85.35 项下。

商品照片

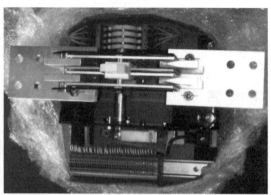

案例4　采煤机用额定电压 4160 伏的隔离开关

应归入税则号列 8535.3090

申报信息

申 报 名 称： 采矿机电路用开关等。

申 报 价 格： 3919 欧元 / 个等。

申报税则号列： 8536.5000（用于电压不超过 1 千伏线路的其他开关）等。

商品信息

商 品 状 态： 实际商品为美国 Filnor 有限公司生产的采煤机用隔离开关。该商品安装在采煤机械的电力线路中使用，额定电压为 4160 伏。该商品主要由框架（底座、支架）、绝缘件、闸刀（动触头）、静触头、操动机构、传动机构等构成。

功 能 用 途： 该商品的功能是在不带负荷的情况下分断和接通线路。该商品的主要用途包括隔离电源（即，用作一个明显的断开点，将相关设备或线路与电源隔开，以保证人员和设备的安全）、倒闸操作（电气设备的状态可分为运行、备用、检修三种状态，通过操作隔离开关等装置，可以将电气设备从一种状态转换为另一种状态或改变系统的运行方式，这种操作称为倒闸操作）、连通和切断小电流电路等。通常，在送电操作中，需要先闭合隔离开关，再闭合断路器或负荷类开关；在断电操作中，需要先断开断路器或负荷类开关，再断开隔离开关。

该商品可通过手动操作、电动操作等方式分断或闭合，也可通过远程控制方式分断或闭合。

归类解析

正 确 归 类： 该商品属《税则》具体列名商品，根据归类总规则一及六，应归入品目 85.35 项下，并应按照 "用于 1 千伏 < 电压 ≤ 72.5 千伏的线路的隔离开关" 归入税则号列 8535.3090。

归 类 差 错: 用于电压超过 1 千伏线路的隔离开关有时被错误地按照"用于电压不超过 1 千伏线路的其他开关"归入税则号列 8536.5000。

归 类 辨 析: 核验开关类商品时,除核查商品的组成结构、功能用途、工作原理外,还应注意核查商品的工作电压,防止出现将"用于电压超过 1 千伏线路的开关"错误地归入品目 85.36 的情况。

商品照片

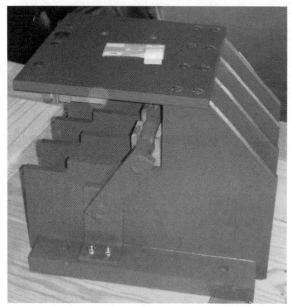

案例 5 额定电压 3 千伏的交流真空接触器

应归入税则号列 8535.3090

申报信息

申 报 名 称: 接触器备件、接触器、连接器等。

申 报 价 格: 1688.2 美元 / 个等。

申报税则号列: 8538.9000（其他专用于或主要用于品目 85.35、85.36 或 85.37 所列装置的零件）等。

商品信息

商 品 状 态: 实际商品为交流真空接触器，额定电压（指主电路额定电压）为 3 千伏。该商品主要由框架（底座）、绝缘件、电磁机构（主要包括电磁线圈、铁芯、衔铁等）、触头系统（包括动触头、静触头等）、真空管、灭弧室、操动机构、传动机构等构成。

功 能 用 途: 该商品的功能是通过对电磁线圈通电 / 断电，使电磁机构产生磁力 / 磁力消失，使触头系统动作（闭合或断开），从而闭合或分断主电路。

该商品包含一个低压控制电路（即电磁线圈的电路）和一个高压（例如交流 3 千伏）主电路。当低压控制电路闭合时，电磁线圈通电，铁芯产生磁力吸引衔铁，衔铁通过传动机构带动触头系统动作，从而使该商品的主电路闭合。当低压控制电路分断时，电磁线圈断电，铁芯磁力消失，衔铁被释放，触头系统复原，从而使该商品的主电路分断。该商品是一种通过人工操作低压电路（电磁线圈电路）通断，来间接闭合或分断高压电路（主电路）的自动开关。

归类解析

正 确 归 类: 实际商品为用于电压超过 1 千伏线路的交流接触器，属于电磁接触器。该商品符合《税则》和《税则注释》对品目 85.35 项下"用于电压超过 1 千伏线路的断续开关"的描述，根据归类总规则一及六，应按照"用于 1 千伏 < 电压 ≤ 72.5 千伏的线路的断续开关"归入税则号列 8535.3090。

归 类 差 错： 用于电压超过 1 千伏线路的接触器有时被错误地按照"专用于或主要用于品目 85.35、85.36 或 85.37 所列装置的零件"归入品目 85.38 项下，例如归入税则号列 8538.9000。

归 类 辨 析： 用于电压超过 1 千伏线路的接触器通常应按照断续开关归入子目 8535.30 项下。

商品照片

案例 6　额定电压 11 千伏的插座

应归入税则号列 8535.9000

申报信息

申 报 名 称：半联轴器等。

申 报 价 格：20828.25 日元 / 个等。

申报税则号列：8483.6000（离合器及联轴器）、8536.6900（用于电压不超过 1 千伏线路的插头及插座）、8536.9090（用于电压不超过 1 千伏线路的其他电路连接装置）。

商品信息

商 品 状 态：实际商品为额定电压 11 千伏的插座，主要由外壳、接线芯柱、绝缘件、浪涌保护器等部件构成。

功 能 用 途：该商品的功能为对高压电缆进行连接、耦合，从而传导电流。该商品可以与电缆的插头或其他插头相连接，并可实现快速插接。该商品具有良好的抗电流冲击性能和耐热性能，可用于矿山、矿井等恶劣环境。

归类解析

正 确 归 类：该商品属《税则》具体列名商品，根据归类总规则一及六，应按照"用于电压超过 1 千伏线路的其他电气装置"归入税则号列 8535.9000，并归入商品编号 85359000.90。

归 类 差 错：用于电压超过 1 千伏线路的电路连接装置（包括插头、插座及其他电路连接装置）有时被错误地按照联轴器归入税则号列 8483.6000，或被错误地按照"用于电压不超过 1 千伏线路的插头及插座"归入子目 8536.69 项下，或被错误地按照"用于电压不超过 1 千伏线路的其他电路连接装置"归入子目 8536.90 项下。

归 类 辨 析：用于电压超过 1 千伏线路的熔断器、开关、插头、插座、自动断路器等电气装置应归入品目 85.35 项下。

商品照片

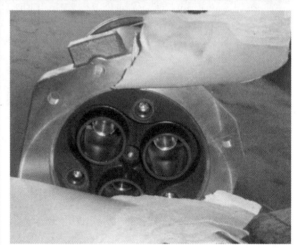

案例 7　额定电压 3.3 千伏的插座

应归入税则号列 8535.9000

申报信息

申 报 名 称：插头、插座等。

申 报 价 格：23756.35 日元 / 个等。

申报税则号列：8536.6900（用于电压不超过 1 千伏线路的插头及插座）、8536.9090（用于电压不超过 1 千伏线路的其他电路连接装置）。

商品信息

商 品 状 态：实际商品为额定电压 3.3 千伏的插座，主要由外壳、接线芯柱、绝缘件、浪涌保护器等部件构成。实际商品包括两种，一种为 L 形插座，另一种为 1 字形的插座。

功 能 用 途：该商品的功能为对高压电缆进行连接、耦合，从而传导电流。该商品可以与电缆的插头或其他插头相连接，并可实现快速插接。该商品具有良好的抗电流冲击性能和耐热性能，可用于矿山、矿井等恶劣环境。

归类解析

正 确 归 类：该商品属《税则》具体列名商品，根据归类总规则一及六，应按照"用于电压超过 1 千伏线路的其他电气装置"归入税则号列 8535.9000，并归入商品编号 85359000.90。

归 类 差 错：用于电压超过 1 千伏线路的电路连接装置（包括插头、插座及其他电路连接装置）有时被错误地按照"用于电压不超过 1 千伏线路的插头及插座"归入子目 8536.69 项下，或被错误地按照"用于电压不超过 1 千伏线路的其他电路连接装置"归入子目 8536.90 项下。

归 类 辨 析：用于电压超过 1 千伏线路的熔断器、开关、插头、插座、自动断路器等电气装置应归入品目 85.35 项下。

商品照片

商品照片

第七章

用于电压不超过 1 千伏线路的熔断器、自动断路器、安全栅、继电器及接触器

案例 1 日之出熔断器

应归入税则号列 8536.1000

申报信息

申 报 名 称: 电梯用电阻等。

申 报 价 格: 2757.075 日元 / 个等。

申报税则号列: 8533.2190（除碳质电阻器和片式电阻器外，其他额定功率不超过 20 瓦的固定电阻器）等。

商品信息

商 品 状 态: 实际商品为日之出（HINODE）品牌的 600SPF500UL 型快速熔断器。该商品额定电压为交流 600 伏 / 直流 450 伏。商品标签上印有"PROTECT FUSE"标识。

功 能 用 途: 该商品内部安装有保险丝，在电路中电流过载造成危险时，其内部的保险丝快速熔断，从而切断电路。

归类解析

正 确 归 类: 实际商品为用于电压不超过 1 千伏线路的熔断器，属《税则》具体列名商品。该商品符合《税则》和《税则注释》对品目 85.36 项下的"用于电压不超过 1 千伏线路的熔断器"的描述。根据归类总规则一及六，该商品应按照具体列名归入税则号列 8536.1000。

归 类 差 错: 熔断器有时被错误地按照电阻器归入品目 85.33 项下，例如归入税则号列 8533.2190。

归 类 辨 析: 核验此类商品时，应仔细核查商品的材质、功能用途等信息，必要时可要求企业提供说明资料，以便准确判定商品归类。

商品照片

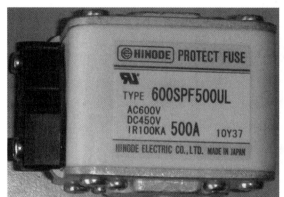

案例 2   Bussmann 熔断器

应归入税则号列 8536.1000

申报信息

申 报 名 称: 风力发电设备用熔断器、风力发电设备用熔断器电缆等。

申 报 价 格: 222.06 美元 / 个等。

申报税则号列: 8503.0030(风力发电机组用零件)等。

商品信息

商 品 状 态: 实际商品为 Bussmann 品牌的 170M7083 型熔断器,额定电压为交流 690 伏。

功 能 用 途: 该商品内部安装有保险丝,在电路中电流过载造成危险时,其内部的保险丝熔断,从而切断电路。此次进口后,该商品将被安装在风力发电机组的线路中,用以保护相关设备及线路安全。

归类解析

正 确 归 类: 实际商品为用于电压不超过 1 千伏线路的熔断器,属《税则》具体列名商品。该商品符合《税则》和《税则注释》对品目 85.36 项下的"用于电压不超过 1 千伏线路的熔断器"的描述。根据归类总规则一及六,该商品应按照具体列名归入税则号列 8536.1000。

归 类 差 错: 熔断器有时被错误地按照所服务机器、电气装置或仪器设备的专用零件,归入零件税则号列,例如按照风力发电机组零件归入税则号列 8503.0030。

归 类 辨 析: 核验此类商品时,应仔细核查商品的材质、功能用途等信息,必要时可要求企业提供说明资料,以便准确判定商品归类。

商品照片

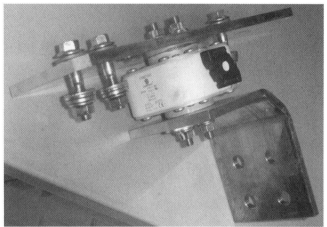

案例 **3** Ferraz Shawmut 熔断器

应归入税则号列 8536.1000

申报信息

申 报 名 称: 过载保护等。

申 报 价 格: 4.26 美元 / 个等。

申报税则号列: 8504.9090(除稳压电源及不间断供电电源外,其他静止式变流器及电感器
零件)等。

商品信息

商 品 状 态: 实际商品为 Ferraz Shawmut 品牌 TRM30 型熔断器,又称保险管,主要由保
险丝、电极、玻璃管构成。该商品额定电压为 250 伏,商品外包装上印有
"Fuses"标识。

功 能 用 途: 该商品内部安装有保险丝,在电路中电流过载造成危险时,其内部的保险丝
熔断,从而切断电路。此次进口后,该商品将安装在变频器的线路中,用以
保护变频器安全。

归类解析

正 确 归 类: 实际商品为用于电压不超过 1 千伏线路的熔断器,属《税则》具体列名商
品。该商品符合《税则》和《税则注释》对品目 85.36 项下的"用于电压不
超过 1 千伏线路的熔断器"的描述。根据归类总规则一及六,该商品应按照
具体列名归入税则号列 8536.1000。

归 类 差 错: 熔断器有时被错误地按照所服务机器、电气装置或仪器设备的专用零件,归
入零件税则号列,例如按照变频器零件归入税则号列 8504.9090。

归 类 辨 析: 核验此类商品时,应仔细核查商品的材质、功能用途等信息,必要时可要求
企业提供说明资料,以便准确判定商品归类。

商品照片

ABB 熔断器底座

应归入税则号列 8536.1000

申报信息

申 报 名 称： 插座等。

申 报 价 格： 26.5 美元 / 个等。

申报税则号列： 8536.6900（用于电压不超过 1 千伏线路的插头及插座）等。

商品信息

商 品 状 态： 实际商品为 ABB 品牌 E931/32 型熔断器底座，又称熔断器插座。该商品主要由外壳、金属连接器件、绝缘件等构成，额定电压为 400 伏，商品外包装上印有"Fuse holder"标识。

功 能 用 途： 该商品的功能是将保险管（保险丝）接入线路中，从而保护线路和设备安全。打开该商品的上盖后，可以将保险管（保险丝）插入该商品中，进而可以通过该商品将保险管（保险丝）接入线路中。

归类解析

正 确 归 类： 实际商品为用于电压不超过 1 千伏线路的熔断器底座。根据《税则注释》对品目 85.36 项下"熔断器"的描述，该商品应按照"用于电压不超过 1 千伏线路的熔断器"归入税则号列 8536.1000。

归 类 差 错： 熔断器底座有时被错误地按照"用于电压不超过 1 千伏线路的插头、插座"归入税则号列 8536.6900。

归 类 辨 析： 核验此类商品时，应仔细核查商品的材质、功能用途等信息，必要时可要求企业提供说明资料，以便准确判定商品归类。

商品照片

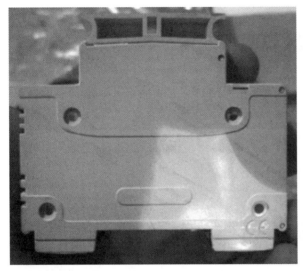

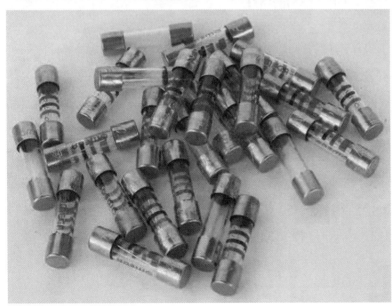
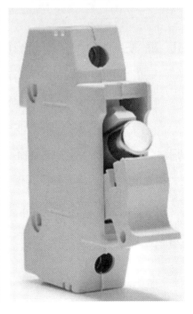

案例 5 **通用电气品牌的自动断路器**

应归入税则号列 8536.2000

申报信息

申 报 名 称: 切断器组件、保护器组件、开关等。

申 报 价 格: 40 欧元 / 个等

申报税则号列: 8536.5000（用于电压不超过 1 千伏线路的其他开关）、8538.9000（其他专用于或主要用于品目 85.35、85.36 或 85.37 所列装置的零件）等。

商品信息

商 品 状 态: 实际商品为通用电气（GE）品牌 EP62 型低压自动断路器，额定电压为交流 400 伏，商品包装物上印有"MINIATURE CIRCUIT BREAKER"（即微型断路器）标识。该商品主要由断路器壳体、触头系统（动触头、静触头）、灭弧装置、操作机构、脱扣器等构成。

功 能 用 途: 该商品的功能是在电路中出现过载、短路、欠电压（零电压）等异常情况时，自动分断电路，从而防止电路中的设备、装置、元器件等受到损坏。

归类解析

正 确 归 类: 实际商品为用于电压不超过 1 千伏线路的自动断路器，属《税则》具体列名商品。该商品符合《税则》和《税则注释》对品目 85.36 项下的"用于电压不超过 1 千伏线路的自动断路器"的描述。根据归类总规则一及六，该商品应按照具体列名归入税则号列 8536.2000。

归 类 差 错: 用于电压不超过 1 千伏线路的自动断路器有时被错误地按照"用于电压不超过 1 千伏线路的其他开关"归入税则号列 8536.5000，或被错误地按照"专用于或主要用于品目 85.35、85.36 或 85.37 所列装置的零件"归入品目 85.38 项下（例如，税则号列 8538.9000）。

归类辨析：自动断路器与子目 8536.50 项下"其他开关"的主要区别如下：

一是名称不同，特别是英文名称不同。自动短路器的英文名称为"circuit breaker""breaker"等，开关的英文名称通常包含关键词"switch"。

二是组成结构不同。自动短路器主要由断路器壳体、触头系统（动触头、静触头）、灭弧装置、操作机构、脱扣器等构成。子目 8536.50 项下"其他开关"通常不具备此类结构。

三是功能不同。自动断路器能够在电路中出现过载、短路、欠电压（零电压）等异常情况时自动分断电路，子目 8536.50 项下的"其他开关"则通常不具备此类功能。

商品照片

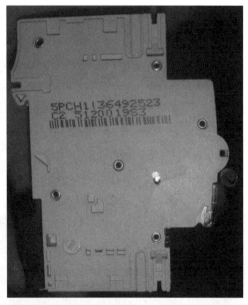
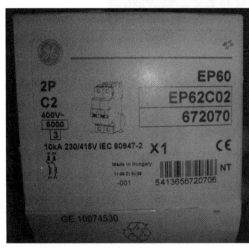
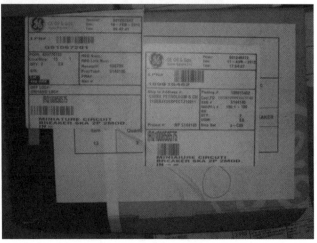

案例 **6** 施耐德自动断路器

应归入税则号列 8536.2000

申报信息

申 报 名 称： 液体涡轮流量传感器用电压保护器、开关等。

申 报 价 格： 15 美元 / 个等。

申报商品编号： 90269000.90（品目 90.26 所列液体或气体的流量、液位、压力或其他变化量的测量或检验仪器及装置的零件、附件）、85365000.90（用于电压不超过 1 千伏线路的其他开关）等。

商品信息

商 品 状 态： 实际商品为施耐德品牌 C65N 型低压自动断路器，额定电压为交流 400 伏。该商品主要由断路器壳体、触头系统（动触头、静触头）、灭弧装置、操作机构、脱扣器等构成。

功 能 用 途： 该商品的功能是在电路中出现过载、短路、欠电压（零电压）等异常情况时，自动分断电路，从而防止电路中的设备、装置、元器件等受到损坏。

归类解析

正 确 归 类： 实际商品为用于电压不超过 1 千伏线路的自动断路器，属《税则》具体列名商品。该商品符合《税则》和《税则注释》对品目 85.36 项下的"用于电压不超过 1 千伏线路的自动断路器"的描述。根据归类总规则一及六，该商品应按照具体列名归入税则号列 8536.2000。

归 类 差 错： 用于电压不超过 1 千伏线路的自动断路器有时被错误地按照所服务的机器、电气装置或仪器设备的专用零件、附件归入零附件的品目、子目及税则号列（例如，归入税则号列 9026.9000），或被错误地按照"用于电压不超过 1 千伏线路的其他开关"归入税则号列 8536.5000。

归 类 辨 析： 核验此类商品时，应仔细核查商品的材质、功能用途等信息，必要时可要求企业提供说明资料，以便准确判定商品归类。

商品照片

案例 7　ABB 自动断路器

应归入税则号列 8536.2000

申报信息

申 报 名 称： 脱扣器等。

申 报 价 格： 8031.71 美元 / 个等。

申报税则号列： 8538.9000（其他专用于或主要用于品目 85.35、85.36 或 85.37 所列装置的零件）等。

商品信息

商 品 状 态： 实际商品为 ABB 品牌 SACE Emax E2 型低压自动断路器，额定电压为交流 690 伏。该商品主要由断路器壳体、触头系统（动触头、静触头）、灭弧装置、操作机构、脱扣器等构成。

功 能 用 途： 该商品的功能是在电路中出现过载、短路、欠电压（零电压）等异常情况时，自动分断电路，从而防止电路中的设备、装置、元器件等受到损坏。

归类解析

正 确 归 类： 实际商品为用于电压不超过 1 千伏线路的自动断路器，属《税则》具体列名商品。该商品符合《税则》和《税则注释》对品目 85.36 项下的"用于电压不超过 1 千伏线路的自动断路器"的描述。根据归类总规则一及六，该商品应按照具体列名归入税则号列 8536.2000。

归 类 差 错： 用于电压不超过 1 千伏线路的自动断路器有时被错误地按照"专用于或主要用于品目 85.35、85.36 或 85.37 所列装置的零件"归入品目 85.38 项下，例如归入税则号列 8538.9000。

归 类 辨 析： 核验此类商品时，应仔细核查商品的材质、功能用途等信息，必要时可要求企业提供说明资料，以便准确判定商品归类。

商品照片

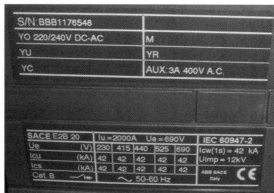

案例 8 TERASAKI 直流自动断路器

应归入税则号列 8536.2000

申报信息

申 报 名 称： 开关、电路开关等。

申 报 价 格： 284 美元 / 个等。

申报税则号列： 8536.5000（用于电压不超过 1 千伏线路的其他开关）等。

商品信息

商 品 状 态： 实际商品为 TERASAKI 品牌 TemBreak XS100NB 型直流自动断路器，额定电压为直流 600 伏。该商品的标签和包装盒上印有"Circuit Breaker"（即断路器）标识。该商品主要由断路器壳体、触头系统（动触头、静触头）、灭弧装置、操作机构、脱扣器等构成。

功 能 用 途： 该商品的功能是在电路中出现过载、短路、欠电压（零电压）等异常情况时，自动分断电路，从而防止电路中的设备、装置、元器件等受到损坏。

归类解析

正 确 归 类： 实际商品为用于电压不超过 1 千伏线路的自动断路器，属《税则》具体列名商品。该商品符合《税则》和《税则注释》对品目 85.36 项下的"用于电压不超过 1 千伏线路的自动断路器"的描述。根据归类总规则一及六，该商品应按照具体列名归入税则号列 8536.2000。

归 类 差 错： 用于电压不超过 1 千伏线路的自动断路器有时被错误地按照"用于电压不超过 1 千伏线路的其他开关"归入税则号列 8536.5000。

归 类 辨 析： 核验此类商品时，应仔细核查商品的材质、功能用途等信息，必要时可要求企业提供说明资料，以便准确判定商品归类。

商品照片

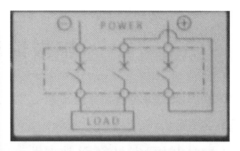

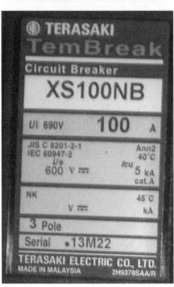

案例 9 | **隔离式安全栅**

应归入税则号列 8536.3000

申报信息

申 报 名 称: 隔离栅、DCS 控制单元附件、安全栅（DCS 自动控制系统用）等。

申 报 价 格: 448 美元 / 个等

申报税则号列: 8471.3010（品目 84.71 所列机器的零件、附件）、8471.5000（同样适用于品目 84.70~84.72 中两个或两个以上品目所列机器的零件、附件）等。

商品信息

商 品 状 态: 实际商品为 MTL 品牌的 ICC241-T3、MTL 4041B、MTL 4044D、MTL 4073 等型号的隔离式安全栅。该商品采用了将输入、输出及电源三方之间相互电气隔离的电路结构，是一种具有防火、防爆功能的本质安全型电路保护装置，用于电压不超过 1 千伏的线路。

功 能 用 途: 该商品可将危险区域（例如油田、矿井等工矿行业生产现场）的电路和安全区域（例如生产过程的控制、调度场所等）的电路关联在一起。正常情况下，可通过该商品向危险区域中的仪表供电，同时，该商品对危险区域中仪表的输出信号进行放大、抗干扰等处理后，传输给安全区域中的设备。当电路中出现高电压、强电流时，该商品可以限制输入危险区域的电压、电流值，防止可能引起危害的高电压、强电流串入危险区域，并将危险区域中的电压、电流值限定在安全限值以下，从而防止火灾、爆炸等事故发生，确保人员、设备的安全。该商品可部署在分散型控制系统中使用。

归类解析

正 确 归 类: 实际商品为隔离式安全栅，用于电压不超过 1 千伏的线路。该商品通过稳压限流、对高能量进行隔离和限制、信号转换等一系列方式确保电路安全。该商品符合《税则》和《税则注释》对品目 85.36 项下的"用于电压不超过 1 千伏线路的电路保护装置"的描述。根据归类总规则一及六，并参考海关总署 Z2008－196 号归类决定，该商品应按照"用于电压不超过 1 千伏线路的其他电路保护装置"归入税则号列 8536.3000。

归 类 差 错: 安全栅有时被错误地按照"品目 84.71 所列机器的零件、附件"归入子目
8473.30 项下（例如归入税则号列 8473.3010），或被错误地按照"同样适用
于品目 84.70 ~ 84.72 中两个或两个以上品目所列机器的零件、附件"归入子
目 8473.50 项下。

归 类 辨 析: 齐纳式安全栅和隔离式安全栅是常见的两类安全栅，二者均应归入税则号列
8536.3000。

商品照片

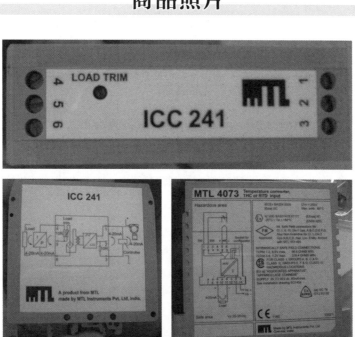

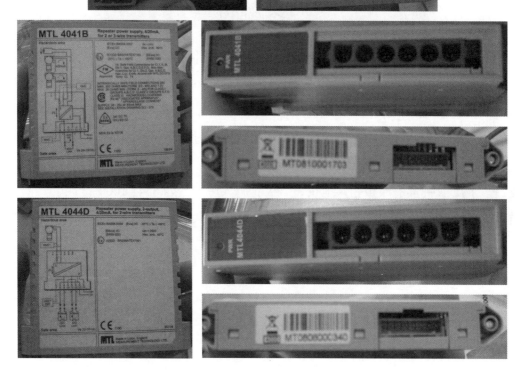

案例 **10** 齐纳式安全栅

应归入税则号列 8536.3000

申报信息

申 报 名 称： 采矿机用二极管等。

申 报 价 格： 76.7 欧元 / 个等。

申报税则号列： 8541.1000（二极管，但光敏二极管和发光二极管除外）等。

商品信息

商 品 状 态： 实际商品为齐纳式安全栅，包括两种品牌型号的商品：一种为 INTRiNSPAK 品牌 9001/01-199-150-101 型商品，另一种为 MTL 品牌 7796-型商品。该商品内部装配有快速熔断器、限压二极管和限流电阻，是用于电压不超过 1 千伏线路的电路保护装置。

功 能 用 途： 该商品可以限制输入危险区域（例如油田、矿井等工矿行业生产现场）的电压、电流值，防止可能引起危害的高电压、强电流串入危险区域，从而防止火灾、爆炸等事故发生，确保人员、设备安全。

归类解析

正 确 归 类： 该商品是一种用于电压不超过 1 千伏线路的电路保护装置，符合《税则》和《税则注释》对品目 85.36 项下的"用于电压不超过 1 千伏线路的电路保护装置"的描述。根据归类总规则一及六，并参考海关总署 Z2008－196 号归类决定，该商品应按照"用于电压不超过 1 千伏线路的其他电路保护装置"归入税则号列 8536.3000。

归 类 差 错： 该商品有时被错误地按照二极管归入税则号列 8541.1000。

归 类 辨 析： 齐纳式安全栅和隔离式安全栅是常见的两类安全栅，二者均应归入税则号列 8536.3000。

商品照片

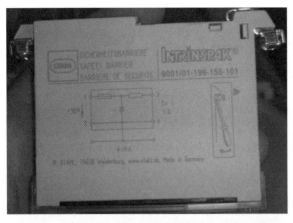
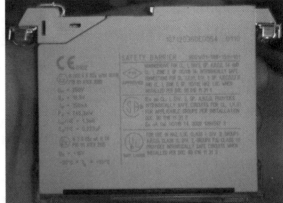

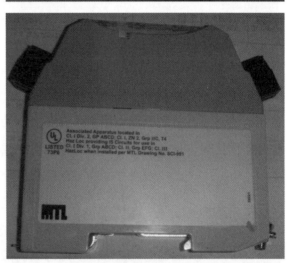

191

案例 **11**　欧姆龙电磁继电器

应归入税则号列 8536.4900

申报信息

申 报 名 称： 开关、电路开关等。

申 报 价 格： 15.14 美元／个等。

申报税则号列： 8536.5000（用于电压不超过 1 千伏线路的其他开关）等。

商品信息

商 品 状 态： 实际商品为欧姆龙品牌的电磁继电器，包括 MM1X-PV 和 MY4N-J 两种型号的商品。商品包装物上印有"RELAY"（即继电器）标识。该商品额定电压（指主电路额定电压）高于 60 伏，但未超过 1 千伏。该商品主要由外壳、电磁线圈、铁芯、衔铁、弹簧、动触点、静触点等构成。

功 能 用 途： 该商品的功能是通过对电磁线圈通电或断电，来产生磁力或使磁力消失，从而使动触点和静触点接触或分离，从而闭合或分断主电路。

该商品包含一个电压较低（例如直流 24 伏）控制电路（即电磁线圈的电路）和一个电压较高（例如交流 230 伏）的主电路。当控制电路闭合时，电磁线圈通电，铁芯产生磁力吸引衔铁，衔铁带动动触点动作，使动触点和静触点接触，从而闭合主电路。当控制电路分断时，电磁线圈断电，铁芯磁力消失，衔铁在弹簧作用下释放，动触点和静触点分离，从而分断主电路。该商品是一种通过人工操作低压电路（电磁线圈电路），来间接闭合或分断高压电路（主电路）的自动开关。

归类解析

正 确 归 类： 实际商品为用于电压不超过 1 千伏线路的电磁继电器，额定电压高于 60 伏但未超过 1 千伏。该商品符合《税则》和《税则注释》对品目 85.36 项下"60 伏＜电压≤ 1 千伏的继电器"的描述。根据归类总规则一及六，该商品应按照"60 伏＜电压≤ 1 千伏的继电器"归入税则号列 8536.4900。

归 类 差 错： 电磁继电器有时被错误地按照"用于电压不超过 1 千伏线路的其他开关"归入税则号列 8536.5000。

归 类 辨 析： 电磁继电器与子目 8536.50 项下"其他开关"的主要区别如下：

一是名称不同，特别是英文名称不同。继电器的英文名称通常包含关键词"Relay"，开关的英文名称通常包含关键词"Switch"。

二是组成结构不同。电磁继电器主要由外壳、电磁线圈、铁芯、衔铁、动触点、静触点等构成，其结构特征为包含一个电磁线圈。子目 8536.50 项下"其他开关"通常不具备此类结构。

三是功能不同。电磁继电器是一种通过人工操作低压电路（电磁线圈电路）通断来控制高压电路（主电路）通断的自动开关。子目 8536.50 项下"其他开关"通常不具备此类功能。

商品照片

案例 *12*　HENGSTLER 电磁继电器

应归入税则号列 8536.4900

申报信息

申 报 名 称： 继电器、检测仪器用开关、检测仪器用继电器等。

申 报 价 格： 6.35 美元 / 个等。

申报税则号列： 8538.9000（其他专用于或主要用于品目 85.35、85.36 或 85.37 所列装置的零件）、9031.9000（《税则》第九十章其他品目未列名的测量或检验仪器、器具及机器的零件、附件）等。

商品信息

商 品 状 态： 实际商品为 HENGSTLER 品牌 H-463-1212 型电磁继电器，额定电压（指主电路额定电压）为交流 230/240 伏。该商品主要由外壳、电磁线圈、铁芯、衔铁、弹簧、动触点、静触点等构成。

功 能 用 途： 该商品的功能是通过对电磁线圈通电或断电，来产生磁力或使磁力消失，从而使动触点和静触点接触或分离，从而闭合或分断主电路。

该商品包含一个电压较低（例如直流 24 伏）控制电路（即电磁线圈的电路）和一个电压较高（例如交流 230 伏）的主电路。当控制电路闭合时，电磁线圈通电，铁芯产生磁力吸引衔铁，衔铁带动动触点动作，使动触点和静触点接触，从而闭合主电路。当控制电路分断时，电磁线圈断电，铁芯磁力消失，衔铁在弹簧作用下释放，动触点和静触点分离，从而分断主电路。该商品是一种通过人工操作低压电路（电磁线圈电路），来间接闭合或分断高压电路（主电路）的自动开关。

归类解析

正 确 归 类： 实际商品为用于电压不超过 1 千伏线路的电磁继电器，额定电压高于 60 伏但未超过 1 千伏。该商品符合《税则》和《税则注释》对品目 85.36 项下"60 伏＜电压≤ 1 千伏的继电器"的描述。根据归类总规则一及六，该商品应按照"60 伏＜电压≤ 1 千伏的继电器"归入税则号列 8536.4900。

归 类 差 错： 电磁继电器有时被错误地按照所服务的机器、电气装置或仪器设备的专用零件、附件归入零附件的品目、子目或税则号列。例如，按照"专用于或主要用于品目 85.35、85.36 或 85.37 所列装置的零件"归入税则号列 8538.9000，或按照《税则》第九十章其他品目未列名的测量或检验仪器、器具及机器的零件、附件"归入税则号列 9031.9000。

归 类 辨 析： 核验此类商品时，应仔细核查商品的材质、功能用途等信息，必要时可要求企业提供说明资料，以便准确判定商品归类。

商品照片

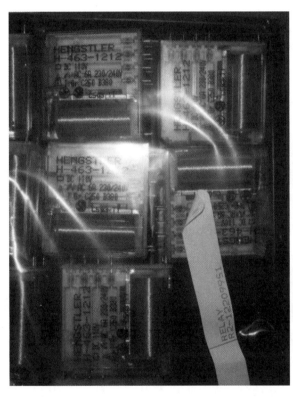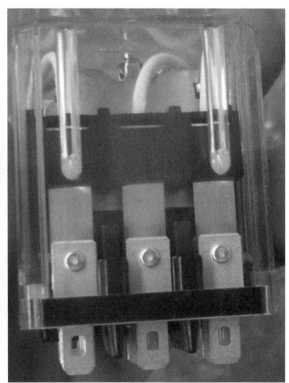

案例 **13** KUAN HSI 磁簧继电器

应归入税则号列 8536.4110

申报信息

申 报 名 称: 固定电阻器、集成电路。

申 报 价 格: 0.57 美元 / 个等。

申报税则号列: 8533.2190（除碳质电阻器和片式电阻器外，其他额定功率不超过 20 瓦的固定电阻器）、8542.3990（其他集成电路）等。

商品信息

商 品 状 态: 实际商品为 KUAN HSI 品牌 DIC050D00 型磁簧继电器（又称磁簧管继电器、干簧继电器、干簧管继电器等）。该商品属于小型磁簧继电器，其电磁线圈电压为直流 5 伏，主电路额定电压未超过 36 伏。

该商品主要由外壳、电磁线圈和磁簧开关构成。电磁线圈的电路为控制电路（电压较低），磁簧开关所在电路为主电路（电压较高）。磁簧开关由两片磁簧片密封在玻璃管内构成，两片磁簧片中间有小空隙。两片磁簧片可以在外部磁场作用下接触，从而闭合主电路；外部磁场消失后，两片磁簧片会分离，从而分断主电路。

功 能 用 途: 该商品的功能是通过对电磁线圈通电或断电，来产生磁场或使磁场消失，从而使磁簧开关动作（闭合或分断），从而闭合或分断主电路。

该商品的电磁线圈通电后，会产生磁场，使磁簧开关闭合，从而闭合主电路；该商品的电磁线圈断电后，磁场会消失，使磁簧开关分断，从而分断主电路。该商品是一种通过人工操作（闭合或分断）低压电路（电磁线圈电路），来间接闭合或分断高压电路（主电路）的自动开关。

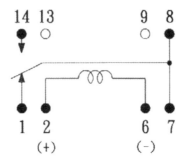

磁簧继电器工作原理图

归类解析

正 确 归 类： 实际商品为磁簧继电器，是用于电压未超过 1 千伏线路的继电器，属《税则》具体列名商品。该商品主电路的额定电压未超过 36 伏，符合《税则》和《税则注释》对品目 85.36 项下"电压不超过 36 伏的继电器"的描述。根据归类总规则一及六，该商品应按照"电压不超过 36 伏的继电器"归入税则号列 8536.4110。

归 类 差 错： 由于自身外形原因，小型磁簧继电器有时被错误地按照电阻器归入品目 85.33 项下（例如，按照"除碳质电阻器和片式电阻器外，其他额定功率不超过 20 瓦的固定电阻器"归入税则号列 8533.2190），或被错误地按照集成电路归入品目 85.42 项下（例如，按照"其他集成电路"归入税则号列 8542.3990）。

归 类 辨 析： 核验此类商品时，应仔细核查商品的材质、功能用途等信息，必要时可要求企业提供说明资料，以便准确判定商品归类。

商品照片

 **OKITA 磁簧继电器**

应归入税则号列 8536.4900

申报信息

申 报 名 称： 固定电阻器、铝电介电容器。

申 报 价 格： 3.9 美元 / 个等。

申报税则号列： 8532.2290（除片式电容器外，其他铝电介电容器）、8533.2900（除碳质电阻器外，其他额定功率超过 20 瓦的固定电阻器）等。

商品信息

商 品 状 态： 实际商品为 OKITA 品牌 LRL-101-50 型磁簧继电器（又称磁簧管继电器、干簧继电器、干簧管继电器等）。商品上印有"REED RELAY"（即磁簧继电器）标识。该商品属于小型磁簧继电器，其电磁线圈电压为直流 24 伏，主电路额定电压高于 60 伏但未超过 1 千伏。

该商品主要由外壳、电磁线圈和磁簧开关构成。电磁线圈的电路为控制电路（电压较低），磁簧开关所在电路为主电路（电压较高）。磁簧开关由两片磁簧片密封在玻璃管内构成，两片磁簧片中间有小空隙。两片磁簧片可以在外部磁场作用下接触，从而闭合主电路；外部磁场消失后，两片磁簧片会分离，从而分断主电路。

功 能 用 途： 该商品的功能是通过对电磁线圈通电或断电，来产生磁场或使磁场消失，从而使磁簧开关动作（闭合或分断），从而闭合或分断主电路。

该商品的电磁线圈通电后，会产生磁场，使磁簧开关闭合，从而闭合主电路；该商品的电磁线圈断电后，磁场会消失，使磁簧开关分断，从而分断主电路。该商品是一种通过人工操作（闭合或分断）低压电路（电磁线圈电路），来间接闭合或分断高压电路（主电路）的自动开关。

归类解析

正 确 归 类： 实际商品为磁簧继电器，是用于电压未超过 1 千伏线路的继电器，属《税则》具体列名商品。该商品主电路的额定电压高于 60 伏但未超过 1 千伏，符合《税则》和《税则注释》对品目 85.36 项下"60 伏＜电压 ≤ 1 千伏的继电器"的描述。根据归类总规则一及六，该商品应按照"60 伏＜电压≤ 1 千伏的继电器"归入税则号列 8536.4900。

归 类 差 错：由于自身外形原因，小型磁簧继电器有时被错误地按照电容器归入品目 85.32 项下（例如，按照"除片式电容器外，其他铝电介电容器"归入税则 号列 8532.2290），或被错误地按照电阻器归入品目 85.33 项下（例如，按照 "除碳质电阻器外，其他额定功率超过 20 瓦的固定电阻器"归入税则号列 8533.2900）。

归 类 辨 析：核验此类商品时，应仔细核查商品的材质、功能用途等信息，必要时可要求 企业提供说明资料，以便准确判定商品归类。

商品照片

案例 **15** 富士电机热过载继电器

应归入税则号列 8536.4900

申报信息

申 报 名 称： 开关、电路保护器、电机保护器等。

申 报 价 格： 24.17 美元 / 个等。

申报税则号列： 8536.5000（用于电压不超过 1 千伏线路的其他开关）、8538.9000（其他专用于或主要用于品目 85.35、85.36 或 85.37 所列装置的零件）等。

商品信息

商 品 状 态： 实际商品为富士电机（Fuji Electric FA）品牌 TR-5-1N/3 型热过载继电器。商品外包装上印有 "Thermal Overload Relay" 和 "热过载继电器" 标识。该商品额定电压高于 60 伏但未超过 1 千伏。该商品主要由外壳、热元件（热敏双金属片）、传动机构、常闭触头、复位按键等构成。

功 能 用 途： 该商品的功能是在电路发生过载的情况下，切断被保护设备的电源。该商品的常见用途是配合电磁接触器对电动机进行保护。在电动机发生过载时，配合电磁接触器切断电动机的电源，从而保护电动机安全。

该商品利用电流热效应原理工作。该商品的热元件（热敏双金属片）与电动机的定子绕组串联，该商品的常闭触头串联在电磁接触器的电磁线圈控制电路中，电磁接触器串联在电动机的供电电路中。正常情况下，该商品的常闭触头处于闭合状态，电磁接触器保持吸合，从而正常为电动机供电，使电动机正常运行；当电动机出现过载情况时，绕组中电流增大，通过该商品热元件（热敏双金属片）的电流增大，使双金属片温度升高，弯曲程度增大，推动传动机构动作，将常闭触头分断，从而分断电磁接触器的电磁线圈电路，使电磁接触器释放，从而切断电动机的供电电路，使电动机停止运行，从而保护电动机安全。该商品的常闭触头分断后，可通过该商品的复位按键，重新将该商品的常闭触头闭合。

归类解析

正 确 归 类： 实际商品为用于电压未超过 1 千伏线路的热过载继电器，属《税则》具体列名商品，额定电压高于 60 伏但未超过 1 千伏。该商品的结构和功能符合《税则》和《税则注释》对品目 85.36 项下的"60 伏＜电压≤ 1 千伏的继电器"的描述。根据归类总规则一及六，该商品应按照"60 伏＜电压≤ 1 千伏的继电器"归入税则号列 8536.4900。

归 类 差 错： 热过载继电器有时被错误地按照"用于电压不超过 1 千伏线路的其他开关"归入税则号列 8536.5000，或被错误地按照电磁接触器零件归入税则号列 8538.9000。

归 类 辨 析： 核验此类商品时，应仔细核查商品的材质、功能用途等信息，必要时可要求企业提供说明资料，以便准确判定商品归类。

商品照片

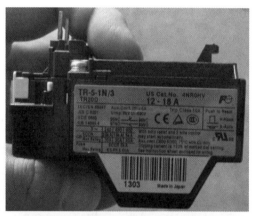

案例 16　富士电机品牌的交流接触器

应归入税则号列 8536.4900

申报信息

申 报 名 称： 电梯用接触器、接触器、电路保护器等。

申 报 价 格： 1020~1251.15 日元 / 个等。

申报税则号列： 8536.3000（用于电压不超过 1 千伏线路的其他电路保护装置）、8536.9011（工作电压不超过 36 伏的接插件）、8536.9019（36 伏 < 工作电压 ≤ 1 千伏的接插件）、8536.9090（用于电压不超过 1 千伏线路的其他电路连接装置）、8538.9000（其他专用于或主要用于品目 85.35、85.36 或 85.37 所列装置的零件）等。

商品信息

商 品 状 态： 实际商品为富士电机（Fuji Electric FA）品牌的交流接触器（属于电磁接触器），包括三种型号的商品，分别为 SH-4 型商品、SJ-1SG 型商品和 SJ-0G 型商品。以上三种商品额定电压（指主电路额定电压）均高于 60 伏但未超过 1 千伏。该商品主要由外壳、电磁机构（主要包括电磁线圈、铁芯、衔铁等）、触头系统（包括动触头、静触头）、灭弧装置、弹簧、传动机构等构成。

功 能 用 途： 该商品的功能是通过对电磁线圈通电 / 断电，使电磁机构产生磁力 / 磁力消失，使触头系统动作（闭合或断开），从而闭合或分断主电路。

该商品包含一个低压（例如直流 24 伏）控制电路（即电磁线圈的电路）和一个高压（例如交流 440 伏）主电路。当低压控制电路闭合时，电磁线圈通电，铁芯产生磁力吸引衔铁，衔铁通过传动机构带动触头系统动作，从而使该商品的主电路闭合。当低压控制电路分断时，电磁线圈断电，铁芯磁力消失，衔铁在释放弹簧作用下释放，触头系统复原，从而使该商品的主电路分断。该商品是一种通过人工操作低压电路（电磁线圈电路），来间接操作高压电路（主电路）通断的自动开关。

归类解析

正 确 归 类： 实际商品为用于电压不超过 1 千伏线路的交流接触器，属于电磁接触器，额定电压高于 60 伏但未超过 1 千伏。该商品符合《税则》和《税则注释》对品目 85.36 项下"60 伏＜电压≤ 1 千伏的继电器"的描述。根据归类总规则一及六，并参考海关总署 Z2006—1422 号归类决定，该商品应按照"60 伏＜电压≤ 1 千伏的继电器"归入税则号列 8536.4900。

归 类 差 错： 接触器有时被错误地按照"用于电压不超过 1 千伏线路的其他电路保护装置"归入子目 8536.30 项下，或被错误地按照"用于电压不超过 1 千伏线路的电路连接装置"归入子目 8536.90 项下，或被错误地按照"专用于或主要用于品目 85.35、85.36 或 85.37 所列装置的零件"归入品目 85.38 项下（例如，归入税则号列 8538.9000）。

归 类 辨 析： 接触器与子目 8536.90 项下"电路连接装置"的主要区别如下：

一是名称不同，特别是英文名称不同。接触器的英文名称为"Contactor""Magnetic Contactor"等，电路连接装置的英文名称通常为"Connector""Terminal Box"等。

二是组成结构不同。接触器主要由电磁机构、触头系统、灭弧装置及其他零部件构成，其结构特征为包含一个电磁线圈。电路连接装置通常为金属端子、金属接插件，或由金属导电件和绝缘材料构成的接线端子，或由箱体、接线端子和电缆等构成的端子盒或接线箱等。

三是功能和工作原理不同。接触器是一种通过人工操作低压电路（电磁线圈电路）通断来控制高压电路（主电路）通断的自动开关。电路连接装置的功能则为电路连接和电流导通。

商品照片

 **案例 17** 通用电气品牌的交流接触器

应归入税则号列 8536.4900

申报信息

申 报 名 称： 接触器等。

申 报 价 格： 287.5 欧元 / 个等

申报税则号列： 8536.5000（用于电压不超过 1 千伏线路的其他开关）等。

商品信息

商 品 状 态： 实际商品为通用电气（GE）品牌 CL25A300T 型低压交流接触器，额定电压（指主电路额定电压）高于 60 伏但未超过 1 千伏。商品包装物上印有"CONTACTOR"和"接触器"标识。该商品主要由外壳、电磁机构（主要包括电磁线圈、铁芯、衔铁等）、触头系统（包括动触头、静触头）、灭弧装置、弹簧、传动机构等构成。

功 能 用 途： 该商品的功能是通过对电磁线圈通电 / 断电，使电磁机构产生磁力 / 磁力消失，使触头系统动作（闭合或断开），从而闭合或分断主电路。

该商品包含一个低压（例如直流 24 伏）控制电路（即电磁线圈的电路）和一个高压（例如交流 690 伏）主电路。当低压控制电路闭合时，电磁线圈通电，铁芯产生磁力吸引衔铁，衔铁通过传动机构带动触头系统动作，从而使该商品的主电路闭合。当低压控制电路分断时，电磁线圈断电，铁芯磁力消失，衔铁在释放弹簧作用下释放，触头系统复原，从而使该商品的主电路分断。该商品是一种通过人工操作低压电路（电磁线圈电路），来间接操作高压电路（主电路）通断的自动开关。

归类解析

正 确 归 类： 实际商品为用于电压不超过 1 千伏线路的交流接触器，属于电磁接触器，额定电压高于 60 伏但未超过 1 千伏。该商品符合《税则》和《税则注释》对品目 85.36 项下"60 伏＜电压≤1 千伏的继电器"的描述。根据归类总规则一及六，并参考海关总署 Z2006－1422 号归类决定，该商品应按照"60 伏＜电压≤1 千伏的继电器"归入税则号列 8536.4900。

归 类 差 错： 接触器有时被错误地按照"用于电压不超过 1 千伏线路的其他开关"归入税则号列 8536.5000。

归 类 辨 析： 核验此类商品时，应仔细核查商品的材质、功能用途等信息，必要时可要求企业提供说明资料，以便准确判定商品归类。

商品照片

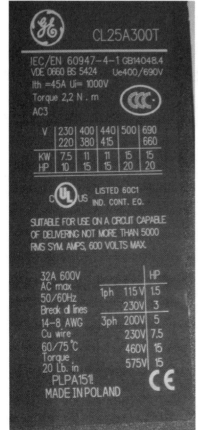

 **ABB 接触器**

应归入税则号列 8536.4900

申报信息

申 报 名 称： 电潜泵变频器用插头、电潜泵变频器用连接器、电流接触器等。

申 报 价 格： 124.18 ～ 3964.69 美元 / 个等。

申报税则号列： 8536.6900（用于电压不超过 1 千伏线路的插头及插座）、8536.9090（用于电压不超过 1 千伏线路的其他电路连接装置）、8536.4110（电压不超过 36 伏的继电器）等。

商品信息

商 品 状 态： 实际商品为 ABB 品牌的电磁接触器，包括四种型号的商品，分别为：A145-30 型交流接触器（额定电压交流 600 伏）、EH1200 型交流接触器（额定电压交流 600 伏）、B7S-30-10-2.8 型交流接触器（额定电压交流 600 伏）和 EHDB 280 型直流接触器（额定电压直流 600 伏）。商品包装物上印有 "CONTACTOR" 和 "接触器" 标识。以上四种商品的额定电压（指主电路额定电压）均超过 60 伏但未超过 1 千伏。该商品主要由外壳、电磁机构（主要包括电磁线圈、铁芯、衔铁等）、触头系统（包括动触头、静触头）、灭弧装置、弹簧、传动机构等构成。

功 能 用 途： 该商品的功能是通过对电磁线圈通电 / 断电，使电磁机构产生磁力 / 磁力消失，使触头系统动作（闭合或断开），从而闭合或分断主电路。

该商品包含一个低压（例如直流 24 伏）控制电路（即电磁线圈的电路）和一个高压（例如交流 600 伏）主电路。当低压控制电路闭合时，电磁线圈通电，铁芯产生磁力吸引衔铁，衔铁通过传动机构带动触头系统动作，从而使该商品的主电路闭合。当低压控制电路分断时，电磁线圈断电，铁芯磁力消失，衔铁在释放弹簧作用下释放，触头系统复原，从而使该商品的主电路分断。该商品是一种通过人工操作低压电路（电磁线圈电路），来间接操作高压电路（主电路）通断的自动开关。

归类解析

正 确 归 类： 实际商品为用于电压不超过 1 千伏线路的电磁接触器，额定电压高于 60 伏
但未超过 1 千伏。该商品符合《税则》和《税则注释》对品目 85.36 项下 "60
伏＜电压≤1 千伏的继电器" 的描述。根据归类总规则一及六，并参考海
关总署 Z2006—1422 号归类决定，该商品应按照 "60 伏＜电压≤1 千伏的
继电器" 归入税则号列 8536.4900。

归 类 差 错： 接触器有时被错误地按照 "电压不超过 60 伏的继电器" 归入子目 8536.41
项下（特别是被错误地按照 "电压不超过 36 伏的继电器" 归入税则号列
8536.4110），或被错误地按照 "用于电压不超过 1 千伏线路的插头及插座"
归入子目 8536.69 项下，或被错误地按照 "用于电压不超过 1 千伏线路的电
路连接装置" 归入子目 8536.90 项下。

归 类 辨 析： 接触器包含一个控制电路（即电磁线圈的电路，电压较低）和一个主电路
（电压较高），判断接触器的额定电压时，应选取接触器主电路电压，而不
应选取控制电路电压。接触器的工作原理与电磁继电器非常相似，二者的区
别在于接触器可承载的电流和负载比继电器更大。

商品照片

 **MOELLER 接触器**

应归入税则号列 8536.4900

申报信息

申 报 名 称： 纸板机用接线盒、纸板机用连接器、纸板机用接触器、卫生巾生产线用继电器、卫生巾生产线用接触器等。

申 报 价 格： 10.77～44.78 欧元 / 个等。

申报税则号列： 8536.6900（用于电压不超过 1 千伏线路的插头及插座）、8536.9090（用于电压不超过 1 千伏线路的其他电路连接装置）、8536.4110（电压不超过36 伏的继电器）、8538.9000（其他专用于或主要用于品目 85.35、85.36 或85.37 所列装置的零件）等。

商品信息

商 品 状 态： 实际商品为 MOELLER 品牌的电磁接触器，包括四种型号的商品，分别为DILM7-01 型接触器、DIL EM-10-G 型接触器、DIL ER-31-G 型接触器、DIL M32-10 型接触器。商品包装物上印有"Contactor"标识。以上四种商品的额定电压（指主电路额定电压）均高于 60 伏但未超过 1 千伏。该商品主要由外壳、电磁机构（主要包括电磁线圈、铁芯、衔铁等）、触头系统（包括动触头、静触头）、灭弧装置、弹簧、传动机构等构成。

功 能 用 途： 该商品的功能是通过对电磁线圈通电 / 断电，使电磁机构产生磁力 / 磁力消失，使触头系统动作（闭合或断开），从而闭合或分断主电路。

该商品包含一个低压（例如直流 24 伏）控制电路（即电磁线圈的电路）和一个高压（例如交流 240 伏）主电路。当低压控制电路闭合时，电磁线圈通电，铁芯产生磁力吸引衔铁，衔铁通过传动机构带动触头系统动作，从而使该商品的主电路闭合。当低压控制电路分断时，电磁线圈断电，铁芯磁力消失，衔铁在释放弹簧作用下释放，触头系统复原，从而使该商品的主电路分断。该商品是一种通过人工操作低压电路（电磁线圈电路），来间接操作高压电路（主电路）通断的自动开关。

归类解析

正 确 归 类: 实际商品为用于电压不超过 1 千伏线路的电磁接触器,额定电压高于 60 伏但未超过 1 千伏。该商品符合《税则》和《税则注释》对品目 85.36 项下"60 伏 < 电压 ≤ 1 千伏的继电器"的描述。根据归类总规则一及六,并参考海关总署 Z2006—1422 号归类决定,该商品应按照"60 伏 < 电压 ≤ 1 千伏的继电器"归入税则号列 8536.4900。

归 类 差 错: 接触器有时被错误地按照"电压不超过 60 伏的继电器"归入子目 8536.41 项下(特别是被错误地按照"电压不超过 36 伏的继电器"归入税则号列 8536.4110),或被错误地按照"用于电压不超过 1 千伏线路的插头及插座"归入子目 8536.69 项下,或被错误地按照"用于电压不超过 1 千伏线路的电路连接装置"归入子目 8536.90 项下,或被错误地按照"专用于或主要用于品目 85.35、85.36 或 85.37 所列装置的零件"归入品目 85.38 项下(例如,归入税则号列 8538.9000)。

归 类 辨 析: 接触器包含一个控制电路(即电磁线圈的电路,电压较低)和一个主电路(电压较高),判断接触器的额定电压时,应选取接触器主电路电压,而不应选取控制电路电压。接触器的工作原理与电磁继电器非常相似,二者的区别在于接触器可承载的电流和负载比继电器更大。

商品照片

  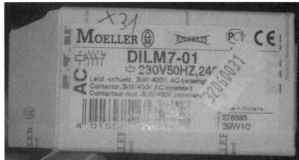

  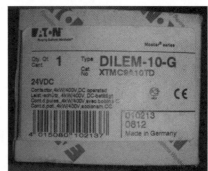

  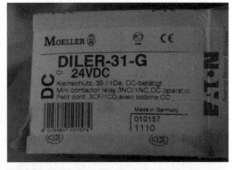

  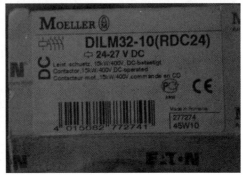

案例 20　三菱交流接触器

应归入税则号列 8536.4900

申报信息

申 报 名 称： 接触器、机床用接触器等。

申 报 价 格： 41.18 美元 / 个等。

申报税则号列： 8466.9390（品目 8456 ～ 84.61 所列机器用其他零件）等。

商品信息

商 品 状 态： 实际商品为三菱品牌 S-N28 型交流接触器，属于电磁接触器，额定电压（指主电路额定电压）高于 60 伏但未超过 1 千伏。该商品主要由外壳、电磁机构（主要包括电磁线圈、铁芯、衔铁等）、触头系统（包括动触头、静触头）、灭弧装置、弹簧、传动机构等构成。

功 能 用 途： 该商品的功能是通过对电磁线圈通电 / 断电，使电磁机构产生磁力 / 磁力消失，使触头系统动作（闭合或断开），从而闭合或分断主电路。

该商品包含一个低压（例如直流 24 伏）控制电路（即电磁线圈的电路）和一个高压（例如交流 200 伏）主电路。当低压控制电路闭合时，电磁线圈通电，铁芯产生磁力吸引衔铁，衔铁通过传动机构带动触头系统动作，从而使该商品的主电路闭合。当低压控制电路分断时，电磁线圈断电，铁芯磁力消失，衔铁在释放弹簧作用下释放，触头系统复原，从而使该商品的主电路分断。该商品是一种通过人工操作低压电路（电磁线圈电路），来间接操作高压电路（主电路）通断的自动开关。

归类解析

正 确 归 类： 实际商品为用于电压不超过 1 千伏线路的交流接触器，属于电磁接触器，额定电压高于 60 伏但未超过 1 千伏。该商品符合《税则》和《税则注释》对品目 85.36 项下 "60 伏＜电压≤ 1 千伏的继电器" 的描述。根据归类总规则一及六，并参考海关总署 Z2006—1422 号归类决定，该商品应按照 "60 伏＜电压≤ 1 千伏的继电器" 归入税则号列 8536.4900。

归 类 差 错： 接触器有时被错误地按照所服务的机器、电气装置或仪器设备的专用零件、附件归入零附件的品目、子目及税则号列，例如按照加工机床零件归入税则号列 8466.9390。

归 类 辨 析： 核验此类商品时，应仔细核查商品的材质、功能用途等信息，必要时可要求企业提供说明资料，以便准确判定商品归类。

商品照片

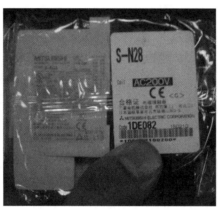

案例21　施耐德交流接触器

应归入税则号列 8536.4900

申报信息

申 报 名 称： 液体涡轮流量传感器用接触器、液体涡轮流量传感器用电压保护器、液体涡轮流量传感器用开关等。

申 报 价 格： 45 美元 / 个等。

申报税则号列： 8536.5000（用于电压不超过 1 千伏线路的其他开关）、9026.9000（品目90.26 所列液体或气体的流量、液位、压力或其他变化量的测量或检验仪器及装置的零件、附件）等。

商品信息

商 品 状 态： 实际商品为施耐德品牌的交流接触器，包括 LC1D09 型交流接触器和LC1D18 型交流接触器两种型号的商品。商品包装物上印有"Contactor"和"交流接触器"标识。以上两种商品额定电压（指主电路额定电压）高于 60伏但未超过 1 千伏。该商品主要由外壳、电磁机构（主要包括电磁线圈、铁芯、衔铁等）、触头系统（包括动触头、静触头）、灭弧装置、弹簧、传动机构等构成。

功 能 用 途： 该商品的功能是通过对电磁线圈通电 / 断电，使电磁机构产生磁力 / 磁力消失，使触头系统动作（闭合或断开），从而闭合或分断主电路。

该商品包含一个低压（例如直流 24 伏）控制电路（即电磁线圈的电路）和一个高压（例如交流 380 伏）主电路。当低压控制电路闭合时，电磁线圈通电，铁芯产生磁力吸引衔铁，衔铁通过传动机构带动触头系统动作，从而使该商品的主电路闭合。当低压控制电路分断时，电磁线圈断电，铁芯磁力消失，衔铁在释放弹簧作用下释放，触头系统复原，从而使该商品的主电路分断。该商品是一种通过人工操作低压电路（电磁线圈电路），来间接操作高压电路（主电路）通断的自动开关。

归类解析

正 确 归 类： 实际商品为用于电压不超过 1 千伏线路的交流接触器，属于电磁接触器，额

214

定电压高于 60 伏但未超过 1 千伏。该商品符合《税则》和《税则注释》对品目 85.36 项下"60 伏＜电压≤ 1 千伏的继电器"的描述。根据归类总规则一及六，并参考海关总署 Z2006—1422 号归类决定，该商品应按照"60伏＜电压≤ 1 千伏的继电器"归入税则号列 8536.4900。

归 类 差 错：接触器有时被错误地按照所服务的机器、电气装置或仪器设备的专用零件、附件归入零附件的品目、子目及税则号列（例如，按照"液体或气体流量的测量或检验仪器及装置的零件"归入税则号列 9026.9000），或被错误地按照"用于电压不超过 1 千伏线路的其他开关"归入税则号列 8536.5000。

归 类 辨 析：核验此类商品时，应仔细核查商品的材质、功能用途等信息，必要时可要求企业提供说明资料，以便准确判定商品归类。

商品照片

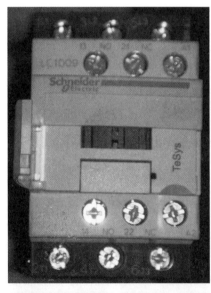

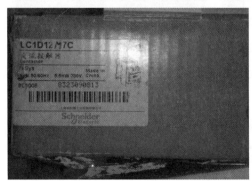
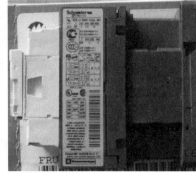

案例 22 西门子交流接触器及接触器式继电器

应归入税则号列 8536.4900

申报信息

申 报 名 称： 接触器、交流接触器、继电器等。

申 报 价 格： 47.81 ~ 73.53 美元 / 个等。

申报税则号列： 8503.0090（电动机零件）、8504.9090（其他静止式变流器及电感器零件）等。

商品信息

商 品 状 态： 实际商品包括西门子品牌的 3RT1016-1AP01 型交流接触器、3RH1140-1AP00 型辅助接触器和 3TH4262-0B 型接触器式继电器。其中，3RT1016-1AP01 型商品的包装物上印有 "Contactor" 和 "接触器" 标识，3RH1140-1AP00 型商品的包装物上印有 "Auxilliary Contactor"（即辅助接触器）标识。以上三种商品的额定电压高于 60 伏但未超过 1 千伏。该商品主要由外壳、电磁机构（主要包括电磁线圈、铁芯、衔铁等）、触头系统（包括动触头、静触头）、灭弧装置、弹簧、传动机构等构成。

功 能 用 途： 该商品的功能是通过对电磁线圈通电 / 断电，使电磁机构产生磁力 / 磁力消失，使触头系统动作（闭合或断开），从而闭合或分断主电路。

该商品包含一个低压（例如直流 24 伏）控制电路（即电磁线圈的电路）和一个高压（例如交流 230 伏）主电路。当低压控制电路闭合时，电磁线圈通电，铁芯产生磁力吸引衔铁，衔铁通过传动机构带动触头系统动作，从而使该商品的主电路闭合。当低压控制电路分断时，电磁线圈断电，铁芯磁力消失，衔铁在释放弹簧作用下释放，触头系统复原，从而使该商品的主电路分断。该商品是一种通过人工操作低压电路（电磁线圈电路），来间接操作高压电路（主电路）通断的自动开关。

归类解析

正 确 归 类： 实际商品为用于电压不超过 1 千伏线路的交流接触器、辅助接触器和接触器式继电器。其额定电压均高于 60 伏但未超过 1 千伏。商品符合《税则》和《税则注释》对品目 85.36 项下 "60 伏 < 电压 ≤ 1 千伏的继电器" 的描述。

根据归类总规则一及六，并参考海关总署 Z2006—1422 号归类决定，商品应按照"60 伏＜电压≤ 1 千伏的继电器"归入税则号列 8536.4900。

归 类 差 错： 接触器和继电器有时被错误地按照所服务的机器、电气装置或仪器设备的专用零件、附件归入零附件的品目、子目及税则号列。例如，按照电动机零件归入税则号列 8503.0090，或按照变频器零件归入税则号列 8504.9090 等。

归 类 辨 析： 核验此类商品时，应仔细核查商品的材质、功能用途等信息，必要时可要求企业提供说明资料，以便准确判定商品归类。

商品照片

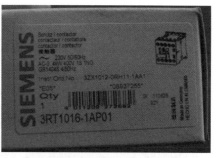

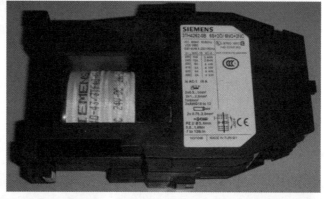

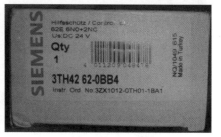

案例 23 hager 交流接触器

应归入税则号列 8536.4900

申报信息

申 报 名 称： 接触器、电磁开关、船舶发动机用接触器等。

申 报 价 格： 26 美元 / 个等。

申报税则号列： 8409.9910（船舶用压燃式活塞内燃发动机零件）、8536.5000（用于电压不超过 1 千伏线路的其他开关）等。

商品信息

商 品 状 态： 实际商品为 hager 品牌 ESL 428S 型交流接触器，额定电压（指主电路额定电压）高于 60 伏但未超过 1 千伏。商品包装物上印有"Contactor"标识。

该商品主要由外壳、电磁机构（主要包括电磁线圈、铁芯、衔铁等）、触头系统（包括动触头、静触头）、灭弧装置、弹簧、传动机构等构成。

功 能 用 途： 该商品的功能是通过对电磁线圈通电 / 断电，使电磁机构产生磁力 / 磁力消失，使触头系统动作（闭合或断开），从而闭合或分断主电路。

该商品包含一个低压（例如直流 24 伏）控制电路（即电磁线圈的电路）和一个高压（例如交流 250 伏）主电路。当低压控制电路闭合时，电磁线圈通电，铁芯产生磁力吸引衔铁，衔铁通过传动机构带动触头系统动作，从而使该商品的主电路闭合。当低压控制电路分断时，电磁线圈断电，铁芯磁力消失，衔铁在释放弹簧作用下释放，触头系统复原，从而使该商品的主电路分断。该商品是一种通过人工操作低压电路（电磁线圈电路），来间接操作高压电路（主电路）通断的自动开关。

归类解析

正 确 归 类： 实际商品为用于电压不超过 1 千伏线路的交流接触器，属于电磁接触器，额定电压高于 60 伏但未超过 1 千伏。该商品符合《税则》和《税则注释》对品目 85.36 项下"60 伏＜电压≤1 千伏的继电器"的描述。根据归类总规则一及六，并参考海关总署 Z2006—1422 号归类决定，该商品应按照"60伏＜电压≤1 千伏的继电器"归入税则号列 8536.4900。

归类差错： 接触器有时被错误地按照所服务的机器、电气装置或仪器设备的专用零件、附件归入零附件的品目、子目及税则号列（例如，按照"船舶用压燃式活塞内燃发动机零件"归入税则号列 8409.9910），或被错误地按照"用于电压不超过 1 千伏线路的其他开关"归入税则号列 8536.5000。

归类辨析： 核验此类商品时，应仔细核查商品的材质、功能用途等信息，必要时可要求企业提供说明资料，以便准确判定商品归类。

商品照片

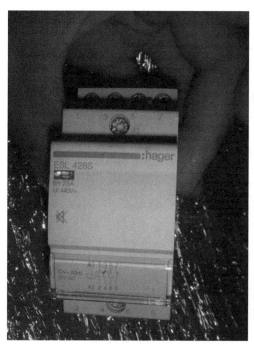
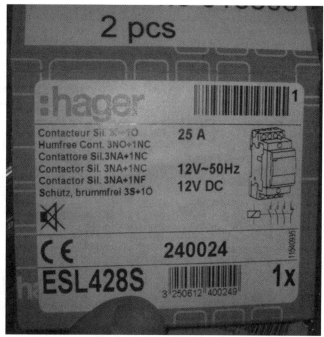

 **AEG 交流接触器**

应归入税则号列 8536.4900

申报信息

申 报 名 称: 接触器、交流接触器等。

申 报 价 格: 47.06 美元 / 个等。

申报商品编号: 85319090.90（其他电气音响或视觉信号装置零件）、90319000.90（《税则》第九十章其他品目未列名的测量或检验仪器、器具及机器的零件、附件）、90329000.90（自动调节或控制仪器及装置的零件、附件）等。

商品信息

商 品 状 态: 实际商品为 AEG 品牌 SH04 型交流接触器，额定电压（指主电路额定电压）高于 60 伏但未超过 1 千伏。该商品主要由外壳、电磁机构（主要包括电磁线圈、铁芯、衔铁等）、触头系统（包括动触头、静触头）、灭弧装置、弹簧、传动机构等构成。

功 能 用 途: 该商品的功能是通过对电磁线圈通电 / 断电，使电磁机构产生磁力 / 磁力消失，使触头系统动作（闭合或断开），从而闭合或分断主电路。

该商品包含一个低压（例如直流 24 伏）控制电路（即电磁线圈的电路）和一个高压（例如交流 230 伏）主电路。当低压控制电路闭合时，电磁线圈通电，铁芯产生磁力吸引衔铁，衔铁通过传动机构带动触头系统动作，从而使该商品的主电路闭合。当低压控制电路分断时，电磁线圈断电，铁芯磁力消失，衔铁在释放弹簧作用下释放，触头系统复原，从而使该商品的主电路分断。该商品是一种通过人工操作低压电路（电磁线圈电路），来间接操作高压电路（主电路）通断的自动开关。

归类解析

正 确 归 类: 实际商品为用于电压不超过 1 千伏线路的交流接触器，属于电磁接触器，额定电压高于 60 伏但未超过 1 千伏。该商品符合《税则》和《税则注释》对品目 85.36 项下 "60 伏 < 电压 ≤ 1 千伏的继电器" 的描述。根据归类总规则一及六，并参考海关总署 Z2006－1422 号归类决定，该商品应按照

"60 伏＜电压≤ 1 千伏的继电器"归入税则号列 8536.4900。

归 类 差 错：接触器有时被错误地按照所服务的机器、电气装置或仪器设备的专用零件、附件归入零附件的品目、子目及税则号列。例如，按照"电气音响或视觉信号装置"的零件归入税则号列 8531.9090，或按照"《税则》第九十章其他品目未列名的测量或检验仪器、器具及机器的零件、附件"归入税则号列 9031.9000，或按照"自动调节或控制仪器及装置的零件、附件"归入税则号列 9032.9000 等。

归 类 辨 析：核验此类商品时，应仔细核查商品的材质、功能用途等信息，必要时可要求企业提供说明资料，以便准确判定商品归类。

商品照片

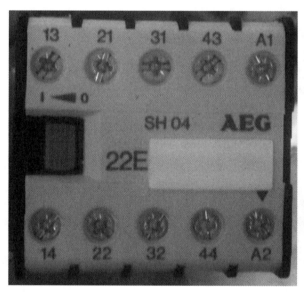 

第八章

可编程序控制器

案例 1　**LS 可编程逻辑控制器**

应归入税则号列 8537.1011

申报信息

申 报 名 称： 控制器、片簧整列机用可编程控制器等。

申 报 价 格： 357 美元 / 个等。

申报商品编号： 85423119.00（其他用作处理器及控制器的多元件集成电路）、85423190.00（其他用作处理器及控制器的集成电路）、90319000.90（《税则》第九十章其他品目未列名的测量或检验仪器、器具及机器零件）等。

商品信息

商 品 状 态： 实际商品为韩国 LS 品牌 MASTER-K80S K7M-DR40S、K7M-DR20S、K7M-DT40S 三种型号的可编程逻辑控制器（Programmble Logic Controller）。该商品属于一体式可编程逻辑控制器，由主板（主板由 CPU 芯片、存储器芯片及多种电子元器件安装在一块印刷线路板上构成）、底板、外壳、信号指示灯、输入输出模块、接线端子等组装在一起构成。商品包装物上印有"PROGRAMMBLE LOGIC CONTROLLER"标识。

功 能 用 途： 该商品最常见的功能是工业控制。该商品用途非常广泛，可用于控制各类机器及机械设备（例如加工机床、注塑机、包装机、输送机等）、电气装置、仪器设备的运行，实现逻辑控制、顺序控制等功能。此次进口后，K7M-DR40S 型商品将用于控制自动钻床，K7M-DR20S 和 K7M-DT40S 型商品将用于控制片簧整列机。

用户使用专门的程序设计语言为该商品编制程序（简称用户程序，是一组指令序列）。具体工作时，该商品可以接收外部输入的数据或状态信息，并逐条读取用户程序，对用户程序进行命令解释，按照用户程序中各条指令的要求执行相应的逻辑运算或算数运算，并根据运算结果向外部输出控制信号，从而控制外部设备或零部件产生相应动作。

归类解析

正 确 归 类： 实际商品为可编程逻辑控制器，属税则具体列名商品。根据归类总规则一及六，该商品应归入税则号列 8537.1011（可编程序控制器）。该商品可用于控制多种机器、电气装置或仪器设备，故应按照"其他可编程序控制器"归入商品编号 85371011.90。

归 类 差 错： 可编程逻辑控制器常被错误地按照集成电路归入品目 85.42 项下（例如，按照"用作处理器及控制器的集成电路"归入税则号列 8542.3119 或 8542.3190），或被错误地按照第十六类商品或第九十章商品的专用零件归入零件的品目、子目及税则号列。

归 类 辨 析： 可编程逻辑控制器属《税则》具体列名商品，应归入税则号列 8537.1011。

商品照片

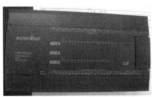
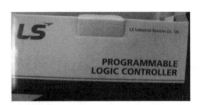

案例2 **欧姆龙可编程控制器**

应归入税则号列 8537.1011

申报信息

申 报 名 称： PLC CPU 单元、CPU 基板等。

申 报 价 格： 45600 日元 / 个等。

申报税则号列： 8542.3119（其他用作处理器及控制器的多元件集成电路）、8542.3190（其他用作处理器及控制器的集成电路）、8542.3910（其他多元件集成电路）、8542.3990（其他集成电路）等。

商品信息

商 品 状 态： 实际商品为欧姆龙品牌的 CP1E-N30DR-A 型可编程控制器。该商品为一体式可编程控制器，由主板（主板由 CPU 芯片、存储器芯片及多种电子元器件安装在一块印刷线路板上制成）、外壳、信号指示灯、输入输出模块、接线端子等组装在一起构成。商品标签及商品包装物上均印有"PROGRAMMBLE CONTROLLER"标识。

功 能 用 途： 该商品在工业领域具有广泛应用。其最常见的功能是工业控制，即对机器或机械设备（例如加工机床、注塑机、包装机、喷涂机等）、电气装置、仪器设备等的运行过程进行逻辑控制和顺序控制。该商品进口后，将被安装在输送机和喷涂机的电气控制柜中，用以控制输送机和喷涂机运行。

用户利用专门的程序设计语言为该商品编制程序。具体工作时，该商品可以接收外部的数据或状态信息，并逐条读取用户程序，对用户程序进行命令解释，按照用户程序中各条指令的要求执行相应的逻辑运算或算数运算，并根据运算结果向外部输出控制信号，从而控制外部设备或零部件产生相应动作。

归类解析

正 确 归 类： 实际商品为可编程控制器，属《税则》具体列名商品。根据归类总规则一及六，该商品应归入税则号列 8537.1011（可编程序控制器）。该商品可用于控制多种机器、电气装置和仪器设备，故应按照"其他可编程序控制器"归入商品编号 85371011.90。

归 类 差 错：可编程控制器常被错误地按照集成电路归入品目 85.42 项下。例如，按照"用作处理器及控制器的集成电路"归入子目 8542.31 项下，或按照"其他集成电路"归入子目 8542.39 项下。

归 类 辨 析：可编程控制器属《税则》具体列名商品，应归入税则号列 8537.1011。

商品照片

案例 3　纸板切割机用 PLC 模块

应归入税则号列 8537.1011

申报信息

申 报 名 称： 纸板机用电脑等。

申 报 价 格： 1000 欧元 / 个等。

申报税则号列： 8471.4190（其他自动数据处理设备）等。

商品信息

商 品 状 态： 实际商品是由 Allen-Bradley MicroLogix1400 型可编程逻辑控制器和一系列扩展的输入 / 输出模块共同安装在一个金属背板（框架）上构成的 PLC 模块。扩展的输入 / 输出模块的功能是便于可编程逻辑控制器与更多的外部设备相连接、通信。

功 能 用 途： 该商品安装在纸板切割机上使用，其功能是对纸板切割机的加工过程进行精准的逻辑控制和时序控制。

归类解析

正 确 归 类： 该商品符合《税则》及《税则注释》对品目 85.37 项下的"可编程序控制器"的描述，根据归类总规则一及六，应按照"可编程序控制器"归入税则号列 8537.1011。该商品报验时已安装在特定性状和尺寸的金属背板上，其用途已固定（安装在纸板切割机上使用），故应按照"其他可编程序控制器"归入商品编号 85371011.90。

归 类 差 错： 可编程逻辑控制器有时被错误地按照"自动数据处理设备"归入子目 8471.4 项下。

归 类 辨 析： 可编程逻辑控制器属《税则》具体列名商品，应归入税则号列 8537.1011。

商品照片

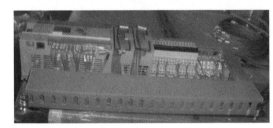

案例4 **研磨机床用 PLC 模块**

应归入税则号列 8537.1011

申报信息

申 报 名 称： 研磨机用程序控制装置等。

申 报 价 格： 352950 日元 / 个等。

申报税则号列： 8466.9390（品目 85.56 ~ 84.61 所列机床用其他零件）等。

商品信息

商 品 状 态： 实际商品为由 KEYENCE KV-3000 型可编程控制器、OMRON 触摸屏式人机界面及通信电缆等安装在一个金属支架上构成的 PLC 模块。可编程控制器和触摸屏式人机界面通过通信电缆相连接。

功 能 用 途： 该商品安装在加工金属材料的研磨机床上使用，其功能是对研磨机床的加工过程进行逻辑控制和时序控制。操作人员通过触摸屏式人机界面将各类参数和指令输入可编程控制器中；可编程控制器控制研磨机床完成加工过程，实现逻辑控制和时序控制；可编程控制器及研磨机床的各种参数、状态信息及报警信息显示在触摸屏式人机界面上。

归类解析

正 确 归 类： 该商品是由可编程控制器和触摸屏式人机界面构成的组合式机器。其中，触摸屏式人机界面是可编程控制器的输入输出界面，是用于辅助可编程控制器工作的。可编程控制器的逻辑控制、时序控制等功能是该商品的主要功能，换言之，该商品对外整体展现的是可编程控制器的功能。根据《税则》第十六类注释三关于组合式机器的归类原则（由两部及两部以上机器装配在一起形成的组合式机器，或具有两种及两种以上互补或交替功能的机器，除条文另有规定的以外，应按具有主要功能的机器归类），该商品应按照"可编程序控制器"归入税则号列 8537.1011。同时，从报验状态来说，该商品用途已固定（用于加工金属材料的研磨机床），因此，该商品应按照"机床用可编程序控制器"归入商品编号 85371011.01。

归 类 差 错： 用于《税则》第十六类商品或第九十章商品的可编程控制器常被错误地按照其所在母体设备的专用零件归入零件的品目、子目及税则号列。

归 类 辨 析： 根据《税则》第十六类注释三，除条文另有规定的情形外，第十六类的组合式机器和多功能机器应按具有主要功能的机器归类。

商品照片

案例5 **柴油机用可编程控制器**

应归入税则号列 8537.1011

申报信息

申 报 名 称: 微型 CPU 模块、串行输入输出模块、模拟量输入输出模块、数据输入输出模块、电源模块等。

申 报 价 格: 10138.67 美元 / 套等。

申报商品编号: 84715040.90(其他微型机的处理部件)、84718000.00(自动数据处理设备的其他部件)、84733090.00(品目 84.71 所列机器的零件、附件)等。

商品信息

商 品 状 态: 实际商品为柴油机用可编程控制器,由微型 CPU 模块、输入输出模块(又称接口模块,包括串行量输入输出模块、数字量输入输出模块和模拟量输入输出模块三种)及电源模块组成,但报验时以上各模块是相互独立、相互分离的。以上每种模块均由多种电子元器件焊接在印刷线路板上构成。例如,微型 CPU 模块由处理器芯片、存储器芯片、其他集成电路、晶体管、电容器、电阻器、电感器、接线端子等焊接在印刷线路板上构成。

功 能 用 途: 该商品的主要功能是工业控制,在工业领域具有广泛应用,可用于控制机器或机械设备(例如注塑机、包装机、喷涂机、输送机等)、电气装置、仪器设备等的运行,实现逻辑控制和时序控制功能。企业进口该商品后,主要用于控制柴油发动机。

用户利用专门的程序设计语言为该商品编制程序。具体工作时,该商品可以接收外部的数据或状态信息,并逐条读取用户程序,对用户程序进行命令解释后,按照用户程序中各条指令的要求执行相应的逻辑运算或算数运算,并根据运算结果向外部输出控制信号,从而控制外部设备或零部件产生相应动作。微型 CPU 模块用以实现可编程控制器的主要功能,存储、逐条读取用户程序,对用户程序进行命令解释,按照用户程序中各条指令要求执行逻辑运算或算数运算,根据运算结果对外发出控制信号,从而实现逻辑控制、时序控制等功能。输入输出模块是在微型 CPU 模块与外部设备之间进行数据交互,使微型 CPU 模块与外部设备正常通信。电源模块是为微型 CPU 模块和输入输出模块供电。

归类解析

正 确 归 类： 该商品符合《税则》和《税则注释》对品目 85.37 项下的"可编程序控制器"的描述，属《税则》具体列名商品。根据归类总规则一及六，该商品（微型 CPU 模块、输入输出模块和电源模块）应合并按照"可编程序控制器"归入税则号列 8537.1011。该商品用途广泛，此次进口后用于控制柴油发动机运行，故应按照"其他可编程序控制器"归入商品编号 85371011.90。

归 类 差 错： 可编程控制器有时被错误地按照自动数据处理设备的处理部件归入子目 8471.50 项下（例如，按照微型计算机的处理部件归入税则号列 8471.5040），或被错误地按照自动数据处理设备的其他部件归入税则号列 8471.8000，或被错误地按照自动数据处理设备及其处理部件的专用零件归入子目 8473.30 项下（例如，按照"微型计算机及其处理部件的专用零件"归入税则号列 8473.3090）。

归 类 辨 析： 由 CPU 模块、输入输出模块和电源模块组成且各模块相互独立、相互分离的可编程控制器，各模块同时报验时，应合并按照"可编程序控制器"归入税则号列 8537.1011。单独报验的 CPU 模块也应按照"可编程序控制器"归入税则号列 8537.1011。但单独报验的输入输出模块或电源模块通常不应按照"可编程序控制器"归类，例如，单独报验的输入输出模块可考虑归入品目 85.43 项下，单独报验的电源模块可考虑归入子目 8504.40 项下。

商品照片

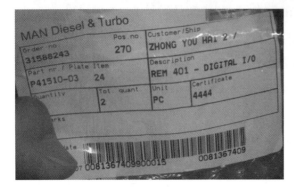
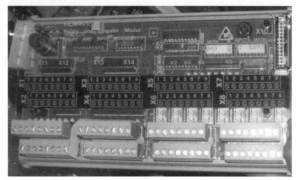

三菱可编程控制器

应归入税则号列 8537.1011

申报信息

申 报 名 称: 控制器、输入模块、输出模块、接口模块、电源模块等。

申 报 价 格: 5692.48 美元 / 套等。

申报商品编号: 85423119.00（其他用作处理器及控制器的多元件集成电路）、85423190.00
（其他用作处理器及控制器的集成电路）、84715040.90（其他微型机的处理
部件）、84718000.00（自动数据处理设备的其他部件）、84733090.00（品目
84.71 所列机器的零件、附件）等。

商品信息

商 品 状 态: 实际商品为三菱品牌的可编程控制器，由可编程控制器用 CPU 模块、输入
模块、输出模块及电源模块组成，且上述模块在报验时是相互独立、相互分
离的。上述每种模块均由主板和外壳构成（每种模块的主板均由多种电子元
器件焊接在印刷线路板上构成），并带有通信接口。其中，CPU 模块的主板
由处理器芯片、存储器芯片、其他集成电路等多种电子元器件焊接在印刷线
路板上构成。

功 能 用 途: 该商品的主要功能是工业控制，在工业领域具有广泛应用，可用于控制机器
或机械设备（例如包装机、喷涂机、输送机等）、电气装置、仪器设备等的
运行，实现逻辑控制和时序控制功能。

用户利用专门的程序设计语言为该商品编制程序。具体工作时，该商品可以
接收外部的数据或状态信息，并逐条读取用户程序，对用户程序进行命令解
释后，按照用户程序中各条指令的要求执行相应的逻辑运算或算数运算，并
根据运算结果向外部输出控制信号，从而控制外部设备或零部件产生相应动
作。三菱可编程控制器的 CPU 模块、输入模块、输出模块和电源模块可以
安装在同一块三菱 PLC 基板上（PLC 基板此次未进口），构成一体化 PLC。

归类解析

正 确 归 类: 实际商品为由 CPU 模块、输入模块、输出模块和电源模块组成的可编程控

制器，符合《税则》和《税则注释》对品目 85.37 项下的"可编程序控制器"的描述，属《税则》具体列名商品。根据归类总规则一及六，该商品（CPU 模块、输入模块、输出模块和电源模块）应合并按照"可编程序控制器"归入税则号列 8537.1011。该商品用途广泛，可用于控制多种机器、电气装置和仪器设备，故应按照"其他可编程序控制器"归入商品编号 85371011.90。

归 类 差 错： 可编程控制器常被错误地按照"用作处理器及控制器的集成电路"归入子目 8542.31 项下，或被错误地按照"自动数据处理设备的处理部件"归入子目 8471.50 项下（例如，按照微型计算机的处理部件归入税则号列 8471.5040），或被错误地按照"自动数据处理设备的其他部件"归入税则号列 8471.8000，或被错误地按照"自动数据处理设备及其处理部件的专用零件"归入子目 8473.30 项下（例如，按照"微型计算机及其处理部件的专用零件"归入税则号列 8473.3090）。

归 类 辨 析： 由 CPU 模块、输入模块、输出模块和电源模块组成，且各模块相互独立、相互分离可编程控制器，各模块同时报验时，应合并按照"可编程序控制器"归入税则号列 8537.1011。单独报验的 CPU 模块也应按照"可编程序控制器"归入税则号列 8537.1011。但单独报验的输入 / 输出模块或电源模块通常不应按照"可编程序控制器"归类，例如，单独报验的输入 / 输出模块可考虑归入品目 85.43 项下，单独报验的电源模块可考虑归入子目 8504.40 项下。

商品照片

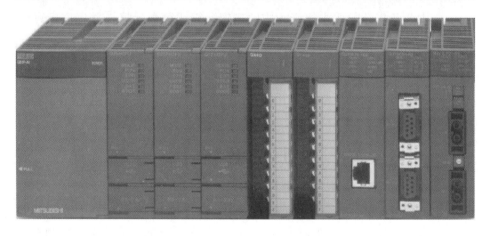

案例 **7** **欧姆龙可编程控制器用 CPU 模块**

应归入税则号列 8537.1011

申报信息

申 报 名 称: 控制器、处理器、CPU 模块等。

申 报 价 格: 2645 美元 / 个等。

申报商品编号: 85423119.00（其他用作处理器及控制器的多元件集成电路）、85423190.00（其他用作处理器及控制器的集成电路）、84715040.90（其他微型计算机的处理部件）等。

商品信息

商 品 状 态: 实际商品为欧姆龙品牌的 CJ1H-CPU65H 型商品，为可编程控制器用 CPU 模块。商品上印有"CJ1H-CPU65H""CPU UNIT""PROGRAMMABLE CONTROLLER"等标识。该商品由主板和外壳构成，并带有通信接口。其中，主板由处理器芯片、存储器芯片、其他集成电路等多种电子元器件焊接在印刷线路板上构成。

功 能 用 途: 该商品是可编程控制器的核心部件，用以实现可编程控制器的主要功能。该商品搭配可编程控制器用输入 / 输出模块和电源模块后，可构成完整的可编程控制器，可用于控制机器或机械设备（例如包装机、喷涂机、输送机等）、电气装置、仪器设备等的运行，实现逻辑控制、时序控制等功能。

该商品可以逐条读取用户程序，对用户程序进行命令解释后，按照用户程序中各条指令的要求执行相应的逻辑运算或算数运算，并根据运算结果向外部输出控制信号，实现逻辑控制、时序控制等功能。该商品需要与可编程控制器用输入 / 输出模块和电源模块协同工作，由输入 / 输出模块在该商品与外部设备之间进行数据交互，并由电源模块为该商品供电。

归类解析

正 确 归 类: 实际商品是可编程控制器的核心部件，已具备可编程控制器的基本特征，符合《税则》和《税则注释》对品目 85.37 项下的"可编程序控制器"的描述，属《税则》具体列名商品。根据归类总规则一及六，该商品应按照"可编程序控制器"归入税则号列 8537.1011。该商品用途广泛，可用于控制多种机器、电气装置和仪器设备，故应按照"其他可编程序控制器"归入商品编号 85371011.90。

归 类 差 错： 可编程控制器用 CPU 模块常被错误地按照"用作处理器及控制器的集成电路"归入子目 8542.31 项下，或被错误地按照"自动数据处理设备的处理部件"归入子目 8471.50 项下（例如，按照微型计算机的处理部件归入税则号列 8471.5040）。

归 类 辨 析： 可编程控制器用 CPU 模块无论是与输入 / 输出模块和电源模块同时报验（即构成完整的可编程控制器），还是单独报验，均应按照"可编程序控制器"归入税则号列 8537.1011。

商品照片

案例 8　三菱可编程控制器用 CPU 模块

应归入税则号列 8537.1011

申报信息

申 报 名 称: 电脑控制处理器、控制器、处理器、CPU 模块等。

申 报 价 格: 2300 美元 / 个等。

申报商品编号: 85423119.00（其他用作处理器及控制器的多元件集成电路）、85423190.00（其他用作处理器及控制器的集成电路）、84715040.90（其他微型计算机的处理部件）、84718000.00（自动数据处理设备的其他部件）等。

商品信息

商 品 状 态: 实际商品为三菱品牌的 Q13UDEHCPU 型商品，为可编程控制器用 CPU 模块。商品上印有 "CPU UNIT" 标识和商品型号 "Q13UDEHCPU"，商品包装盒上印有 "PROGRAMMABLE CONTROLLER" 标识。该商品由主板和外壳构成，并带有通信接口。其中，主板由处理器芯片、存储器芯片、其他集成电路等多种电子元器件焊接在印刷线路板上构成。

功 能 用 途: 该商品是可编程控制器的核心部件，用以实现可编程控制器的主要功能。该商品搭配可编程控制器用输入 / 输出模块和电源模块后，可构成完整的可编程控制器，可用于控制机器或机械设备（例如包装机、喷涂机、输送机等）、电气装置、仪器设备等的运行，实现逻辑控制、时序控制等功能。

该商品可以逐条读取用户程序，对用户程序进行命令解释后，按照用户程序中各条指令的要求执行相应的逻辑运算或算数运算，并根据运算结果向外部输出控制信号，实现逻辑控制、时序控制等功能。该商品需要与可编程控制器用输入 / 输出模块和电源模块协同工作，由输入 / 输出模块在该商品与外部设备之间进行数据交互，并需要由电源模块为该商品供电。

归类解析

正 确 归 类: 实际商品是可编程控制器的核心部件，已具备可编程控制器的基本特征，符合《税则》和《税则注释》对品目 85.37 项下的 "可编程序控制器" 的描述，属《税则》具体列名商品。根据归类总规则一及六，该商品应按照 "可编程序控制器"归入税则号列 8537.1011。该商品用途广泛，可用于控制多种机器、电气装置和仪器设备，故应按照"其他可编程序控制器"归入商品编号 85371011.90。

归 类 差 错： 可编程控制器用 CPU 模块常被错误地按照用作处理器及控制器的集成电路归入子目 8542.31 项下，或被错误地按照自动数据处理设备的处理部件归入子目 8471.50 项下（例如，按照微型计算机的处理部件归入税则号列 8471.5040），或被错误地按照自动数据处理设备的其他部件归入子目 8471.80 项下。

归 类 辨 析： 可编程控制器用 CPU 模块无论是与输入 / 输出模块和电源模块同时报验（即构成完整的可编程控制器），还是单独报验，均应按照"可编程序控制器"归入税则号列 8537.1011。

商品照片

案例 9 霍尼韦尔可编程控制器用 CPU 模块

应归入税则号列 8537.1011

申报信息

申 报 名 称: 批量控制器等。

申 报 价 格: 2454.84 美元 / 个等。

申报商品编号: 85437099.90 (《税则》第八十五章其他品目未列名的具有独立功能的电气设备及装置) 等。

商品信息

商 品 状 态: 实际商品为霍尼韦尔品牌的 2MLI-CPUU 型商品，为可编程控制器用 CPU 模块。该商品自身的标签上印有 "2MLI-CPUU" "CPU" 等标识，商品包装盒上印有 "PROGRAMMABLE LOGIC CONTROLLER" 标识。该商品由主板和外壳构成，并带有状态指示灯和通信接口。其中，主板由处理器芯片、存储器芯片、其他集成电路等多种电子元器件焊接在印刷线路板上构成。

功 能 用 途: 该商品是可编程控制器的核心部件，用以实现逻辑控制、时序控制等功能。该商品可以与可编程控制器的输入 / 输出模块、电源模块等共同插接在同一块 PLC 基板上，构成一体化可编程控制器；也可以安装在分散型控制系统的现场控制站中，用作分散型控制系统控制层的核心部件。

归类解析

正 确 归 类: 实际商品是可编程控制器的核心部件，已具备可编程控制器的基本特征，符合《税则》和《税则注释》对品目 85.37 项下的 "可编程序控制器" 的描述，属《税则》具体列名商品。根据归类总规则一及六，该商品应按照 "可编程序控制器" 归入税则号列 8537.1011。该商品用途广泛，可用于控制多种机器、电气装置和仪器设备，故应按照 "其他可编程序控制器" 归入商品编号 85371011.90。

归 类 差 错: 可编程控制器用 CPU 模块有时被错误地按照《税则》第八十五章其他品目未列名的具有独立功能的电气设备及装置归入品目 85.43 项下，例如归入税则号列 8543.7099。

归　类　辨　析：可编程控制器用 CPU 模块无论是与输入/输出模块和电源模块等同时报验（即构成完整的可编程控制器），还是单独报验，均应按照"可编程序控制器"归入税则号列 8537.1011。

商品照片

第九章

用于电压不超过 1 千伏线路的控制面板和组合开关式控制装置

案例 *1* 挖掘机用控制面板

应归入税则号列 8537.1090

申报信息

申 报 名 称： 挖掘机用显示面板等。

申 报 价 格： 405 加拿大元 / 个等。

申报税则号列： 8431.4999（品目 84.26、84.29 或 84.30 所列机械的其他零件）等。

商品信息

商 品 状 态： 实际商品为挖掘机用控制面板，由带有多种控制按键的操作面板、主板、液晶屏、外壳、后盖、通信接口等构成，并带有通信接口。其中，主板由集成电路、晶体管、电容器、电阻器、电感器、熔断器等多种电子元器件焊接在印刷线路板上构成。

功 能 用 途： 该商品的主要功能是向挖掘机下达控制指令，控制挖掘机完成相关动作。该商品的操作面板上带有多种控制按键，每种控制按键分别具有不同功能。用户可以通过该商品操作面板上的控制按键，向挖掘机下达多种控制指令，控制挖掘机开灯或关灯、加快或减慢行进速率、挡风玻璃喷水器喷水、风挡刮水器运行或停止运行、增大或减小喇叭音量等。挖掘机的运行指标和状态信息可以显示在该商品的液晶屏上。该商品不具备自动调节或控制功能，无法将控制因素调控、保持在设定值上。该商品安装在挖掘机驾驶室的中央控制区域（仪表区域）使用，工作电压为直流 24 伏。用户无法设计、编制或修改该商品内部的程序。

用户通过该商品操作面板上的控制按键下达控制指令后，控制指令会发送给挖掘机的中央控制单元。中央控制单元接收到该商品的控制指令后，会将向挖掘机的相关零件发出控制信号，由挖掘机的相关零件完成相应动作。挖掘机的中央控制单元将挖掘机的运行指标和状态信息传输给该商品，显示在该商品的液晶屏上。

归类解析

正 确 归 类： 实际商品为挖掘机用控制面板，不具备自动调节或控制功能，因而不应按照

"自动调节或控制仪器及装置"归入品目 90.32 项下。该商品属于"用于电压不超过 1 千伏线路的电气控制装置",符合《税则》和《税则注释》对品目 85.37 及子目 8537.10 的描述。但该商品明显不属于可编程序控制器,也不符合《本国子目注释》对子目 8537.1019 项下"其他数控装置"的描述。因此,根据归类总规则一及六,该商品应按照"用于电压不超过 1 千伏线路的其他电气控制装置"归入税则号列 8537.1090。

归类差错: 此类商品有时被错误地按照挖掘机零件归入品目 84.31 项下,例如归入税则号列 8431.4999。

归类辨析: 虽然该商品可用于品目 84.29 所列挖掘机,但由于该商品在品目 85.37 项下已有具体列名,因此,根据《税则》第十六类注释二(一)关于《税则》第十六类商品零件的归类原则,该商品应按照具体列名归入品目 85.37 项下,而不应归入挖掘机的零件子目 84.31。

商品照片

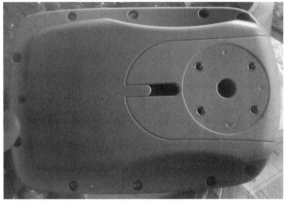

旋挖钻机用控制面板

应归入税则号列 8537.1090

申报信息

申 报 名 称： 钻机用键盘等。

申 报 价 格： 1453～1624 美元 / 个等。

申报税则号列： 8471.6071（自动数据处理设备用键盘）、8531.2000（装有液晶装置或发光二极管的显示板）等。

商品信息

商 品 状 态： 实际商品为自推进式旋挖钻机用控制面板，由带有多种控制按键的操作面板、主板、液晶屏、外壳、通信接口等构成，并带有通信接口。其中，主板由集成电路、晶体管、电容器、电阻器、电感器、熔断器、接线端子等多种电子元器件焊接在印刷线路板上构成。

功 能 用 途： 该商品的主要功能是向旋挖钻机下达控制指令，控制旋挖钻机完成相关动作。该商品的操作面板上带有多种控制按键，每种控制按键分别具有不同功能。用户可以通过该商品操作面板上的控制按键，向旋挖钻机下达多种控制指令，控制旋挖钻机行进、钻具钻进 / 停止钻进 / 提升、开灯或关灯、挡风玻璃喷水器喷水、风挡刮水器运行或停止运行等。旋挖钻机的运行指标和状态信息可以显示在该商品的液晶屏上。该商品不具备自动调节或控制功能，无法将控制因素调控、保持在设定值上。该商品安装在旋挖钻机驾驶室的中央控制区域（仪表区域）使用，工作电压为直流 24 伏。用户无法设计、编制或修改该商品内部的程序。

归类解析

正 确 归 类： 实际商品为旋挖钻机用控制面板，不具备自动调节或控制功能，因而不应按照"自动调节或控制仪器及装置"归入品目 90.32 项下。该商品属于"用于电压不超过 1 千伏线路的电气控制装置"，符合《税则》和《税则注释》对品目 85.37 及子目 8537.10 的描述。但该商品明显不属于可编程序控制器，也不符合《本国子目注释》对子目 8537.1019 项下"其他数控装置"的描述。

因此，根据归类总规则一及六，该商品应按照"用于电压不超过 1 千伏线路的其他电气控制装置"归入税则号列 8537.1090。

归 类 差 错： 此类商品有时被错误地按照自动数据处理设备用键盘归入税则号列 8471.6071，或被错误地按照装有液晶装置或发光二极管的显示板归入税则号列 8531.2000。

归 类 辨 析： 核验此类商品时，应仔细核查商品的材质、功能用途等信息，必要时可要求企业提供说明资料，以便准确判定商品归类。

商品照片

 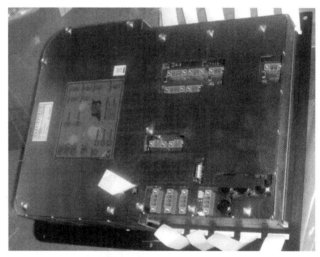

案例 3 挖掘机用触摸屏控制面板

应归入税则号列 8537.1090

申报信息

申 报 名 称： 挖掘机用可编程控制器等。

申 报 价 格： 539.33 美元/个等。

申报商品编号： 85371011.90（其他可编程序控制器）等。

商品信息

商 品 状 态： 实际商品为挖掘机用触屏控制面板，由操作按键、主板、触摸屏、外壳等构成，并带有通信接口。其中，主板由处理器芯片、存储器芯片、其他集成电路、晶体管、电容器、电阻器、电感器、熔断器等多种电子元器件焊接在印刷线路板上构成。

功 能 用 途： 该商品的主要功能是向挖掘机下达控制指令，控制挖掘机完成相关动作。用户可以通过该商品的操作按键和触摸屏，向挖掘机下达多种控制指令，控制挖掘机行进、铲斗掘进/铲土/提升、开灯或关灯、挡风玻璃喷水器喷水、风挡刮水器运行或停止运行等。挖掘机的运行指标和状态信息可以显示在该商品的触摸屏上。该商品不具备自动调节或控制功能，无法将控制因素调控、保持在设定值上。该商品安装在挖掘机驾驶室的中央控制区域（仪表区域）使用，工作电压为直流 24 伏。用户无法设计、编制或修改该商品内部的程序。

归类解析

正 确 归 类： 该商品不具备自动调节或控制功能，因而不应按照"自动调节或控制仪器及装置"归入品目 90.32 项下。该商品属于"用于电压不超过 1 千伏线路的电气控制装置"，符合《税则》和《税则注释》对品目 85.37 及子目 8537.10 的描述。但该商品明显不属于可编程序控制器，也不符合《本国子目注释》对子目 8537.1019 项下"其他数控装置"的描述。因此，根据归类总规则一及六，该商品应按照"用于电压不超过 1 千伏线路的其他电气控制装置"归入税则号列 8537.1090。

归 类 差 错： 此类商品有时被错误地按照"可编程序控制器"归入税则号列 8537.1011。

归 类 辨 析： 虽然该商品主板的存储器芯片中存储有控制程序，但用户无法设计、编制或修改该商品的控制程序。该商品明显不属于"可编程序控制器"，也不符合《本国子目注释》对子目 8537.1019 项下"其他数控装置"的描述，因而不应按照"可编程序控制器"或"其他数控装置"归类。

商品照片

 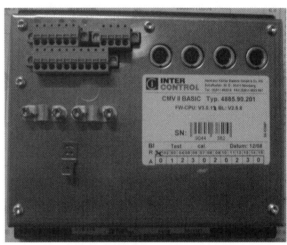

案例4 铲运机用组合开关控制面板

应归入税则号列 8537.1090

申报信息

申 报 名 称： 密封组合开关等。

申 报 价 格： 150.75 美元 / 个等。

申报税则号列： 8536.5000（用于电压不超过 1 千伏线路的其他开关）等。

商品信息

商 品 状 态： 实际商品为铲运机用组合开关控制面板。该商品由带有多种控制按键的操作面板、主板、外壳、后盖等构成。其中，主板由（由集成电路、晶体管、电容器、电阻器、电感器、熔断器、继电器、接线端子等多种电子元器件焊接在印刷线路板上构成。

功 能 用 途： 该商品的主要功能是向铲运机下达控制指令，控制铲运机完成相关动作。该商品的操作面板上带有多种控制按键，每种控制按键分别具有不同功能。用户可以通过该商品操作面板上的控制按键，向铲运机下达多种控制指令，控制铲运机行进、铲斗挖掘、提升铲斗、运送碎土、开灯或关灯、挡风玻璃喷水器喷水、风挡刮水器运行或停止运行、空调吹风、调节空调风力 / 风向 / 温度、座椅加热、调节喇叭音量等。该商品不具备自动调节或控制功能，无法将控制因素调控、保持在设定值上。该商品通常安装在铲运机驾驶室的中央控制区域（仪表区域）使用，工作电压为直流 24 伏。

归类解析

正 确 归 类： 该商品不具备自动调节或控制功能，因而不应按照"自动调节或控制仪器及装置"归入品目 90.32 项下。该商品属于"用于电压不超过 1 千伏线路的电气控制装置"，符合《税则》和《税则注释》对品目 85.37 及子目 8537.10 的描述。但该商品明显不属于可编程序控制器，也不符合《本国子目注释》对子目 8537.1019 项下"其他数控装置"的描述。因此，根据归类总规则一及六，该商品应按照"用于电压不超过 1 千伏线路的其他电气控制装置"归入税则号列 8537.1090。

归 类 差 错： 此类商品有时被错误地按照用于电压不超过 1 千伏线路的其他开关归入税则号列 8536.5000。

归 类 辨 析： 该商品不具备自动调节或控制功能，因而不应归入品目 90.32 项下。该商品的结构和功能明显已超出子目 8536.50 所列"用于电压不超过 1 千伏线路的其他开关"的范围。因此，该商品不应按照"其他开关"归入子目 8536.50 项下。该商品符合《税则》和《税则注释》对品目 85.37 项下的"用于电压不超过 1 千伏线路的其他电气控制装置"的描述，故应归入品目 85.37 项下，并应归入税则号列 8537.1090。

商品照片

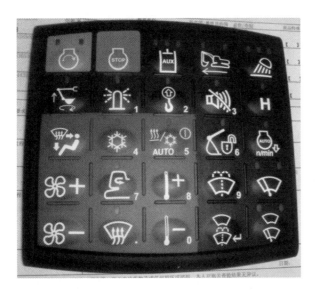

案例 5 　制冰机用组合开关控制器

应归入税则号列 8537.1090

申报信息

申 报 名 称：冰机用开关、冰机用旋钮开关等。

申 报 价 格：681 美元 / 个等。

申报税则号列：8536.5000（用于电压不超过 1 千伏线路的其他开关）等。

商品信息

商 品 状 态：实际商品为组合开关控制器。该商品由多个各具不同功能的开关、控制板（由二极管、电容器、电阻器、电感器、熔断器、继电器等多种电子元器件焊接在印刷线路板上构成）、外壳等构成，并装配有用以连接其他设备的带接头电缆。实际商品包括两种，一种是带有 8 个按钮开关的控制器，另一种是带有 1 个多档位开关、1 个旋钮开关和 2 个按钮开关的控制器。

功 能 用 途：该商品的主要功能是控制制冰机运行。用户可以通过该商品上的开关，控制制冰机完成多种不同的操作。例如，启动、停止、开启或关闭某项功能、调节运行强度、改变运行状态（运行模式）等。该商品不具备自动调节或控制功能，无法将控制因素调控、保持在设定值上。该商品通过电缆与制冰机的电气控制柜相连接，工作电压为交流 240 伏。

归类解析

正 确 归 类：该商品不具备自动调节或控制功能，因而不应按照"自动调节或控制仪器及装置"归入品目 90.32 项下。该商品属于"用于电压不超过 1 千伏线路的电气控制装置"，符合《税则》和《税则注释》对品目 85.37 及子目 8537.10 的描述。但该商品明显不属于可编程序控制器，也不符合《本国子目注释》对子目 8537.1019 项下"其他数控装置"的描述。因此，根据归类总规则一及六，该商品应按照"用于电压不超过 1 千伏线路的其他电气控制装置"归入税则号列 8537.1090。

归 类 差 错：此类商品有时被错误地按照"用于电压不超过 1 千伏线路的其他开关"归入税则号列 8536.5000。

归 类 辨 析: 该商品不具备自动调节或控制功能，因而不应归入品目 90.32 项下。该商品的结构和功能明显已超出子目 8536.50 所列"用于电压不超过 1 千伏线路的其他开关"的范围。因此，该商品不应按照"其他开关"归入子目 8536.50 项下。该商品符合《税则》和《税则注释》对品目 85.37 项下的"用于电压不超过 1 千伏线路的其他电气控制装置"的描述，故应归入品目 85.37 项下，并应归入税则号列 8537.1090。

商品照片

案例 **6** 天车用组合开关控制器

应归入税则号列 8537.1090

申报信息

申 报 名 称: 天车用手柄等。

申 报 价 格: 116.35 美元 / 个等。

申报税则号列: 8431.1000（品目 84.25 所列机械的零件）等。

商品信息

商 品 状 态: 实际商品为组合开关控制器。该商品由多个各具不同功能的开关、控制板（由二极管、电容器、电阻器、电感器、熔断器、继电器等多种电子元器件焊接在印刷线路板上构成）、外壳等构成。

功 能 用 途: 该商品的主要功能是控制天车运行。用户可以通过该商品上的开关，控制天车完成多种不同的动作。该商品带有 1 个启停开关和 6 个按钮开关，通过启停开关可以启动天车或使天车停止工作，通过 6 个按钮开关可以分别控制天车向着上下左右前后六个方向运动。该商品不具备自动调节或控制功能，无法将控制因素调控、保持在设定值上。该商品通过线缆与天车连接，工作电压为交流 250 伏。

归类解析

正 确 归 类: 该商品不具备自动调节或控制功能，因而不应按照"自动调节或控制仪器及装置"归入品目 90.32 项下。该商品属于"用于电压不超过 1 千伏线路的电气控制装置"，符合《税则》和《税则注释》对品目 85.37 及子目 8537.10 的描述。但该商品明显不属于可编程序控制器，也不符合《本国子目注释》对子目 8537.1019 项下"其他数控装置"的描述。因此，根据归类总规则一及六，该商品应按照"用于电压不超过 1 千伏线路的其他电气控制装置"归入税则号列 8537.1090。

归 类 差 错: 此类商品有时被错误地按照所服务设备的专用零件归入零件的品目、子目及税则号列，例如按照天车零件归入品目 84.31 项下。

归 类 辨 析: 虽然该商品可用于天车,但由于该商品在品目 85.37 项下已有具体列名,因此,根据《税则》第十六类注释二(一)关于《税则》第十六类商品零件的归类原则,该商品应按照具体列名归入品目 85.37 项下,而不应归入天车零件的子目 84.31。

商品照片

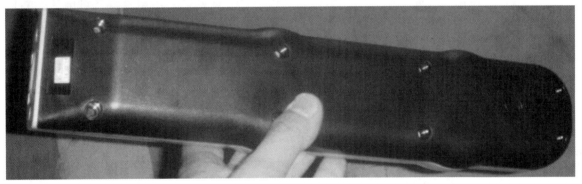

案例 7 吊装设备用组合开关控制器

应归入税则号列 8537.1090

申报信息

申 报 名 称： 控制手柄等。

申 报 价 格： 232050 日元／个等。

申报商品编号： 90329000.90（自动调节或控制仪器及装置的零件、附件）等。

商品信息

商 品 状 态： 实际商品为组合开关控制器。该商品由多个各具不同功能的开关、控制板（由二极管、电容器、电阻器、电感器、熔断器、继电器等多种电子元器件焊接在印刷线路板上构成）、外壳等构成，并装配有用以连接其他设备的带接头电缆。

功 能 用 途： 该商品的主要功能是控制吊装设备运行。用户可以通过该商品上的开关，控制吊装设备完成多种不同的动作。该商品带有 1 个启停开关和 4 个按钮开关，通过启停开关可以启动吊装设备或使吊装设备停止运转，通过 4 个按钮开关可以分别控制吊装设备向着上下左右四个方向运动。该商品不具备自动调节或控制功能，无法将控制因素调控、保持在设定值上。该商品通过电缆与吊装设备的电气控制柜相连接，工作电压为交流 250 伏。

归类解析

正 确 归 类： 该商品不具备自动调节或控制功能，因而不应按照"自动调节或控制仪器及装置"归入品目 90.32 项下。该商品属于"用于电压不超过 1 千伏线路的电气控制装置"，符合《税则》和《税则注释》对品目 85.37 及子目 8537.10 的描述。但该商品明显不属于可编程序控制器，也不符合《本国子目注释》对子目 8537.1019 项下"其他数控装置"的描述。因此，根据归类总规则一及六，该商品应按照"用于电压不超过 1 千伏线路的其他电气控制装置"归入税则号列 8537.1090。

归 类 差 错： 此类商品有时被错误地按照"自动调节或控制仪器及装置的零件、附件"归入税则号列 9032.9000。

归 类 辨 析：该商品在品目 85.37 项下已有具体列名。因此，根据《税则》第十六类注释二（一）关于第十六类商品零件的归类原则和《税则》第九十章注释二（一）关于第九十章商品零件的归类原则"（一）凡零件、附件本身已构成本章或第八十四章、第八十五章或第九十一章各品目（品目 84.87、85.48 或 90.33 除外）所包括的货品，应一律归入其相应的品目"，无论该商品用于《税则》第十六类或第九十章的何种设备，该商品均应按照具体列名归入品目 85.37 项下，而不应按照所服务设备的专用零件归入零件的品目、子目或税则号列。

商品照片

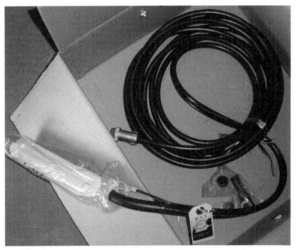

案例 **8** 采煤机用组合开关控制器

应归入税则号列 8537.1090

申报信息

申 报 名 称: 采煤机用指令器等。

申 报 价 格: 3087.67 美元 / 个等。

申报税则号列: 8431.4999（品目 84.26、84.29 或 84.30 所列机械的其他零件）等。

商品信息

商 品 状 态: 实际商品为自推进式采煤机用组合开关控制器。该商品由操作面板（操作面板带有多种控制按键，每种控制按键分别具有不同功能）、控制板（由集成电路、二极管、晶体管、电容器、电阻器、电感器、熔断器、继电器等多种电子元器件焊接在印刷线路板上构成）、外壳等构成，并带有通信接口。该商品工作电压未超过 1 千伏。

功 能 用 途: 该商品的主要功能是控制自推进式采煤机运行。该商品通过控制电缆与采煤机连接，用户可以通过该商品操作面板上的控制按键，向采煤机下达多种控制指令，控制采煤机完成多种不同的动作。例如，采煤机前行 / 后退或转弯，采煤机的截割部件截割、破碎煤层或向各个方向移动，输送煤块等。该商品不具备自动调节或控制功能，无法将控制因素调控、保持在设定值上。

归类解析

正 确 归 类: 该商品不具备自动调节或控制功能，因而不应按照"自动调节或控制仪器及装置"归入品目 90.32 项下。该商品属于"用于电压不超过 1 千伏线路的电气控制装置"，符合《税则》和《税则注释》对品目 85.37 及子目 8537.10 的描述。但该商品明显不属于可编程序控制器，也不符合《本国子目注释》对子目 8537.1019 项下"其他数控装置"的描述。因此，根据归类总规则一及六，该商品应按照"用于电压不超过 1 千伏线路的其他电气控制装置"归入税则号列 8537.1090。

归 类 差 错: 此类商品有时被错误地按照所服务机器、电气装置或仪器设备的专用零件归入零件的品目、子目及税则号列，例如按照采煤机专用零件归入品目 84.31

项下。

归 类 辨 析： 虽然该商品用于采煤机，但由于该商品在品目 85.37 项下已有具体列名，因此，根据《税则》第十六类注释二（一）关于《税则》第十六类商品零件的归类原则，该商品应按照具体列名归入品目 85.37 项下，而不应归入采煤机零件的子目 84.31。

商品照片

注塑机用控制面板

应归入税则号列 8537.1090

申报信息

申 报 名 称： 操作面板组等。

申 报 价 格： 5439.20 美元/个等。

申报税则号列： 8471.8000（自动数据处理设备的其他部件）、8477.9000（品目 84.77 所列橡胶或塑料及其产品的加工机器用零件）等。

商品信息

商 品 状 态： 实际商品为注塑机用控制面板。该商品由操作面板（带有多种控制按键和 1 个旋钮开关，每个按键和开关分别具有不同功能）、控制板（由集成电路、电容器、电阻器、继电器、接线端子等多种电子元器件焊接在印刷线路板上构成）、液晶屏等构成。

功 能 用 途： 该商品的主要功能是控制注塑机运行。该商品的操作面板上带有多种控制按键和 1 个旋钮开关，用户可以通过该商品操作面板上的控制按键和旋钮开关，向注塑机下达多种控制指令，控制注塑机完成多种不同的动作。注塑机的各项运行指标、状态信息则显示在该商品的液晶屏上。该商品不具备自动调节或控制功能，无法将控制因素调控、保持在设定值上。进口后，该商品将安装在注塑机的控制台上使用。该商品的工作电压未超过 1 千伏。

归类解析

正 确 归 类： 该商品不具备自动调节或控制功能，因而不应按照"自动调节或控制仪器及装置"归入品目 90.32 项下。该商品属于"用于电压不超过 1 千伏线路的电气控制装置"，符合《税则》和《税则注释》对品目 85.37 及子目 8537.10 的描述。但该商品明显不属于可编程序控制器，也不符合《本国子目注释》对子目 8537.1019 项下"其他数控装置"的描述。因此，根据归类总规则一及六，该商品应按照"用于电压不超过 1 千伏线路的其他电气控制装置"归入税则号列 8537.1090。

归 类 差 错：此类商品有时被错误地按照自动数据处理设备的部件归入品目84.71项下，或被错误地按照所服务设备的专用零件归入零件的税则号列（例如，按照注塑机零件归入税则号列8477.9000）。

归 类 辨 析：核验此类商品时，应仔细核查商品的材质、功能用途等信息，必要时可要求企业提供说明资料，以便准确判定商品归类。

商品照片

案例 *10* 船尾左（右）舷系泊绞车远程控制面板

应归入税则号列 8537.1090

申报信息

申 报 名 称： 空调室外机控制板等。

申 报 价 格： 3477.60 美元 / 个等。

申报税则号列： 8415.9090（品目 84.15 所列空气调节器的零件）等。

商品信息

商 品 状 态： 实际商品包括船尾左舷系泊绞车远程控制面板（AFT PORT mooring winch remote control panel）和船尾右舷系泊绞车远程控制面板（AFT STBD mooring winch remote control panel）。船尾左舷系泊绞车远程控制面板由多种各具不同功能的开关（包括按钮开关、旋钮开关、多档位开关、启停开关）、蜂鸣器、LED 显示板、继电器、自动断路器、接线端子、连接线等安装在面板框架上构成。船尾右舷系泊绞车远程控制面板由多种各具不同功能的开关（包括按钮开关、旋钮开关、多档位开关）、继电器、自动断路器、接线端子、连接线等安装在面板框架上构成。

功 能 用 途： 船尾左（右）舷系泊绞车远程控制面板的功能是控制船尾左（右）舷系泊绞车运行，从而拉动船舶泊船靠岸。用户可以通过上述控制面板的各种开关，控制船尾左（右）舷系泊绞车启动、停止、完成相关动作，设定船尾左（右）舷系泊绞车的运行模式和工作参数等。船尾左舷系泊绞车远程控制面板上的 LED 显示板可以显示系泊绞车的气压值，蜂鸣器可以发出音响报警信号。但上述控制面板不具备自动调节或控制功能，无法将控制因素调控、保持在设定值上。上述控制面板安装在系泊绞车电控操作台上使用，其工作电压未超过 1 千伏。系泊绞车电控操作台安装在远程控制室中，操作人员通过该操作台远程控制系泊绞车运行。

归类解析

正 确 归 类： 该商品不具备自动调节或控制功能，因而不应按照"自动调节或控制仪器及装置"归入品目 90.32 项下。该商品属于"用于电压不超过 1 千伏线路的电气控制装置"，符合《税则》和《税则注释》对品目 85.37 及子目 8537.10 的描述。但该商品明显不属于可编程序控制器，也不符合《本国子目注释》对子目 8537.1019 项下"其他数控装置"的描述。因此，根据归类总规则一及六，该商品应按照"用于电压不超过 1 千伏线路的其他电气控制装置"归入税则号列 8537.1090。

归 类 差 错：此类商品有时被错误地按照《税则》第十六类或第九十商品的专用零件归入零件税则号列。

归 类 辨 析：该商品由多种各具不同功能的开关、继电器、自动断路器、接线端子、连接线等安装在面板框架上构成，其结构和功能符合《税则》和《税则注释》对品目 85.37 的描述，已具备品目 85.37 项下商品的基本特征，故应归入品目 85.37 项下。

商品照片

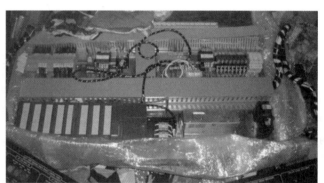

第十章

未集成可编程序控制器功能和数控装置功能的人机界面

案例 *1*　**Proface 触摸屏人机界面**

应归入税则号列 8537.1090

申报信息

申 报 名 称： 触摸屏、电脑触摸屏等。

申 报 价 格： 1899.09 ~ 2198 美元 / 个等。

申报税则号列： 8471.6090（自动数据处理设备的其他输入或输出部件）等。

商品信息

商 品 状 态： 实际商品为 Proface 品牌的触摸屏人机界面，包含两种型号的商品，一种为 GP2600-TC41-24V 型人机界面，另一种为 GP477R-EG11 型人机界面。该商品由触摸屏、前框、后盖、主板（由处理器芯片、存储器芯片、其他集成电路、晶体管等多种电子元器件安装在印刷线路板上构成）、电源板、背光源等构成，带有多种通信接口（例如，GP2600-TC41-24V 型商品带有串行接口、网络接口等，GP477R-EG11 型商品带有串行接口、打印机接口等），GP2600-TC41-24V 型商品还可插入 CF 存储卡。GP2600-TC41-24V 型商品输入电压为直流 24 伏，GP477R-EG11 型商品输入电压为交流 100 伏。

功 能 用 途： 该商品是专为可编程控制器设计的输入输出界面。该商品与可编程控制器通过通信线缆连接，操作人员通过该商品的触摸屏将各项参数及控制指令输入可编程控制器，可编程控制器及所在机器（例如，加工机床、喷涂机、输送机、包装机、电镀机等）的各项状态信息、参数及报警信息显示在该商品的触摸屏上。

归类解析

正 确 归 类： 实际商品为带有触摸屏的人机界面，是专为可编程控制器设计的输入输出界面，用于电压不超过 1 千伏的线路。该商品符合《税则》和《税则注释》对品目 85.37 的描述。根据归类总规则一及六，并参考海关总署 Z2006—0792 号归类决定，该商品应归入税则号列 8537.1090（用于电压不超过 1 千伏线路的其他电气控制或电力分配装置）。

归类差错：人机界面有时被错误地按照自动数据处理设备的输入或输出部件归入子目 8471.60 项下，例如归入税则号列 8471.6090。

归类辨析：人机界面与子目 8471.60 项下商品的区别在于：子目 8471.60 项下商品是自动数据处理设备的输入或输出部件，人机界面则属于工业控制设备。人机界面是专为可编程控制器设计的输入输出界面，用户可通过人机界面向可编程控制器及所在机器下达控制指令。

商品照片

案例 2 | **Yoshin 触摸屏人机界面**

应归入税则号列 8537.1090

申报信息

申 报 名 称： 液晶显示屏等。

申 报 价 格： 702 美元 / 个等。

申报税则号列： 8531.2000（装有液晶装置或发光二极管的显示板）等。

商品信息

商 品 状 态： 实际商品为 Yoshin 品牌 GD17-BST1A-C0 型触摸屏人机界面，由触摸屏、外壳、主板（由处理器芯片、存储器芯片、其他集成电路、晶体管等多种电子元器件安装在印刷线路板上构成）等构成，带有串行接口等通信接口，输入电压为直流 24 伏。

功 能 用 途： 该商品是专为可编程控制器设计的输入输出界面。该商品与可编程控制器通过通信线缆连接，操作人员通过该商品的触摸屏将各项参数及控制指令输入可编程控制器，可编程控制器及所在机器（例如，加工机床、喷涂机、输送机等）的各项状态信息、参数及报警信息显示在该商品的触摸屏上。

归类解析

正 确 归 类： 实际商品为带有触摸屏的人机界面，是专为可编程控制器设计的输入输出界面，用于电压不超过 1 千伏的线路。该商品符合《税则》和《税则注释》对品目 85.37 的描述。根据归类总规则一及六，并参考海关总署 Z2006—0792 号归类决定，该商品应归入税则号列 8537.1090（用于电压不超过 1 千伏线路的其他电气控制或电力分配装置）。

归 类 差 错： 人机界面有时被错误地按照装有液晶装置或发光二极管的显示板归入税则号列 8531.2000。

归 类 辨 析： 人机界面与子目 8531.20 项下商品的区别在于：子目 8531.20 项下商品仅是显示装置，人机界面则属于工业控制设备。人机界面是专为可编程控制器设计的输入输出界面，用户可通过人机界面向可编程控制器及所在机器下达控制指令。

商品照片

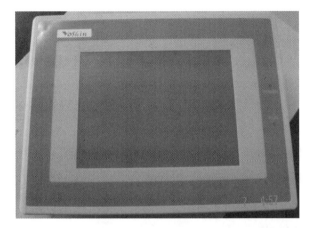
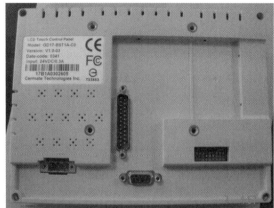

案例 3 **MONITOUCH 触摸屏人机界面**

应归入税则号列 8537.1090

申报信息

申 报 名 称: 触摸屏、智能显示终端等。

申 报 价 格: 3248.29 美元 / 个等。

申报税则号列: 8528.5211（专用于或主要用于品目 84.71 的自动数据处理设备的液晶监视器）、8531.2000（装有液晶装置或发光二极管的显示板）。

商品信息

商 品 状 态: 实际商品为 MONITOUCH 品牌 V710iS 型触摸屏人机界面，由触摸屏、按键、前框、后盖、主板（由处理器芯片、存储器芯片、其他集成电路、晶体管等多种电子元器件安装在印刷线路板上构成）、电源板、背光源等构成，带有串行接口、网络接口等通信接口，输入电压为交流 100～240 伏。

功 能 用 途: 该商品是专为可编程控制器设计的输入输出界面。该商品与可编程控制器通过通信线缆连接（二者可以直接通过通信线缆连接，也可一同接入工业以太网中），操作人员通过该商品的按键和触摸屏将各项参数及控制指令输入可编程控制器，可编程控制器及所在机器（例如，加工机床、喷涂机、输送机、电镀机等）的各项状态信息、参数及报警信息显示在该商品的触摸屏上。

归类解析

正 确 归 类: 实际商品为带有触摸屏的人机界面，是专为可编程控制器设计的输入输出界面，用于电压不超过 1 千伏的线路。该商品符合《税则》和《税则注释》对品目 85.37 的描述。根据归类总规则一及六，并参考海关总署 Z2006－0792 号归类决定，该商品应归入税则号列 8537.1090（用于电压不超过 1 千伏线路的其他电气控制或电力分配装置）。

归 类 差 错: 人机界面有时被错误地按照专用于或主要用于品目 84.71 的自动数据处理设备的液晶监视器归入税则号列 8528.5211，或被错误地按照装有液晶装置或发光二极管的显示板归入税则号列 8531.2000。

归 类 辨 析： 核验此类商品时，应仔细核查商品的材质、功能用途等信息，必要时可要求企业提供说明资料，以便准确判定商品归类。

商品照片

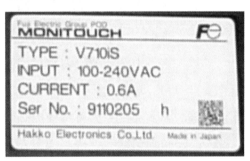

案例 4 三菱触摸屏人机界面

应归入税则号列 8537.1090

申报信息

申 报 名 称: 触摸屏、智能操作终端、操作面板等。

申 报 价 格: 4400 美元 / 个等。

申报商品编号: 8471.4190（其他自动数据处理设备）、39269090.90 等。

商品信息

商 品 状 态: 实际商品为三菱品牌 A951GOT-SBD-M3-B 型触摸屏人机界面，由触摸屏、前框、后盖、主板（由处理器芯片、存储器芯片、其他集成电路、晶体管等多种电子元器件安装在印刷线路板上构成）等构成，带有串行接口等通信接口，输入电压为直流 24 伏。

功 能 用 途: 该商品是专为可编程控制器设计的输入输出界面。该商品与可编程控制器通过通信线缆连接，操作人员通过该商品的按键和触摸屏将各项参数及控制指令输入可编程控制器，可编程控制器及所在机器（例如，加工机床、喷涂机、输送机、电镀机等）的各项状态信息、参数及报警信息显示在该商品的触摸屏上。

归类解析

正 确 归 类: 实际商品为带有触摸屏的人机界面，是专为可编程控制器设计的输入输出界面，用于电压不超过 1 千伏的线路。该商品符合《税则》和《税则注释》对品目 85.37 的描述。根据归类总规则一及六，并参考海关总署 Z2006—0792 号归类决定，该商品应归入税则号列 8537.1090（用于电压不超过 1 千伏线路的其他电气控制或电力分配装置）。

归 类 差 错: 人机界面有时被错误地按照自动数据处理设备归入品目 84.71 项下，例如按照其他自动处理设备归入税则号列 8471.4190；或被错误地按塑料制品归入品目 39.26 项下。

归 类 辨 析: 核验此类商品时，应仔细核查商品的材质、功能用途等信息，必要时可要求企业提供说明资料，以便准确判定商品归类。

商品照片

案例**5** 气动物料输送机用人机界面

应归入税则号列 8537.1090

申报信息

申 报 名 称: 塑料喂料机用触摸屏等。

申 报 价 格: 4475 美元 / 个等。

申报税则号列: 8431.3900(品目 84.28 所列机械的零件)等。

商品信息

商 品 状 态: 实际商品为触摸屏人机界面,由触摸屏、前框、后盖、主板(由处理器芯片、存储器芯片、其他集成电路、晶体管等多种电子元器件安装在印刷线路板上构成)、电源板等构成,带有串行接口、USB 接口、网络接口等通信接口,输入电压为交流 90 ~ 264 伏或直流 24 伏。该商品系生产厂家为 K-Tron 品牌的气动物料输送机定制的人机界面。

功 能 用 途: 该商品是专为可编程控制器设计的输入输出界面。该商品通过通信线缆与气动物料输送机的可编程控制器连接,操作人员通过该商品的触摸屏将各项参数及控制指令输入可编程控制器,可编程控制器及气动物料输送机的各项状态信息、参数及报警信息显示在该商品的触摸屏上。

该商品在未搭配可编程序控制器的情况下,无法独立控制物料输送机完成输送过程,需要搭配可编程控制器才能控制物料输送机完成输送过程。

归类解析

正 确 归 类: 实际商品为带有触摸屏的人机界面。该商品是专为可编程控制器设计的输入输出界面,用于电压不超过 1 千伏的线路。该商品符合《税则》和《税则注释》对品目 85.37 的描述。根据归类总规则一及六,并参考海关总署 Z2006—0792 号归类决定,该商品应归入税则号列 8537.1090(用于电压不超过 1 千伏线路的其他电气控制或电力分配装置)。

归 类 差 错: 人机界面有时被错误地按照所在机器的专用零件归入零件的品目、子目或税则号列。例如,将气动输送机用人机界面按照气动输送机专用零件归入税则号列 8431.3900。

归 类 辨 析： 该商品虽然是为气动物料输送机定制的人机界面（属于气动物料输送机零件），但该商品的结构、功能符合《税则》和《税则注释》对品目85.37的描述，该商品在品目85.37项下已有具体列名。因此，根据《税则》第十六类注释二（一）关于《税则》第十六类商品零件的归类原则，该商品应按照具体列名归入品目85.37项下，而不应归入气动物料输送机的零件子目84.31。

商品照片

 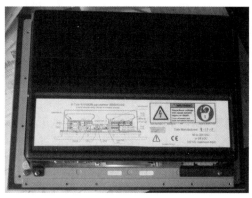

Autonics 触摸屏人机界面

应归入税则号列 8537.1090

申报信息

申 报 名 称： 触摸屏、可编程控制器、液晶显示板等。

申 报 价 格： 1105.17 美元 / 个等。

申报商品编号： 85371011.90（其他可编程序控制器）、85312000.00（装有液晶装置或发光二极管的显示板）等。

商品信息

商 品 状 态： 实际商品为 Autonics 品牌 GP-S044-S1D0 型触摸屏人机界面，由触摸屏、外壳、主板（由处理器芯片、存储器芯片、其他集成电路、晶体管等多种电子元器件安装在印刷线路板上构成）等构成，带有串行接口等通信接口，输入电压为直流 24 伏。

功 能 用 途： 该商品是专为可编程控制器设计的输入输出界面。该商品通过通信线缆与可编程控制器连接，操作人员通过该商品的触摸屏将各项参数及控制指令输入可编程控制器，可编程控制器及所在机器（例如，加工机床、输送机、喷涂机等）的各项状态信息、参数及报警信息显示在该商品的触摸屏上。该商品在未搭配可编程序控制器的情况下，无法独立控制所在机器连续完成整个生产过程，需要搭配可编程控制器才能控制所在机器连续完成整个生产过程。

归类解析

正 确 归 类： 实际商品为带有触摸屏的人机界面，是专为可编程控制器设计的输入输出界面，用于电压不超过 1 千伏的线路。该商品符合《税则》和《税则注释》对品目 85.37 的描述。根据归类总规则一及六，并参考海关总署 Z2006—0792 号归类决定，该商品应归入税则号列 8537.1090（用于电压不超过 1 千伏线路的其他电气控制或电力分配装置）。

归 类 差 错： 符合海关总署 Z2006—0792 号归类决定描述的人机界面有时被错误地按照可编程控制器归入税则号列 8537.1011，或被错误地按照装有液晶装置或发光二极管的显示板归入税则号列 8531.2000。

归类辨析： 海关总署 Z2006—0792 号归类决定所述的人机界面与税则号列 8537.1011 项下的可编程序控制器的主要区别为：Z2006—0792 号归类决定所述的人机界面是可编程序控制器的输入输出界面，该商品在未搭配可编程序控制器的情况下，无法独立控制所在机器连续完成整个生产过程；税则号列 8537.1011 项下的可编程序控制器则可以自动执行程序，独立控制所在机器连续完成整个生产过程。

商品照片

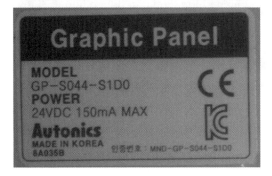

案例 **7** 西门子触摸屏人机界面

应归入税则号列 8537.1090

申报信息

申 报 名 称: 触摸屏、机床用数控装置、液晶显示板等。

申 报 价 格: 2803.12 美元 / 个等。

申报商品编号: 85371019.01（机床用数控装置）、85312000.00（装有液晶装置或发光二极管的显示板）等。

商品信息

商 品 状 态: 实际商品为西门子品牌 SIMATIC TOUCH PANEL TP277-6（6AV6 643-0AA01-1AX0）型人机界面，由触摸屏、前框、后壳、主板（由处理器芯片、存储器芯片、其他集成电路、晶体管等多种电子元器件安装在印刷线路板上构成）等构成，带有串行接口等通信接口，并可插入 SD/MMC 存储卡，输入电压为直流 24 伏。

功 能 用 途: 该商品是专为可编程控制器设计的输入输出界面。该商品通过通信线缆与可编程控制器连接，操作人员通过该商品的触摸屏将各项参数及控制指令输入可编程控制器，可编程控制器及所在机器（例如，加工机床、输送机、喷涂机、电镀机等）的各项状态信息、参数及报警信息显示在该商品的触摸屏上。该商品在未搭配可编程序控制器的情况下，无法独立控制所在机器连续完成整个生产过程，需要搭配可编程控制器才能控制所在机器连续完成整个生产过程。

归类解析

正 确 归 类: 实际商品为带有触摸屏的人机界面，是专为可编程控制器设计的输入输出界面，用于电压不超过 1 千伏的线路。该商品符合《税则》和《税则注释》对品目 85.37 的描述。根据归类总规则一及六，并参考海关总署 Z2006—0792 号归类决定，该商品应归入税则号列 8537.1090（用于电压不超过 1 千伏线路的其他电气控制或电力分配装置）。

归 类 差 错: 符合海关总署 Z2006—0792 号归类决定描述的人机界面有时被错误地按照其

他数控装置归入税则号列 8537.1019，或被错误地按照装有液晶装置或发光二极管的显示板归入税则号列 8531.2000。

归 类 辨 析： 海关总署 Z2006—0792 号归类决定所述的人机界面与税则号列 8537.1019 项下的数控装置的主要区别为：Z2006—0792 号归类决定所述的人机界面是可编程序控制器的输入输出界面，该商品在未搭配可编程序控制器的情况下，无法独立控制所在机器连续完成整个生产过程；税则号列 8537.1019 项下的数控装置则可以自动执行程序，独立控制所在机器连续完成整个生产过程。

商品照片

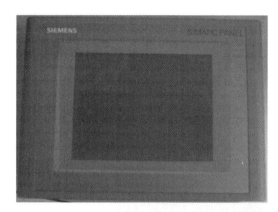 

第十一章

电缆及电导体

案例 **1** 铜制漆包线

应归入税则号列 8544.1100

申报信息

申 报 名 称： 黄铜丝等。

申 报 价 格： 31.25 美元 / 千克等。

申报税则号列： 7408.2100［铜锌合金（黄铜）丝］等。

商品信息

商 品 状 态： 实际商品为成卷（绕在线轴上）的铜制漆包线，直径为 0.12 毫米，规格为 200 米 / 卷。该商品系在精炼铜丝表面涂覆聚氨酯绝缘漆制成。

功 能 用 途： 该商品用于绕制线圈绕组，制造电感器。

归类解析

正 确 归 类： 实际商品为成卷的铜制漆包线，属《税则》具体列名商品。该商品符合《税则》和《税则注释》对品目 85.44 项下的"绕组电线"的描述。根据归类总规则一及六，该商品应按照具体列名归入税则号列 8544.1100（铜制绕组电线）。

归 类 差 错： 铜制漆包线在进口环节有时被错误地按照铜丝归入品目 74.08 项下。

归 类 辨 析： 核验此类商品时，应仔细核查商品的材质（成分含量）、生产工艺、功能用途等信息。必要时，可报送具有相关资质的化验机构化验，以便准确判别商品归类。漆包线与铜丝的一项显著区别为，漆包线由于表面涂覆有绝缘漆，因而不具有导电性，而铜丝具有良好的导电性。

商品照片

案例 2   **带接头同轴电缆**

应归入税则号列 8544.2000

申报信息

申 报 名 称： 电缆、连接线等。

申 报 价 格： 17.12 美元 / 个等。

申报税则号列： 8544.4211（其他额定电压不超过 80 伏的带接头电缆）等。

商品信息

商 品 状 态： 实际商品为两端带有接头的同轴电缆，由四层材料构成。四层材料由外至内依次为：圆形截面的外绝缘层、圆形截面的空心外导体、圆形截面的内绝缘层、实心内导体。以上各层材料的中心轴线均位于同一条直线上，且各层材料紧密包裹在一起。

功 能 用 途： 该商品可用于传输视频或音频信号。

归类解析

正 确 归 类： 实际商品为带接头同轴电缆，符合《税则》和《税则注释》对品目 85.44 项下的"同轴电缆"的描述，属《税则》具体列名商品。根据归类总规则一及六，该商品应按照具体列名归入税则号列 8544.2000（同轴电缆及其他同轴电导体）。

归 类 差 错： 同轴电缆在进口环节常被错误地按照"其他额定电压不超过 80 伏的带接头电缆"归入税则号列 8544.4211。

归 类 辨 析： 核验电缆、电导体类商品时，应仔细核查商品结构（是否为漆包线、是否具有同轴或三同轴结构、是否为线束等）、额定电压（额定电压是否超过 80 伏、是否超过 1 千伏等）、功能用途（是否属于车辆、航空器、船舶用点火布线组及其他布线组）等信息，以便准确判别商品归类。

商品照片

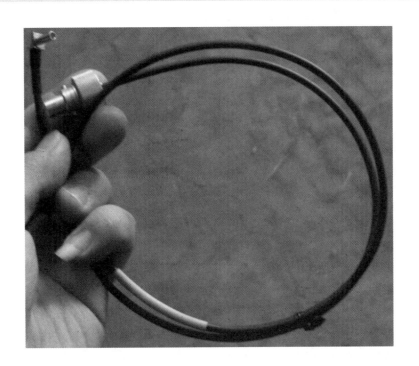

商品照片

案例 3　两端接头形态尺寸相同的同轴电缆

应归入税则号列 8544.2000

申报信息

申 报 名 称： 电缆、线路板连接器、信号连接线、连接线等。

申 报 价 格： 16.84 美元 / 个等。

申报税则号列： 8544.4211（其他额定电压不超过 80 伏的带接头电缆）、8544.4219（其他额定电压不超过 80 伏的带接头电导体）、8544.4221（其他 80 伏＜额定电压≤ 1 千伏的带接头电缆）、8544.4229（其他 80 伏＜额定电压≤ 1 千伏的带接头电导体）等。

商品信息

商 品 状 态： 实际商品为两端带有接头的同轴电缆，且两端的接头形态和尺寸相同。该商品具有三同轴结构，即由六层材料构成。六层材料由外至内依次为：圆形截面的外绝缘层、圆形截面的空心外导体、圆形截面的中间绝缘层、圆形截面的空心中间层导体、圆形截面的内绝缘层、实心内导体。以上各层材料的中心轴线均位于同一条直线上，且各层材料紧密包裹在一起。商品包装物上印有"RF Cable"（即射频电缆）标识。

功 能 用 途： 该商品用于在测试通讯功能时，连接在不同仪器设备之间，或连接在仪器设备和测试对象之间，传输射频信号。

归类解析

正 确 归 类： 实际商品为带接头同轴电缆，符合《税则》和《税则注释》对品目 85.44 项下的"同轴电缆"的描述，属《税则》具体列名商品。根据归类总规则一及六，该商品应按照具体列名归入税则号列 8544.2000（同轴电缆及其他同轴电导体）。

归 类 差 错： 同轴电缆在进口环节常被错误地按照"其他额定电压不超过 80 伏的带接头电缆"归入税则号列 8544.4211，或被错误地按照"其他额定电压不超过 80 伏的带接头电导体"归入税则号列 8544.4219，或被错误地按照"其他 80 伏＜额定电压≤ 1 千伏的带接头电缆"归入税则号列 8544.4221，或被错误地按照"其他80伏＜额定电压≤1千伏的带接头电缆"归入税则号列 8544.4229。

归类辨析： 核验电缆、电导体类商品时，应仔细核查商品结构（是否为漆包线、是否具有同轴或三同轴结构、是否为线束等）、额定电压（额定电压是否超过80伏、是否超过1千伏等）、功能用途（是否属于车辆、航空器、船舶用点火布线组及其他布线组）等信息，以便准确判别商品归类。

商品照片

案例4 **一端带有接头的同轴电缆**

应归入税则号列 8544.2000

申报信息

申 报 名 称：射频线等。

申 报 价 格：10.20 美元 / 个等。

申报税则号列：8517.7990（其他有线或无线网络通信设备用零件）等。

商品信息

商 品 状 态：实际商品为一端安装有 L 形接头、另一端未安装接头的同轴电缆，由四层材料构成。四层材料由外至内依次为：圆形截面的外绝缘层、圆形截面的空心外导体、圆形截面的内绝缘层、实心内导体。以上各层材料的中心轴线均位于同一条直线上，且各层材料紧密包裹在一起。其中，空心外导体是由细铜丝编织成的圆筒形金属丝网，实心内导体是一根实心铜丝。

功 能 用 途：该商品可用于传输射频信号。

归类解析

正 确 归 类：该商品符合《税则》和《税则注释》对品目 85.44 项下的"同轴电缆"的描述，属《税则》具体列名商品。根据归类总规则一及六，该商品应按照具体列名归入税则号列 8544.2000（同轴电缆及其他同轴电导体）。

归 类 差 错：同轴电缆在进口环节有时被错误地按照"有线或无线网络通信设备用零件"归入子目 8517.7 项下，例如归入税则号列 8517.7990。

归 类 辨 析：核验电缆、电导体类商品时，应仔细核查商品结构（是否为漆包线、是否具有同轴或三同轴结构、是否为线束等）、额定电压（额定电压是否超过 80 伏、是否超过 1 千伏等）、功能用途（是否属于车辆、航空器、船舶用点火布线组及其他布线组）等信息，以便准确判别商品归类。

商品照片

案例 5 一端为 L 形接头、另一端为直接头的同轴电缆

应归入税则号列 8544.2000

申报信息

申 报 名 称： 有接头连接线等。

申 报 价 格： 30.95 美元 / 个等。

申报税则号列： 8544.4211（其他额定电压不超过 80 伏的带接头电缆）、8517.7990（其他有线或无线网络通信设备用零件）等。

商品信息

商 品 状 态： 实际商品为带接头同轴电缆，一端安装有 L 形接头，另一端安装有直接头。该商品具有三同轴结构，即由六层材料构成。六层材料由外至内依次为：圆形截面的外绝缘层、圆形截面的空心外导体、圆形截面的中间绝缘层、圆形截面的空心中间层导体、圆形截面的内绝缘层、实心内导体。以上各层材料的中心轴线均位于同一条直线上，且各层材料紧密包裹在一起。商品包装物上印有"RF Cable"（即射频电缆）标识。

功 能 用 途： 该商品用于在测试通讯功能时，连接在不同仪器设备之间，或连接在仪器设备和测试对象之间，传输射频信号。

归类解析

正 确 归 类： 实际商品为带接头同轴电缆，符合《税则》和《税则注释》对品目 85.44 项下的"同轴电缆"的描述，属《税则》具体列名商品。根据归类总规则一及六，该商品应按照具体列名归入税则号列 8544.2000（同轴电缆及其他同轴电导体）。

归 类 差 错： 同轴电缆有时被错误地按照"其他额定电压不超过 80 伏的带接头电缆"归入税则号列 8544.4211，或被错误地按照"有线或无线网络通信设备用零件"归入子目 8517.7 项下（例如，归入税则号列 8517.7990）。

归 类 辨 析： 核验电缆、电导体类商品时，应仔细核查商品结构（是否为漆包线、是否具有同轴或三同轴结构、是否为线束等）、额定电压（额定电压是否超过 80

伏、是否超过 1 千伏等）、功能用途（是否属于车辆、航空器、船舶用点火布线组及其他布线组）等信息，以便准确判别商品归类。

商品照片

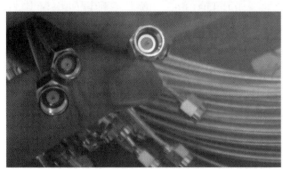
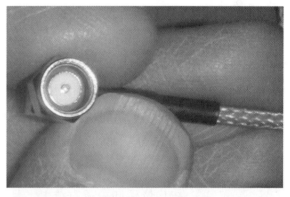

CORPORATION	전자-천진(TSTC)
P/O CODE	2050591884
IMK CODE	2607728800
ORDER	BIAN XIAOGANG
ITEM NAME	RF Cable
DESCRIPTION	to SMA(ᄀ), L1.5m, RG316D
Q'TY	110ST

案例 **6**　两端接头尺寸不同的同轴电缆

应归入税则号列 8544.2000

申报信息

申 报 名 称: 连接线、测试线等。

申 报 价 格: 6.07 ~ 14.03 美元 / 个等。

申报税则号列: 8544.4211（其他额定电压不超过 80 伏的带接头电缆）、8544.4219（其他额定电压不超过 80 伏的带接头电导体）、8517.7990（其他有线或无线网络通信设备用零件）等。

商品信息

商 品 状 态: 实际商品为带接头同轴电缆，电缆两端的接头尺寸不同，一端的接头直径较大，另一端的接头直径较小。实际商品包括三种，分别为长 1.8 米的同轴电缆、长 1.5 米的同轴电缆、长 12 厘米的同轴电缆。以上三种同轴电缆均具有三同轴结构，即由六层材料构成。六层材料由外至内依次为：圆形截面的外绝缘层、圆形截面的空心外导体、圆形截面的中间绝缘层、圆形截面的空心中间层导体、圆形截面的内绝缘层、实心内导体。以上各层材料的中心轴线均位于同一条直线上，且各层材料紧密包裹在一起。商品包装物上印有"RF CABLE"（即射频电缆）标识。

功 能 用 途: 该商品用于在测试通讯功能时，连接在不同仪器设备之间，或连接在仪器设备和测试对象之间，传输射频信号。

归类解析

正 确 归 类: 实际商品为带接头同轴电缆，符合《税则》和《税则注释》对品目 85.44 项下的"同轴电缆"的描述，属《税则》具体列名商品。根据归类总规则一及六，该商品应按照具体列名归入税则号列 8544.2000（同轴电缆及其他同轴电导体）。

归 类 差 错: 同轴电缆有时被错误地按照"其他额定电压不超过 80 伏的带接头电缆"归入税则号列 8544.4211，或被错误地按照"其他额定电压不超过 80 伏的带接头电导体"归入税则号列 8544.4219，或被错误地按照"有线或无线网络通信设备用零件"归入子目8517.7项下（例如，归入税则号列8517.7990）。

归 类 辨 析：核验电缆、电导体类商品时，应仔细核查商品结构（是否为漆包线、是否具有同轴或三同轴结构、是否为线束等）、额定电压（额定电压是否超过80伏、是否超过1千伏等）、功能用途（是否属于车辆、航空器、船舶用点火布线组及其他布线组）等信息，以便准确判别商品归类。

商品照片

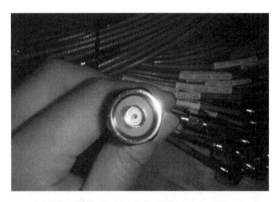

CORPORATION	전자-천진(TSTC)
P/O CODE	2050609431
IMK CODE	9944844900
ORDER	BIAN XIAOGANG
ITEM NAME	RF CABLE
DESCRIPTION	N(M) TO SMA(M) ,L120mm
Q'TY	70ST

CORPORATION	전자-천진(TSTC)
P/O CODE	2050640641
IMK CODE	2608584600
ORDER	BIAN XIAOGANG
ITEM NAME	RF Cable
DESCRIPTION	N(M)측 슬리브 추가
Q'TY	1ST

案例 7 一端带有公头、另一端带有母头的同轴电缆

应归入税则号列 8544.2000

申报信息

申 报 名 称： 连接线、36 伏无接头电导体、射频测试线等。

申 报 价 格： 19.27 美元 / 个等。

申报税则号列： 8544.4219（额定电压不超过 80 伏的其他带接头电导体）、8544.4919（额定电压不超过 80 伏的其他无接头电导体）等。

商品信息

商 品 状 态： 实际商品为带接头同轴电缆，电缆一端的接头为公头，另一端的接头为母头。实际商品包括两种同轴电缆，一种同轴电缆所带的公头为直接头，另一种同轴电缆所带的公头为 L 形接头。以上两种同轴电缆均具有三同轴结构，即由六层材料构成。六层材料由外至内依次为：圆形截面的外绝缘层、圆形截面的空心外导体、圆形截面的中间绝缘层、圆形截面的空心中间层导体、圆形截面的内绝缘层、实心内导体。以上各层材料的中心轴线均位于同一条直线上，且各层材料紧密包裹在一起。

功 能 用 途： 该商品通常用于传输视频或音频信号。

归类解析

正 确 归 类： 实际商品为带接头同轴电缆，符合《税则》和《税则注释》对品目 85.44 项下的"同轴电缆"的描述，属《税则》具体列名商品。根据归类总规则一及六，该商品应按照具体列名归入税则号列 8544.2000（同轴电缆及其他同轴电导体）。

归 类 差 错： 同轴电缆有时被错误地按照"其他额定电压不超过 80 伏的带接头电导体"归入税则号列 8544.4219，或被错误地按照"其他额定电压不超过 80 伏的无接头电导体"归入税则号列 8544.4919。

归 类 辨 析： 核验电缆、电导体类商品时，应仔细核查商品结构（是否为漆包线、是否具有同轴或三同轴结构、是否为线束等）、额定电压（额定电压是否超过 80

伏、是否超过 1 千伏等）、功能用途（是否属于车辆、航空器、船舶用点火
布线组及其他布线组）等信息，以便准确判别商品归类。

商品照片

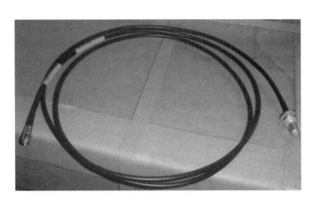

案例 8　Y 形同轴电导体

应归入税则号列 8544.2000

申报信息

申 报 名 称: 同轴电缆、带接头电缆等。

申 报 价 格: 5.01 美元 / 个等。

申报税则号列: 8544.4219(额定电压不超过 80 伏的其他带接头电导体)、8544.4229(80 伏 < 额定电压≤ 1 千伏的其他带接头电导体)等。

商品信息

商 品 状 态: 实际商品为由三根同轴电缆连接在一起构成的 Y 形同轴电导体。其中,输入端的两根同轴电缆所带的接头为公头,输出端的一根同轴电缆所带的接头为母头。构成该商品的三根同轴电缆均具有三同轴结构,即由六层材料构成。六层材料由外至内依次为:圆形截面的外绝缘层、圆形截面的空心外导体、圆形截面的中间绝缘层、圆形截面的空心中间层导体、圆形截面的内绝缘层、实心内导体。以上各层材料的中心轴线均位于同一条直线上,且各层材料紧密包裹在一起。商品包装物上印有"Y-Cable"和"BNC type"标识。

功 能 用 途: 该商品可在同轴电缆之间起连接作用,并可将两路信号合并为一路信号。

归类解析

正 确 归 类: 实际商品为具有特殊形状的同轴电导体,符合《税则》和《税则注释》对品目 85.44 项下的"其他同轴电导体"的描述,属《税则》具体列名商品。根据归类总规则一及六,该商品应按照具体列名归入税则号列 8544.2000(同轴电缆及其他同轴电导体)。

归 类 差 错: 带接头同轴电导体有时被错误地按照"其他额定电压不超过 80 伏的带接头电导体"归入税则号列 8544.4219,或被错误地按照"80 伏 < 额定电压≤ 1 千伏的其他带接头电导体"归入税则号列 8544.4229。

归 类 辨 析： 核验电缆、电导体类商品时，应仔细核查商品结构（是否为漆包线、是否具有同轴或三同轴结构、是否为线束等）、额定电压（额定电压是否超过 80 伏、是否超过 1 千伏等）、功能用途（是否属于车辆、航空器、船舶用点火布线组及其他布线组）等信息，以便准确判别商品归类。

商品照片

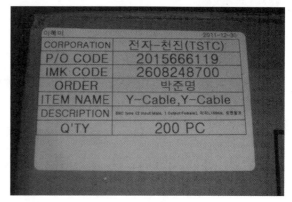

案例 9 **成卷的无接头同轴电缆**

应归入税则号列 8544.2000

申报信息

申 报 名 称： 连接线等。

申 报 价 格： 35 美元 / 米等。

申报税则号列： 8544.4211（其他额定电压不超过 80 伏的带接头电缆）、8544.4219（其他额定电压不超过 80 伏的带接头电导体）、8544.4911（其他额定电压不超过 80 伏的无接头电缆）、8544.4919（其他额定电压不超过 80 伏的无接头电导体）等。

商品信息

商 品 状 态： 实际商品为成卷（绕在线轴上）的无接头同轴电缆，规格为 200 米 / 卷。该商品由四层材料构成，四层材料由外至内依次为：圆形截面的外绝缘层、圆形截面的空心外导体、圆形截面的内绝缘层、实心内导体。以上各层材料的中心轴线均位于同一条直线上，且各层材料紧密包裹在一起。其中，空心外导体是由金属箔制成的圆筒形金属导体，实心内导体是一根实心铜丝。

功 能 用 途： 该商品可用于传输射频信号。

归类解析

正 确 归 类： 实际商品为无接头同轴电缆，符合《税则》和《税则注释》对品目 85.44 项下的"同轴电缆"的描述，属《税则》具体列名商品。根据归类总规则一及六，该商品应按照具体列名归入税则号列 8544.2000（同轴电缆及其他同轴电导体）。

归 类 差 错： 同轴电缆（特别是无接头同轴电缆）在进口环节常被错误地按照"其他额定电压不超过 80 伏的带接头电缆"归入税则号列 8544.4211，或被错误地按照"其他额定电压不超过 80 伏的带接头电导体"归入税则号列 8544.4219，或被错误地按照"其他额定电压不超过 80 伏的无接头电缆"归入税则号列 8544.4911，或被错误地按照"其他额定电压不超过 80 伏的无接头电导体"归入税则号列 8544.4919。

归 类 辨 析： 核验电缆、电导体类商品时，应仔细核查商品结构（是否为漆包线、是否具有同轴或三同轴结构、是否为线束等）、额定电压（额定电压是否超过 80 伏、是否超过 1 千伏等）、功能用途（是否属于车辆、航空器、船舶用点火布线组及其他布线组）等信息，以便准确判别商品归类。

商品照片

 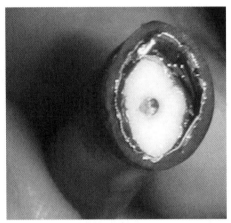

案例 10 带接头的细同轴电缆

应归入税则号列 8544.2000

申报信息

申 报 名 称： 移动电话用数据下载连接线、射频连接器等。

申 报 价 格： 0.32 美元 / 个等。

申报税则号列： 8544.4211（其他额定电压不超过 80 伏的带接头电缆）、8517.7930（除天线外，手持式无线电话机用其他零件）等。

商品信息

商 品 状 态： 实际商品为两端带有接头的同轴电缆，直径约 1 毫米。该商品由四层材料构成，四层材料由外至内依次为：圆形截面的外绝缘层、圆形截面的空心外导体、圆形截面的内绝缘层、实心内导体。以上各层材料的中心轴线均位于同一条直线上，且各层材料紧密包裹在一起。其中，空心外导体是由金属丝编织成的圆筒形金属丝网，实心内导体是由细金属丝绞合成的实心导体。商品包装物上印有 "Intenna Coaxial Cable"（即内置天线同轴电缆）标识。

功 能 用 途： 该商品用于在测试手机功能时，连接在手机内置天线和手机主板之间，传输射频信号。

归类解析

正 确 归 类： 实际商品为两端带有接头的同轴电缆，符合《税则》和《税则注释》对品目 85.44 项下的 "同轴电缆" 的描述，属《税则》具体列名商品。根据归类总规则一及六，该商品应按照具体列名归入税则号列 8544.2000（同轴电缆及其他同轴电导体）。

归 类 差 错： 同轴电缆在进口环节有时被错误地按照 "其他额定电压不超过 80 伏的带接头电缆" 归入税则号列 8544.4211，或被错误地按照 "手持式无线电话机零件" 归入税则号列 8517.7930。

归 类 辨 析： 核验电缆、电导体类商品时，应仔细核查商品结构（是否为漆包线、是否具有同轴或三同轴结构、是否为线束等）、额定电压（额定电压是否超过 80 伏、是否超过 1 千伏等）、功能用途（是否属于车辆、航空器、船舶用点火布线组及其他布线组）等信息，以便准确判别商品归类。需要注意的是，同轴电缆虽然具有多层结构，但仍可以是直径较细的电缆。判断电缆（电导体）是否为同轴电缆（同轴电导体）时，应严格依据商品结构进行判断，不应仅根据商品直径盲目判断。

商品照片

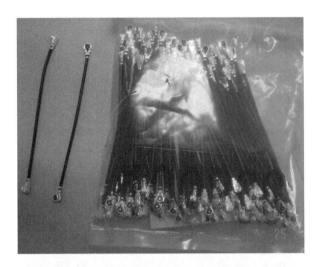

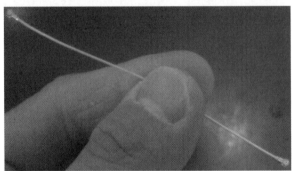

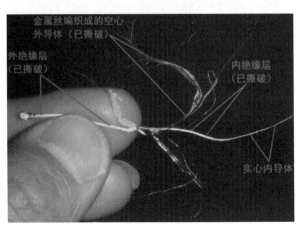

 **额定电压 600 伏的无接头电缆**

应归入税则号列 8544.4921

申报信息

申 报 名 称： 无接头电线、有接头电线等。

申 报 价 格： 1090.27 美元 / 卷等。

申报税则号列： 8544.4211（其他额定电压不超过 80 伏的带接头电缆）、8544.4219（其他额定电压不超过 80 伏的带接头电导体）、8544.4221（其他 80 伏＜额定电压≤ 1 千伏的带接头电缆）、8544.4229（其他 80 伏＜额定电压≤ 1 千伏的带接头电导体）、8544.4911（其他额定电压不超过 80 伏的无接头电缆）、8544.4919（其他额定电压不超过 80 伏的无接头电导体）等。

商品信息

商 品 状 态： 实际商品为成卷（绕在线轴上）的无接头电缆，规格为 100 米 / 卷，额定电压为 600 伏。该电缆的绝缘层上印有 "600V" 标识。

功 能 用 途： 该商品可用于传输电能。

归类解析

正 确 归 类： 实际商品为额定电压 600 伏的无接头电缆，且明显不属于 "绕组电线""同轴电缆及其他同轴电导体""车辆、航空器、船舶用点火布线组及其他布线组"。根据归类总规则一及六，该商品应按照 "其他 80 伏＜额定电压≤ 1 千伏的无接头电缆" 归入税则号列 8544.4921。

归 类 差 错： 80 伏＜额定电压≤ 1 千伏的无接头电缆常被错误地按照 "其他额定电压不超过 80 伏的无接头电缆" 归入税则号列 8544.4911，或被错误地按照 "其他额定电压不超过 80 伏的无接头电导体" 归入税则号列 8544.4919，或被错误地按照 "其他额定电压不超过 1 千伏的带接头电缆（电导体）" 归入子目 8544.42 项下（涉及税则号列包括 8544.4211、8544.4219、8544.4221、8544.4229）。

归类辨析： 核验电缆、电导体类商品时，应仔细核查商品结构（是否为漆包线、是否具有同轴或三同轴结构、是否为线束等）、额定电压（额定电压是否超过 80 伏、是否超过 1 千伏等）、功能用途（是否属于车辆、航空器、船舶用点火布线组及其他布线组）等信息，以便准确判别商品归类。

商品照片

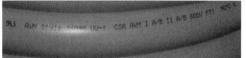

 案例 **12** **额定电压1千伏的无接头软铜排线**

应归入税则号列 8544.4929

申报信息

申 报 名 称： 电气控制柜用软铜牌、软铜排线、绝缘软排线、叠片式绝缘软排线等。

申 报 价 格： 84.11 欧元 / 个等。

申报税则号列： 8538.9000（其他专用于或主要用于品目 85.35、85.36 或 85.37 所列装置的零件）、8544.4911（其他额定电压不超过 80 伏的无接头电缆）、8544.4919（其他额定电压不超过 80 伏的无接头电导体）、8544.4211（其他额定电压不超过 80 伏的带接头电缆）、8544.4219（其他额定电压不超过 80 伏的带接头电导体）、8544.4221（其他 80 伏 < 额定电压 ≤ 1 千伏的带接头电缆）、8544.4229（其他 80 伏 < 额定电压 ≤ 1 千伏的带接头电导体）等。

商品信息

商 品 状 态： 实际商品为软铜排线，是在紧密累叠在一起的 10 片矩形纯铜箔片（10 片矩形纯铜箔片形状、规格、尺寸完全相同）表面整体包覆一层绝缘性能极好的 PVC 绝缘材料制成的绝缘电导体，长度为 2 米。实际商品包括两种规格的商品：一种是使用长 2 米、宽 50 毫米、厚 1 毫米的矩形纯铜箔片作为导体材料的软铜排线；另一种是使用长 2 米、宽 100 毫米、厚 1 毫米的矩形纯铜箔片作为导体材料的软铜排线。该软铜排线的额定电压为交流 1 千伏。该软铜排线在报验时不带有接头，属于无接头电导体。

功 能 用 途： 该软铜排线可适用于任何电力传输，可用于代替电缆和硬质铜导线进行电力传输。该软铜排线可用于电力设备（例如自动断路器、开关等）之间的连接，也可用于变压器及配电板盘等设备之间的连接。

归类解析

正 确 归 类： 该商品的结构和功能符合《税则》和《税则注释》对品目 85.44 项下的"绝缘电线、电缆及其他绝缘电导体"的描述，且明显不属于"绕组电线""同轴电缆及其他同轴电导体""车辆、航空器、船舶用点火布线组及其他布线组"。同时，该商品的结构也与常规电线、电缆存在较大差异。根据归类总规则一及六，该商品应按照"80 伏＜额定电压≤ 1 千伏的其他无接头电导体"归入税则号列 8544.4929。

归 类 差 错： 此类商品有时被错误地按照"专用于或主要用于品目 85.35、85.36 或 85.37 所列装置的零件"归入品目 85.38 项下（例如归入税则号列 8538.9000），或被错误地按照"其他额定电压不超过 80 伏的无接头电缆（电导体）"归入税则号列 8544.4911 或 8544.4919，或被错误地按照"其他额定电压不超过 1 千伏的带接头电缆（电导体）"归入子目 8544.42 项下（涉及税则号列包括 8544.4211、8544.4219、8544.4221、8544.4229）。

归 类 辨 析： 核验电缆、电导体类商品时，应仔细核查商品结构（是否为漆包线、是否具有同轴或三同轴结构、是否为线束等）、额定电压（额定电压是否超过 80 伏、是否超过 1 千伏等）、功能用途（是否属于车辆、航空器、船舶用点火布线组及其他布线组）等信息，以便准确判别商品归类。

商品照片

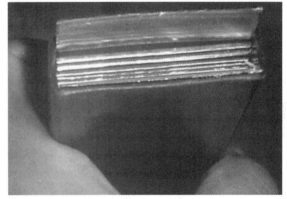

案例 13　额定电压 5 千伏的装有金属铠装层的三相电缆

应归入税则号列 8544.6012

申报信息

申 报 名 称： 井口电缆穿越器、电潜泵附件等。

申 报 价 格： 53675 日元 / 个等。

申报税则号列： 8413.9100（品目 84.13 所列液体泵用零件）等。

商品信息

商 品 状 态： 实际商品为两端带有接头，表面装有金属铠装层的三相电缆，额定电压为 5 千伏。

功 能 用 途： 该商品可在水下或矿井等环境中，连接在两段电缆之间，或连接在潜水电泵与其他设备之间，用于电力传输。

归类解析

正 确 归 类： 该商品的结构和功能符合《税则》和《税则注释》对品目 85.44 项下的"绝缘电线、电缆及其他绝缘电导体"的描述，且明显不属于"绕组电线""同轴电缆及其他同轴电导体""车辆、航空器、船舶用点火布线组及其他布线组"。根据归类总规则一及六，该商品应按照"1 千伏＜额定电压≤ 35 千伏的电缆"归入税则号列 8544.6012，并应归入商品编号 85446012.90。

归 类 差 错： 此类商品有时被错误地按照潜水电泵零件归入税则号列 8413.9100。

归 类 辨 析： 核验电缆、电导体类商品时，应仔细核查商品结构（是否为漆包线、是否具有同轴或三同轴结构、是否为线束等）、额定电压（额定电压是否超过 80 伏、是否超过 1 千伏等）、功能用途（是否属于车辆、航空器、船舶用点火布线组及其他布线组）等信息，以便准确判别商品归类。

商品照片

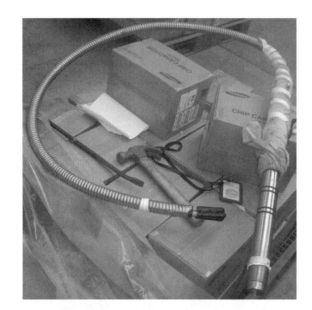

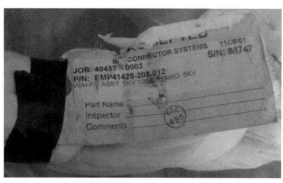

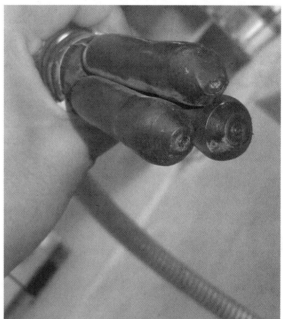

第十二章

电动机类商品

案例 1 输出功率1瓦的单相异步交流电动机

应归入商品编号 85011099.90

申报信息

申 报 名 称： 电机等。

申 报 价 格： 75.33 美元 / 台等。

申报税则号列： 8501.5100（37.5 瓦 ＜ 输出功率 ≤ 750 瓦的多相交流电动机）等。

商品信息

商 品 状 态： 实际商品为 ORIENTAL MOTOR（东方马达）OM 品牌 ORK1GN-AW3 型单相异步交流电动机，输出功率为 1 瓦，额定电压为交流 110/115 伏，机座尺寸大于 39 毫米。该商品属于可逆电动机（Reversible Motor）。

功 能 用 途： 该商品的功能是将电能转化为动能，向外部输出动力。该商品进口后将用作引线键合机、晶片键合机等机器的动力装置。

归类解析

正 确 归 类： 该商品符合《税则》和《税则注释》对品目 85.01 的描述，且符合《税则》和《税则注释》对子目 8501.10 项下"输出功率不超过 37.5 瓦的电动机"的描述，属《税则》具体列名商品。因此，该商品应按照具体列名归入子目 8501.10 项下。根据该商品的用途（用于玩具以外用途）和机座尺寸（大于 39 毫米）可知，该商品应按照"输出功率不超过 37.5 瓦、用于玩具以外用途，且机座尺寸大于 39 毫米的电动机"归入税则号列 8501.1099，并应归入商品编号 85011099.90。

归 类 差 错： 输出功率不超过 37.5 瓦、用于玩具以外用途且机座尺寸大于 39 毫米的电动机（应归入税则号列 8501.1099），有时被错误地按照"37.5 瓦 ＜ 输出功率 ≤ 750 瓦的多相交流电动机"归入子目 8501.51 项下。

归 类 辨 析： 核验品目 85.01 项下电动机的具体子目时，应仔细核查商品的性能、指标和工作参数（包括输出功率，用途，机座尺寸，使用的电源类型是交流电、直流电还是交直流两用，单相电动机还是多相电动机等），以便准确判定商品的子目和税则号列。首先核验电动机输出功率，具体核验过程如下：

一是如电动机输出功率未超过 37.5 瓦，则电动机应归入子目 8501.10 项下。此时，需进一步核验电动机用途（电动机是否用于玩具等。有时，为准确判定 9、10 位商品编号，还需核验电动机是否用于激光视盘机机芯、摄像机或摄录一体机）、尺寸（电动机机座尺寸是否达到 20 毫米，是否超过 39 毫米等），并根据核验结果确定电动机的 7、8 位子目。

二是如电动机输出功率超过 37.5 瓦，则进一步核验电动机使用的电源类型（交流电、直流电还是交直流两用）。

1. 如电动机为交直流两用电动机，则应归入子目 8501.20 项下。

2. 如电动机使用的电源类型为直流电，则电动机应归入子目 8501.3 项下。之后，根据电动机输出功率（是否超过 750 瓦，是否超过 75 千瓦，是否超过 375 千瓦），判定电动机的 6 位子目和税则号列。

3. 如电动机使用的电源类型为交流电，则进一步核验电动机是单相电动机还是多相电动机。

（1）如电动机为单项电动机，则应归入子目 8501.40 项下。

（2）如电动机为多项电动机，则应归入子目 8501.5 项下。之后，根据电动机输出功率（是否超过 750 瓦，是否超过 75 千瓦），判定电动机的 6 位子目和税则号列。

商品照片

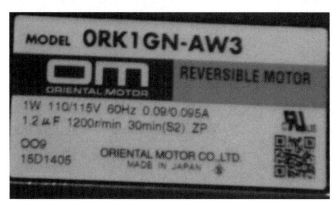
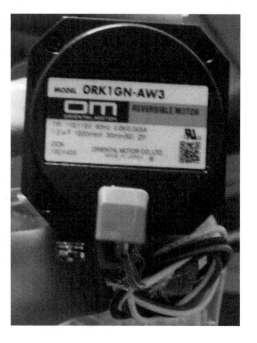

案例 2 输出功率 5 瓦的单相交流电动机

应归入商品编号 85011099.90

申报信息

申 报 名 称： 电机等。

申 报 价 格： 1751 美元 / 台等。

申报税则号列： 8501.5100（37.5 瓦 < 输出功率 ≤ 750 瓦的多相交流电动机）等。

商品信息

商 品 状 态： 实际商品为单相交流电动机，输出功率 5 瓦，机座尺寸大于 39 毫米。

功 能 用 途： 该商品的功能是将电能转化为动能，向外部输出动力。该商品进口后将用作半导体器件塑封机的动力装置。

归类解析

正 确 归 类： 该商品符合《税则》和《税则注释》对品目 85.01 的描述，且符合《税则》和《税则注释》对子目 8501.10 项下"输出功率不超过 37.5 瓦的电动机"的描述，属《税则》具体列名商品。因此，该商品应按照具体列名归入子目 8501.10 项下。根据该商品的用途（用于玩具以外用途）和机座尺寸（大于 39 毫米）可知，该商品应按照"输出功率不超过 37.5 瓦、用于玩具以外用途，且机座尺寸大于 39 毫米的电动机"归入税则号列 8501.1099，并应归入商品编号 85011099.90。

归 类 差 错： 输出功率不超过 37.5 瓦、用于玩具以外用途且机座尺寸大于 39 毫米的电动机（应归入税则号列 8501.1099），有时被错误地按照"37.5 瓦 < 输出功率 ≤ 750 瓦的多相交流电动机"归入子目 8501.51 项下。

归 类 辨 析： 核验品目 85.01 项下电动机的具体子目时，应仔细核查商品的性能、指标和工作参数（包括输出功率，用途，机座尺寸，使用的电源类型是交流电、直流电还是交直流两用，单相电动机还是多相电动机等），以便准确判定商品的子目和税则号列。

商品照片

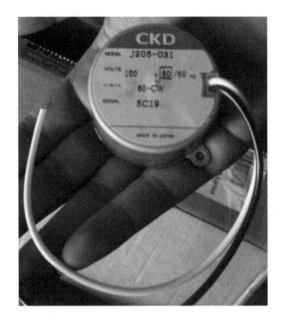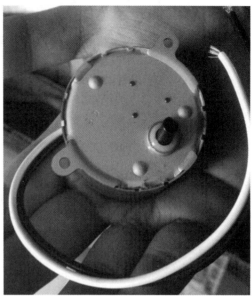

案例 3 　**输出功率 6 瓦的交流感应电动机**

应归入商品编号 85011099.90

申报信息

申 报 名 称: 多相交流电机等。

申 报 价 格: 277.66 美元 / 台等。

申报税则号列: 8501.5100（37.5 瓦＜输出功率≤ 750 瓦的多相交流电动机）等。

商品信息

商 品 状 态: 实际商品为 ORIENTAL MOTOR（东方马达）OM 品牌 VH1206C-GV 型交流
感应电动机，输出功率 6 瓦，机座尺寸大于 39 毫米。

功 能 用 途: 该商品的功能是将电能转化为动能，向外部输出动力。该商品进口后将用作
喷涂机器的动力装置。

归类解析

正 确 归 类: 该商品符合《税则》和《税则注释》对品目 85.01 的描述，且符合《税则》
和《税则注释》对子目 8501.10 项下"输出功率不超过 37.5 瓦的电动机"的
描述，属《税则》具体列名商品。因此，该商品应按照具体列名归入子目
8501.10 项下。根据该商品的用途（用于玩具以外用途）和机座尺寸（大于
39 毫米）可知，该商品应按照"输出功率不超过 37.5 瓦、用于玩具以外用
途，且机座尺寸大于 39 毫米的电动机"归入税则号列 8501.1099，并应归入
商品编号 85011099.90。

归 类 差 错: 输出功率不超过 37.5 瓦、用于玩具以外用途且机座尺寸大于 39 毫米的电动
机（应归入税则号列 8501.1099），有时被错误地按照"37.5 瓦＜输出功率≤
750 瓦的多相交流电动机"归入子目 8501.51 项下。

归 类 辨 析: 核验品目 85.01 项下电动机的具体子目时，应仔细核查商品的性能、指标和
工作参数（包括输出功率，用途，机座尺寸，使用的电源类型是交流电、直
流电还是交直流两用，单相电动机还是多相电动机等），以便准确判定商品
的子目和税则号列。

商品照片

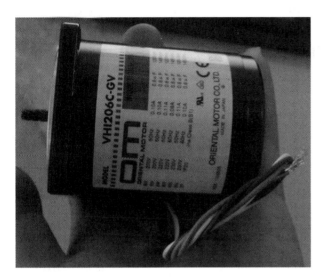
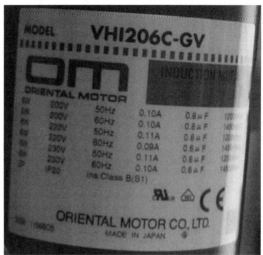

案例 4 **输出功率 25 瓦的三相交流电动机**

应归入商品编号 85011099.90

申报信息

申 报 名 称： 电机等。

申 报 价 格： 478.8889 美元 / 台等。

申报税则号列： 8501.5100（37.5 瓦＜输出功率≤ 750 瓦的多相交流电动机）等。

商品信息

商 品 状 态： 实际商品包括两种：一种为 ORIENTAL MOTOR（东方马达）OM 品牌 41K25GN-
SWM 型三相交流电动机，输出功率 25 瓦；另一种为住友 ASTERO(R) 品牌
A8M25JR1 型三相交流感应电动机，输出功率 25 瓦。两种电动机的机座尺
寸均远超过 39 毫米。

功 能 用 途： 上述交流电动机的功能是将电能转化为动能，向外部输出动力。上述交流电
动机进口后将用作加工机床、绕线机等的动力装置。

归类解析

正 确 归 类： 该商品符合《税则》和《税则注释》对品目 85.01 的描述，且符合《税则》
和《税则注释》对子目 8501.10 项下"输出功率不超过 37.5 瓦的电动机"的
描述，属《税则》具体列名商品。因此，该商品应按照具体列名归入子目
8501.10 项下。根据该商品的用途（用于玩具以外用途）和机座尺寸（大于
39 毫米）可知，该商品应按照"输出功率不超过 37.5 瓦、用于玩具以外用
途，且机座尺寸大于 39 毫米的电动机"归入税则号列 8501.1099，并应归入
商品编号 85011099.90。

归 类 差 错： 输出功率不超过 37.5 瓦、用于玩具以外用途且机座尺寸大于 39 毫米的电动
机（应归入税则号列 8501.1099），有时被错误地按照"37.5 瓦＜输出功率≤
750 瓦的多相交流电动机"归入子目 8501.51 项下。

归 类 辨 析： 核验品目 85.01 项下电动机的具体子目时，应仔细核查商品的性能、指标和
工作参数（包括输出功率，用途，机座尺寸，使用的电源类型是交流电、直

流电还是交直流两用，单相电动机还是多相电动机等），以便准确判定商品的子目和税则号列。

商品照片

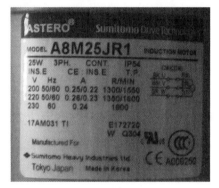

案例5 输出功率 60 瓦的直流电动机

应归入税则号列 8501.3100

申报信息

申 报 名 称： 电机等。

申 报 价 格： 3600 美元／台等。

申报税则号列： 8501.3300（75 千瓦＜输出功率≤375 千瓦的直流电动机、直流发电机，不包括光伏发电机）、8501.5100（37.5 瓦＜输出功率≤750 瓦的多相交流电动机）等。

商品信息

商 品 状 态： 实际商品为 SPG 品牌 S8D60-90D（OE91）型直流电动机，输出功率为 60 瓦，额定电压为直流 90 伏。

功 能 用 途： 该商品的功能是将电能转化为动能，向外部输出动力。该商品进口后将用作晶片键合机的动力装置。

归类解析

正 确 归 类： 该商品符合《税则》和《税则注释》对品目 85.01 的描述，且符合《税则》和《税则注释》对子目 8501.3 项下"其他直流电动机"的描述，属《税则》具体列名商品。根据归类总规则一及六，该商品应按照"37.5 瓦＜输出功率≤750 瓦的直流电动机"归入则号列 8501.3100。

归 类 差 错： 37.5 瓦＜输出功率≤750 瓦的直流电动机（应归入子目 8501.31 项下），有时被错误地按照"75 千瓦＜输出功率≤375 千瓦的直流电动机"归入子目 8501.33 项下，或被错误地按照"37.5 瓦＜输出功率≤750 瓦的多相交流电动机"归入子目 8501.51 项下。

归 类 辨 析： 核验品目 85.01 项下电动机的具体子目时，应仔细核查商品的性能、指标和工作参数（包括输出功率，用途，机座尺寸，使用的电源类型是交流电、直流电还是交直流两用，单相电动机还是多相电动机等），以便准确判定商品的子目和税则号列。

商品照片

 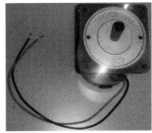 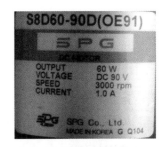

案例 **6** **输出功率 80 瓦的直流电动机**

应归入税则号列 8501.3100

申报信息

申 报 名 称： 直流电动机、电机等。

申 报 价 格： 925～1252.6 美元／台等。

申报税则号列： 8501.3300（75 千瓦＜输出功率≤375 千瓦的直流电动机、直流发电机，不包括光伏发电机）、8501.5100（37.5 瓦＜输出功率≤750 瓦的多相交流电动机）等。

商品信息

商 品 状 态： 实际商品为 ORIENRTAL MOTOR（东方马达）VEXTA 品牌的 A4859-9515N 型直流步进电动机，输出功率为 80 瓦。

功 能 用 途： 该商品的功能是将电能转化为动能，向外部输出动力。该商品进口后将用于自动贴片机。

归类解析

正 确 归 类： 该商品符合《税则》和《税则注释》对品目 85.01 的描述，且符合《税则》和《税则注释》对子目 8501.3 项下"其他直流电动机"的描述，属《税则》具体列名商品。根据归类总规则一及六，该商品应按照"37.5 瓦＜输出功率≤750 瓦的直流电动机"归入则号列 8501.3100。

归 类 差 错： 37.5 瓦＜输出功率≤750 瓦的直流电动机（应归入子目 8501.31 项下），有时被错误地按照"75 千瓦＜输出功率≤375 千瓦的直流电动机"归入子目 8501.33 项下，或被错误地按照"37.5 瓦＜输出功率≤750 瓦的多相交流电动机"归入子目 8501.51 项下。

归 类 辨 析： 核验品目 85.01 项下电动机的具体子目时，应仔细核查商品的性能、指标和工作参数（包括输出功率，用途，机座尺寸，使用的电源类型是交流电、直流电还是交直流两用，单相电动机还是多相电动机等），以便准确判定商品的子目和税则号列。

商品照片

案例 **7** 输出功率 200 瓦的无刷直流电动机

应归入税则号列 8501.3100

申报信息

申 报 名 称： AGV 用减速机等。

申 报 价 格： 85.88 美元 / 台等。

申报税则号列： 8483.4090（齿轮及齿轮传动装置，但单独报验的带齿的轮、链轮及其他传动元件除外；滚珠螺杆传动装置；齿轮箱及其他变速装置，包括扭矩变换器）等。

商品信息

商 品 状 态： 实际商品为 SPEEDYNE 品牌 MAEB-074CAA 型无刷直流电动机，输出功率为 200 瓦，额定电压为直流 24 伏。

功 能 用 途： 该商品进口后将用作 AGV 小车（一种用于在车间、仓库等场所运输物料的小型短途电动车）的动力装置。该商品安装在 AGV 小车上之后，会通过 AGV 小车的传动机构驱动 AGV 小车的车轮运转。

归类解析

正 确 归 类： 该商品符合《税则》和《税则注释》对品目 85.01 的描述，且符合《税则》和《税则注释》对子目 8501.3 项下"其他直流电动机"的描述，属《税则》具体列名商品。根据归类总规则一及六，该商品应按照"37.5 瓦＜输出功率 ≤ 750 瓦的直流电动机"归入税则号列 8501.3100。

归 类 差 错： 品目 85.01 项下的电动机有时被错误地按照传动、变速装置归入品目 84.83 项下。

归 类 辨 析： 电动机（包括装配有皮带轮、齿轮、齿轮箱等传动、变速装置的电动机）应归入品目 85.01 项下。

商品照片

 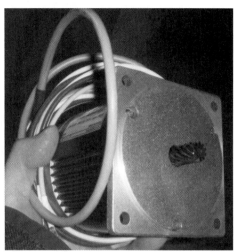

案例8 **输出功率大于 37.5 瓦的单相交流电动机**

应归入税则号列 8501.4000

申报信息

申 报 名 称： 电动机、电梯用风机等。

申 报 价 格： 123.06 ~ 386.6525 美元 / 台等。

申报税则号列： 8501.5100（37.5 瓦 < 输出功率 ≤ 750 瓦的多相交流电动机）、8414.5199（其他风扇、风机，本身装有一个输出功率不超过 125 瓦的电动机）。

商品信息

商 品 状 态： 实际商品为 A.O.SMITH 品牌 DA3H024N4UU98 型单相交流电动机，输出功率为 1/6 马力（约合 122.58 瓦），额定电压为交流 115 伏。

功 能 用 途： 该商品的功能是将电能转化为动能，向外部输出动力。该商品进口后将用作电梯风机的动力装置。

归类解析

正 确 归 类： 实际商品为输出功率大于 37.5 瓦的单相交流电动机，属《税则》具体列名商品。根据归类总规则一及六，该商品应按照具体列名归入税则号列 8501.4000。

归 类 差 错： 输出功率大于 37.5 瓦的单相交流电动机（应归入子目 8501.40 项下）有时被错误地按照"37.5 瓦 < 输出功率 ≤ 750 瓦的多相交流电动机"归入子目 8501.51 项下，或被错误地按照风扇、风机归入子目 8414.5 项下。

归 类 辨 析： 核验品目 85.01 项下电动机的具体子目时，应仔细核查商品的性能、指标和工作参数（包括输出功率，用途，机座尺寸，使用的电源类型是交流电、直流电还是交直流两用，单相电动机还是多相电动机等），以便准确判定商品的子目和税则号列。

商品照片

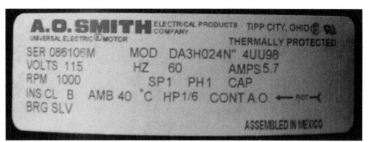

案例 9 **输出功率 1305 瓦的三相交流电动机**

应归入税则号列 8501.5200

申报信息

申 报 名 称： 多相交流电动机等。

申 报 价 格： 3644.79 美元 / 台等。

申报税则号列： 8501.5100（37.5 瓦 < 输出功率 ≤ 750 瓦的多相交流电动机）等。

商品信息

商 品 状 态： 实际商品为 MISWACO 品牌 CDX18-5900 型三相交流电动机，输出功率 1305 瓦。

功 能 用 途： 该商品的功能是将电能转化为动能，向外部输出动力。

归类解析

正 确 归 类： 实际商品为输出功率 1305 瓦的三相交流电动机，属《税则》具体列名商品。根据归类总规则一及六，该商品应按照"750 瓦 < 输出功率 ≤ 75 千瓦的多相交流电动机"归入税则号列 8501.5200。

归 类 差 错： 750 瓦 < 输出功率 ≤ 75 千瓦的多相交流电动机（应归入子目 8501.52 项下），有时被错误地按照"37.5 瓦 < 输出功率 ≤ 750 瓦的多相交流电动机"归入子目 8501.51 项下。

归 类 辨 析： 核验品目 85.01 项下电动机的具体子目时，应仔细核查商品的性能、指标和工作参数（包括输出功率，用途，机座尺寸，使用的电源类型是交流电、直流电还是交直流两用，单相电动机还是多相电动机等），以便准确判定商品的子目和税则号列。

商品照片

 案例 **10** | 输出功率 1.5 千瓦的三相交流电动机

应归入税则号列 8501.5200

申报信息

申 报 名 称: 三相交流电动机等。

申 报 价 格: 1050000 日元 / 台等。

申报税则号列: 8501.5100（37.5 瓦＜输出功率≤ 750 瓦的多相交流电动机）等。

商品信息

商 品 状 态: 实际商品为三菱 SUPER LINE 品牌 SF-JR 型三相交流感应电动机，输出功率为 1.5 千瓦。

功 能 用 途: 该商品的功能是将电能转化为动能，向外部输出动力。

归类解析

正 确 归 类: 实际商品为输出功率 1.5 千瓦的三相交流电动机，属《税则》具体列名商品。根据归类总规则一及六，该商品应按照"750 瓦＜输出功率≤ 75 千瓦的多相交流电动机"归入税则号列 8501.5200。

归 类 差 错: 750 瓦＜输出功率≤ 75 千瓦的多相交流电动机（应归入子目 8501.52 项下），有时被错误地按照"37.5 瓦＜输出功率≤ 750 瓦的多相交流电动机"归入子目 8501.51 项下。

归 类 辨 析: 核验品目 85.01 项下电动机的具体子目时，应仔细核查商品的性能、指标和工作参数（包括输出功率，用途，机座尺寸，使用的电源类型是交流电、直流电还是交直流两用，单相电动机还是多相电动机等），以便准确判定商品的子目和税则号列。

商品照片

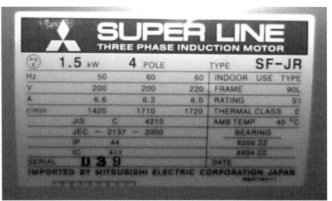

案例 **11** 　输出功率 3 马力的三相交流电动机

应归入税则号列 8501.5200

申报信息

申报名称： 热模机用多相交流电机等。

申报价格： 522.64 美元 / 台等。

申报税则号列： 8477.9000（品目 84.77 所列橡胶或塑料及其产品的加工机器用零件）、8501.5100（37.5 瓦＜输出功率≤ 750 瓦的多相交流电动机）等。

商品信息

商品状态： 实际商品为 BALDOR-RELIANCE 品牌的三相交流电动机，输出功率 3 马力（约合 2.206 千瓦）。

功能用途： 该商品的功能是将电能转化为动能，向外部输出动力。该商品进口后将用作热模机的动力装置。

归类解析

正确归类： 该商品属《税则》具体列名商品。根据归类总规则一及六，该商品应按照"750 瓦＜输出功率≤ 75 千瓦的多相交流电动机"归入税则号列 8501.5200。

归类差错： 品目 85.01 项下的电动机有时被错误地按照《税则》第十六类商品或第九十章商品的专用零件归入零件的品目、子目及税则号列，例如归入税则号列 8477.9000。750 瓦＜输出功率≤ 75 千瓦的多相交流电动机（应归入子目 8501.52 项下），有时被错误地按照"37.5 瓦＜输出功率≤ 750 瓦的多相交流电动机"归入子目 8501.51 项下。

归类辨析： 虽然该商品进口后用作热模机（属《税则》第十六类第八十四章商品）的动力装置，但由于该商品在品目 85.01 项下已有具体列名，因此，根据《税则》第十六类注释二（一）关于《税则》第十六类商品零件的归类原则，该商品应按照具体列名归入品目 85.01 项下，而不应按照热模机专用零件归入子目 8477.90 项下。

核验品目 85.01 项下电动机的具体子目时，应仔细核查商品的性能、指标和工作参数（包括输出功率，用途，机座尺寸，使用的电源类型是交流电、直流电还是交直流两用，单相电动机还是多相电动机等），以便准确判定商品的子目和税则号列。

商品照片

 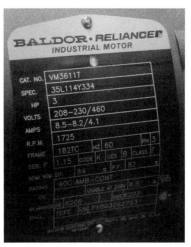

案例 12 　输出功率 2 千瓦的三相交流电动机

应归入税则号列 8501.5200

申报信息

申 报 名 称： 电机等。

申 报 价 格： 625 美元 / 台等。

申报税则号列： 8501,5100（37.5 瓦 < 输出功率 ≤ 750 瓦的多相交流电动机）。

商品信息

商 品 状 态： 实际商品为三菱品牌 HC-RP203 型三相交流伺服电动机，输出功率为 2 千瓦，额定电压为交流 118 伏。

功 能 用 途： 该商品的功能是将电能转化为动能，向外部输出动力。该商品进口后将用作绕线机的动力装置。

归类解析

正 确 归 类： 该商品属《税则》具体列名商品。根据归类总规则一及六，该商品应按照"750 瓦 < 输出功率 ≤ 75 千瓦的多相交流电动机"归入税则号列 8501.5200。

归 类 差 错： 750 瓦 < 输出功率 ≤ 75 千瓦的多相交流电动机（应归入子目 8501.52 项下），有时被错误地按照"37.5 瓦 < 输出功率 ≤ 750 瓦的多相交流电动机"归入子目 8501.51 项下。

归 类 辨 析： 核验品目 85.01 项下电动机的具体子目时，应仔细核查商品的性能、指标和工作参数（包括输出功率，用途，机座尺寸，使用的电源类型是交流电、直流电还是交直流两用，单相电动机还是多相电动机等），以便准确判定商品的子目和税则号列。

商品照片

案例 **13**　输出功率 7.5 千瓦的三相交流电动机

应归入税则号列 8501.5200

申报信息

申 报 名 称: 真空泵用泵体等。

申 报 价 格: 2179.6 美元 / 台等。

申报税则号列: 8414.9090（品目 84.14 所列商品用零件）等。

商品信息

商 品 状 态: 实际商品为 LEROY SOMER 品牌的三相交流电动机,输出功率 7.5 千瓦, 额定电压交流 200 伏。

功 能 用 途: 该商品的功能是将电能转化为动能,向外部输出动力。该商品进口后会与真 空泵组装在一起,用以带动真空泵运转。

归类解析

正 确 归 类: 实际商品为输出功率 7.5 千瓦的三相交流电动机,符合《税则》和《税则注 释》对品目 85.01 项下 "电动机" 的描述,属《税则》具体列名商品。根据 归类总规则一及六,该商品应按照 "750 瓦＜输出功率≤ 75 千瓦的多相交流 电动机" 归入税则号列 8501.5200。

归 类 差 错: 品目 85.01 项下的电动机有时被错误地按照《税则》第十六类商品或第九十 章商品的专用零件归入零件的品目、子目及税则号列,例如按照真空泵的专 用零件归入税则号列 8414.9090。

归 类 辨 析: 虽然该商品进口后会与真空泵组装在一起,用以带动真空泵运转,但由于该 商品在品目 85.01 项下已有具体列名,因此,根据《税则》第十六类注释二 （一）关于《税则》第十六类商品零件的归类原则,该商品应按照具体列名 归入品目 85.01 项下,而不应按照真空泵专用零件归入子目 8414.90 项下。

商品照片

 **手机用旋转式振动电机**

应归入税则号列 8479.8999

申报信息

申 报 名 称： 电机、振动电机、振子、手机用振子等。

申 报 价 格： 0.49 美元／个等。

申报税则号列： 8501.1099（其他输出功率 ≤ 37.5 瓦的微型电动机）、8517.7930（手持式无线电话机用其他零件）等。

商品信息

商 品 状 态： 实际商品是在转轴的伸出端安装有金属制偏心盘的微型旋转式电动机，工作电压为直流 2.0 ～ 3.2 伏。

功 能 用 途： 该商品的转轴伸出端安装有金属制偏心盘。因此，该商品通电转动时可以产生径向振动。该商品通常安装在手持式无线电话机中使用，其功能是在手持式无线电话机接收到来电、短信息，或在其他需要进行提示的场景产生振动，从而对手持式无线电话机的使用者起到提示作用。

归类解析

正 确 归 类： 该商品属于《税则注释》品目 84.79 所列的"电动震抖装置"，符合《税则》和《税则注释》对品目 84.79 项下"《税则》第八十四章其他品目未列名的具有独立功能的机器及机械器具"的描述。根据归类总规则一及六，该商品应按照"《税则》第八十四章其他品目未列名的具有独立功能的机器及机械器具"归入税则号列 8479.8999。

归 类 差 错： 出口环节，此类商品有时被错误地按照常规电动机归入品目 85.01 项下（通常是按照"输出功率 ≤ 37.5 瓦的电动机"归入子目 8501.10 项下），或被错误地按照"手持式无线电话机的专用零件"归入子目 8517.7 项下（例如，归入税则号列 8517.7930）。

归 类 辨 析： 根据《税则注释》品目 84.79 的描述，转轴伸出端安装有偏心盘的旋转式振动电机应按照"《税则》第八十四章其他品目未列名的具有独立功能的机器及机械器具"归入品目 84.79 和税则号列 8479.8999。

商品照片

 **智能手机用线性振子**

应归入税则号列 8479.8999

申报信息

申 报 名 称： 电机、振子、手机用振子等。

申 报 价 格： 0.23 美元 / 个等。

申报税则号列： 8501.1099（其他输出功率 ≤ 37.5 瓦的微型电动机）、8517.7930（手持式无线电话机用其他零件）等。

商品信息

商 品 状 态： 实际商品为线性振子，由弹簧、共振重量块、磁铁、磁碗、线圈、阻尼橡胶、柔性电路板、不锈钢外壳和引线构成。弹簧的一端连接、固定在不锈钢外壳的内壁，另一端连接、固定在由共振重量块、磁铁、磁碗组成的共振体上。

功 能 用 途： 该商品可安装在智能手机中使用，在智能手机接收到来电、短信息、微信，或在其他需要进行提示的场景产生振动，从而对智能手机的使用者起到提示作用。

该商品利用电磁原理产生振动。当该商品被外加特定频率电压（正弦波形）时，交变电流通过该商品的线圈产生特定频率的交变电磁力，在电磁力和弹簧弹力的共同作用下，该商品的共振体产生纵向往复共振，使该商品获得振动效果。

归类解析

正 确 归 类： 实际商品为用于智能手机的线性振子，利用电磁原理产生振动，符合《税则》和《税则注释》对品目 84.79 项下 "《税则》第八十四章其他品目未列名的具有独立功能的机器及机械器具" 的描述。根据归类总归则一及六，并参考海关总署 Z2013—0050 号归类决定，该商品应按照《税则》第八十四章其他品目未列名的具有独立功能的机器及机械器具" 归入税则号列8479.8999。

归 类 差 错： 出口环节，此类商品有时被错误地按照常规电动机归入品目 85.01 项下（通常是按照"输出功率 ≤ 37.5 瓦的电动机"归入子目 8501.10 项下），或被错误地按照"手持式无线电话机的专用零件"归入子目 8517.7 项下（例如，归入税则号列 8517.7930）。

归 类 辨 析： 核验此类商品时，应仔细核查商品的材质、功能用途等信息，必要时可要求企业提供说明资料，以便准确判定商品归类。

商品照片

第十三章

电气发光装置、灯具及照明装置

第一节 LED 发光装置，LED 灯具及照明装置

案例 1 未装配整流电路和直流电调控电路的 LED 灯板

应归入税则号列 8541.4100

申报信息

申 报 名 称： LED 发光显示板等。

申 报 价 格： 16.99 美元 / 个等。

申报税则号列： 9405.9900（品目 94.05 所列其他品目未列名的灯具及照明装置，以及装有固定光源的发光标志、发光铭牌及类似品的其他零件）、8531.2000（装有液晶装置或发光二极管的显示板）等。

商品信息

商 品 状 态： 该商品由 24 个发光二极管器件和 1 个接线端子焊接在同一块印刷线路板上构成，工作电压为直流 24 伏。该商品与电源板、外壳、灯罩、透镜、底座等零件组装在一起后可以构成完整的 LED 路灯。该 LED 路灯是以发光二极管组件为光源的电气灯具，其功能是对道路或街区进行照明，其发光方式是以恒定亮度发光，且需要安装在灯杆顶部使用。

功 能 用 途： 该商品是 LED 路灯的光源，其功能是通入 24 伏直流电后以恒定亮度发光。

归类解析

正 确 归 类： 实际商品为由多个发光二极管和 1 个接线端子焊接在同一块印刷线路板上构成的发光二极管组件。该商品报验时不带有用以将交流电转化为直流电的整流电路，和用以将直流电的电压和电流控制在发光二极管可用水平的调控电路。该商品符合《税则》和《税则注释》对品目 85.41 项下的"发光二极管"的描述。根据归类总规则一及六，该商品应按照发光二极管归入税则号列 8541.4100。

归 类 差 错： 根据 2017 版及更早版本的《商品名称及编码协调制度》，该商品应按照 LED 路灯（该 LED 路灯属于以发光二极管组件为光源的电气灯具，而不属于发光二极管灯泡或发光二极管 LED 灯管）专用零件归入子目 9405.99 项下。因此，根据原有归类习惯，该商品有时被错误地归入子目 9405.99 项下，或被错误地按照"装有液晶装置或发光二极管的显示板"归入子目 8531.20 项下。

归 类 辨 析： 根据 2022 版《商品名称及编码协调制度》对品目 85.39 项下"发光二极管模块"和品目 85.41 项下"发光二极管"的描述，由 ≥ 2 个发光二极管（可以是发光二极管器件或发光二极管芯片）安装（焊接或装贴）在一块印刷线路板上构成的发光二极管（LED）发光装置，如果在报验时不带有用以将交流电转化为直流电的整流电路，和用以将直流电的电压和电流控制在发光二极管可用水平的调控电路，则应按照"发光二极管"归入子目 8541.41 项下；如果在报验时带有用以将直流电的电压和电流控制在发光二极管可用水平的调控电路，则应按照"发光二极管模块"归入子目 8539.51 项下。

商品照片

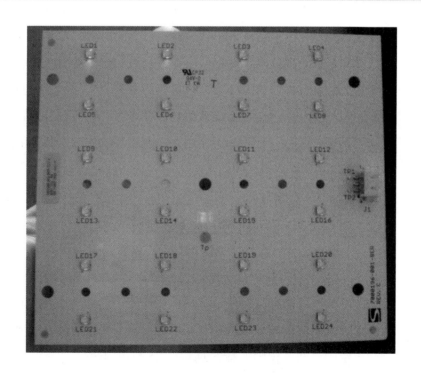

路灯及工矿灯用 LED 灯板（未装配整流电路和直流电调控电路）

应归入税则号列 8541.4100

申报信息

申 报 名 称： 发光二极管等。

申 报 价 格： 8.94 ~ 137.92 美元/个等。

申报税则号列： 9405.9900（品目 94.05 所列其他品目未列名的灯具及照明装置，以及装有固定光源的发光标志、发光铭牌及类似品的其他零件）、8531.9090（除防盗或防火报警器及类似装置外，其他电气音响或视觉信号装置用零件）等。

商品信息

商 品 状 态： 实际商品由 1 至 2 个接线端子和多个（例如 10 个、24 个、217 个等）发光二极管器件焊接在同一块印刷线路板（印刷线路板的形状为矩形、圆形、半圆形等）上构成，工作电压为直流 36 伏。该商品是 LED 路灯及 LED 工矿灯的光源。该商品与灯罩、外壳、支架、散热器、线束、直流稳压电源等零件装配在一起后，才能构成完整的 LED 路灯或 LED 工矿灯。该 LED 路灯和 LED 工矿灯是以发光二极管模块为光源的电气灯具，其功能是对街道、厂房等场所进行照明，其发光方式是以恒定亮度发光，且需要安装在灯杆顶部、建筑物外壁等位置使用。

功 能 用 途： 该商品是 LED 路灯及 LED 工矿灯的光源，其功能是通入 36 伏直流电后以恒定亮度发光。

归类解析

正 确 归 类： 实际商品是由接线端子和多个发光二极管安装在印刷线路板上构成的发光二极管组件。该商品报验时不带有用以将交流电转化为直流电的整流电路，和用以将直流电的电压和电流控制在发光二极管可用水平的调控电路。该商品符合《税则》和《税则注释》对品目 85.41 项下的"发光二极管"的描述。根据归类总规则一及六，该商品应按照发光二极管归入税则号列 8541.4100。

归 类 差 错： 根据 2017 版及更早版本的《商品名称及编码协调制度》，该商品应按照 LED 路灯和 LED 工矿灯（该 LED 路灯和 LED 工矿灯属于以发光二极管组件为光源的电气灯具，而不属于发光二极管灯泡或发光二极管 LED 灯管）

专用零件归入子目 9405.99 项下。因此，根据原有归类习惯，该商品有时被错误地归入子目 9405.99 项下，或被错误地按照"电气音响或视觉信号装置用零件"归入子目 8531.90 项下。

归 类 辨 析： 根据 2022 版《商品名称及编码协调制度》对品目 85.39 项下"发光二极管模块"和品目 85.41 项下"发光二极管"的描述，由 ≥ 2 个发光二极管（可以是发光二极管器件或发光二极管芯片）安装（焊接或装贴）在一块印刷线路板上构成的发光二极管（LED）发光装置，如果在报验时不带有用以将交流电转化为直流电的整流电路，和用以将直流电的电压和电流控制在发光二极管可用水平的调控电路，则应按照"发光二极管"归入子目 8541.41 项下；如果在报验时带有用以将直流电的电压和电流控制在发光二极管可用水平的调控电路，则应按照"发光二极管模块"归入子目 8539.51 项下。

商品照片

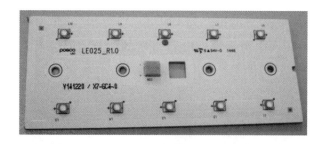
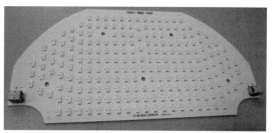

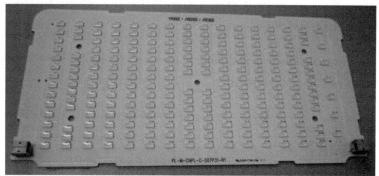

案例 3 **由电源板和 LED 灯板构成的发光二极管模块**

应归入税则号列 8539.5100

申报信息

申 报 名 称： 发光二极管等。

申 报 价 格： 6.86 ~ 18.54 美元 / 个等。

申报税则号列： 8541.4100（发光二极管）等。

商品信息

商 品 状 态： 实际商品为由电源板和 LED 灯板配套构成的发光二极管模块，使用时，电源板和 LED 灯板两部分需要连接在一起使用。其中，电源板的功能：一是整流，将输入的 220 伏交流电转化为直流电，为 LED 灯板供电；二是浪涌保护，防止 LED 灯板被浪涌电压、电流损坏。LED 灯板的功能是以恒定亮度发光。

实际商品包括以下 4 种：

第一种，由 1 个电源板和 4 个 LED 灯板配套构成的发光二极管模块。电源板由熔断器、电感器、热敏电阻器、固定电阻器、二极管、电容器等电子元器件焊接在一块印刷线路板上构成。每个 LED 灯板由 21 个发光二极管和 1 个集成电路装贴在一块印刷线路板上构成。集成电路的功能是稳压稳流，将直流电的电压和电流调控、保持在发光二极管正常工作范围内。

第二种，由 1 个电源板和 1 个 LED 灯板配套构成的发光二极管模块。电源板由熔断器、热敏电阻器、固定电阻器、电容器等电子元器件焊接在一块印刷线路板上构成。LED 灯板由 21 个发光二极管和 1 个集成电路装贴在一块印刷线路板上构成。集成电路的功能是稳压稳流，将直流电的电压和电流调控、保持在发光二极管正常工作范围内。

第三种，由 1 个电源板和 1 个 LED 灯板配套构成的发光二极管模块。电源板由熔断器、热敏电阻器、二极管、电容器、电感器等电子元器件焊接在一块印刷线路板上构成。LED 灯板由 90 个发光二极管、3 个集成电路和 6 个固定电阻器装贴在一块印刷线路板上构成。集成电路和固定电阻器的功能是稳压稳流，将直流电的电压和电流调控、保持在发光二极管正常工作范围内。

第四种，由 1 个电源板和 1 个 LED 灯板配套构成的发光二极管模块。电源板由熔断器、热敏电阻器、固定电阻器、电容器等电子元器件焊接在一块印刷线路板上构成。LED 灯板由 30 个发光二极管、1 个集成电路和 1 个固定电阻器装贴在一块印刷线路板上构成。集成电路和固定电阻器的功能是稳压稳流，将直流电的电压和电流调控、保持在发光二极管正常工作范围内。

功 能 用 途： 该商品是发光二极管灯泡的光源。将该商品的两部分连接起来并通入市电（220 伏，50/60 赫兹的交流电）后，该商品即以恒定亮度发光。该商品与灯罩、灯壳、螺纹底座等零件组装在一起后，可以构成完整的发光二极管灯泡。

归类解析

正 确 归 类： 该商品符合《税则》和《税则注释》对品目 85.39 项下的"发光二极管模块"的描述。根据归类总规则一及六，该商品应按照"发光二极管模块"归入税则号列 8539.5100。

注意，本例中的 LED 灯板本身也带有用以将直流电的电压和电流控制在发光二极管可用水平的调控电路，也符合《税则》和《税则注释》对品目 85.39 项下的"发光二极管模块"的描述。因此，本例中的 LED 灯板单独报验时，也应按照"发光二极管模块"归入税则号列 8539.5100。

归 类 差 错： 在进口环节，此类商品（发光二极管模块）有时被错误地按照发光二极管归入税则号列 8541.4100。

归 类 辨 析： 根据 2022 版《商品名称及编码协调制度》对品目 85.39 项下"发光二极管模块"和品目 85.41 项下"发光二极管"的描述，由 ≥ 2 个发光二极管（可以是发光二极管器件或发光二极管芯片）安装（焊接或装贴）在一块印刷线路板上构成的发光二极管（LED）发光装置，如果在报验时不带有用以将交流电转化为直流电的整流电路，和用以将直流电的电压和电流控制在发光二极管可用水平的调控电路，则应按照"发光二极管"归入子目 8541.41 项下；如果在报验时带有用以将直流电的电压和电流控制在发光二极管可用水平的调控电路，则应按照"发光二极管模块"归入子目 8539.51 项下。

需要注意的是，在实际商品中，上述调控电路可以具有多种不同的形态和结构。例如，可以是单一的一个电子元器件，也可以是一台封装在外壳中的电气（电子）设备，还可以由数个电子元器件安装（焊接或装贴）在印刷线路板上构成；可以与发光二极管安装在同一块印刷线路板上，也可以独立于发光二极管组件存在（即，在使用时通过线缆与发光二极管组件连接）。无论发光二极管（LED）发光装置所带的调控电路形态和结构如何，只要调控电路能够将直流电的电压和电流控制在发光二极管可用水平，该发光二极管（LED）发光装置就应按照"发光二极管模块"归入子目 8539.51 项下。

商品照片

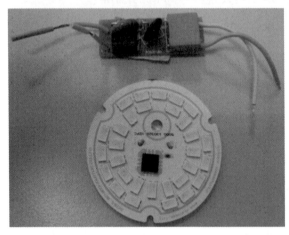

案例 4　壁灯及吸顶灯用发光二极管模块

应归入税则号列 8539.5100

申报信息

申 报 名 称： LED 模块、LED 模块化灯泡等。

申 报 价 格： 6.48 美元 / 个等。

申报税则号列： 8541.4100（发光二极管）、8542.3990（其他集成电路）等。

商品信息

商 品 状 态： 实际商品由多个片式发光二极管，以及片式集成电路、片式半导体器件、片式电容器、片式电阻器等元器件装贴在同一块印刷线路板上构成，印刷线路板的背面还安装有一块起保护、支撑作用的金属板。其中，集成电路、半导体器件、电容器、电阻器等元器件的功能是稳压稳流，使直流电的电压和电流保持在发光二极管正常工作的范围内。

功 能 用 途： 该商品是壁挂式 LED 照明灯具和吸顶式 LED 照明灯具专用的光源，安装在壁挂式 LED 照明灯具或吸顶式 LED 照明灯具的灯壳中使用，其功能是通电后以恒定亮度发光。

归类解析

正 确 归 类： 该商品符合《税则》和《税则注释》对品目 85.39 项下的"发光二极管模块"的描述。根据归类总规则一及六，该商品应按照"发光二极管模块"归入税则号列 8539.5100。

归 类 差 错： 发光二极管模块有时被错误地按照发光二极管归入子目 8541.41 项下，或被错误地按照集成电路归入品目 85.42 项下。

归 类 辨 析： 根据 2022 版《商品名称及编码协调制度》对品目 85.39 项下"发光二极管模块"和品目 85.41 项下"发光二极管"的描述，由 ≥2 个发光二极管（可以是发光二极管器件或发光二极管芯片）安装（焊接或装贴）在一块印刷线路板上构成的发光二极管（LED）发光装置，如果在报验时不带有用以将交流电转化为直流电的整流电路，和用以将直流电的电压和电流控制在发光二极管可用水平的调控电路，则应按照"发光二极管"归入子目 8541.41 项下；

如果在报验时带有用以将直流电的电压和电流控制在发光二极管可用水平的调控电路，则应按照"发光二极管模块"归入子目 8539.51 项下。

商品照片

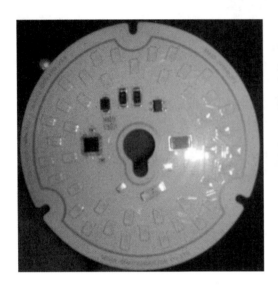 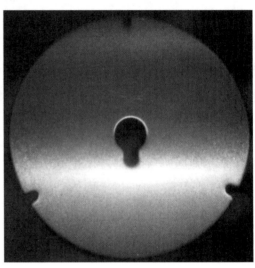

案例5　工业用非便携式 LED 照明装置

应归入税则号列 9405.4290

申报信息

申 报 名 称： LED 光源自控器等。

申 报 价 格： 512.51 美元 / 个等。

申报税则号列： 9032.8990（其他自动调节或控制仪器及装置）等。

商品信息

商 品 状 态： 实际商品为非便携式 LED 照明装置，由直流稳压电源和 LED 光源两部分通过电缆连接在一起构成。其中，直流稳压电源的功能是将电压 100～240 伏、频率 50/60 赫兹的交流电转化为电压 12 伏的直流电，为 LED 光源供电。操作人员可以通过操作直流稳压电源前面板的旋钮，调节（粗调或精调）直流稳压电源的输出功率，从而调节 LED 光源的发光强度。LED 光源由底座、灯罩、扩散片、LED 灯板（由集成电路、电阻器及多个发光二极管安装在一块印刷线路板上制成）等构成，其功能是通电后以恒定亮度发光。

功 能 用 途： 该商品的功能是以恒定亮度发光，可用于工业生产、检测等过程的照明。企业进口该商品后主要用于为手机摄像头检测过程提供照明。

归类解析

正 确 归 类： 该商品放置在固定位置使用，属于非便携式电气照明装置。该商品符合《税则》和《税则注释》对品目 94.05 项下的"其他品目未列名的灯具及照明装置"的描述。根据归类总规则一，该商品应归入品目 94.05 项下。该商品属于设计为仅使用发光二极管光源的电气照明装置，但不属于光伏照明装置。因此，根据归类总规则六，该商品应归入子目 9405.42（其他设计为仅使用发光二极管光源的电气照明装置）项下，并应归入税则号列 9405.4290。

归 类 差 错： 品目 94.05 项下的 LED 灯具及照明装置有时被错误地按照"自动调节或控制仪器及装置"归入品目 90.32 项下。

归 类 辨 析： 该商品的组成结构明显不符合《税则》和《税则注释》对品目 85.41 项下的

"发光二极管"及品目 85.39 项下的"发光二极管光源"的描述。同时，该
商品功能是以恒定亮度发光，可用于工业生产、检测等过程的照明。该商品
放置在固定位置使用，属于非便携式电气照明装置。结合该商品的组成结
构、功能用途和工作原理分析，该商品符合《税则》和《税则注释》对品目
94.05 项下的"其他品目未列名的灯具及照明装置"的描述，故应归入品目
94.05 项下。

商品照片

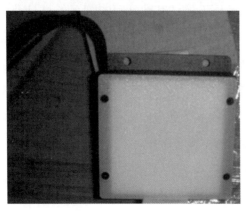

案例 6 设计为仅使用发光二极管光源的电气台灯

应归入税则号列 9405.2100

申报信息

申报名称： LED 灯等。

申报价格： 36.11 美元 / 个等。

申报税则号列： 8541.4100（发光二极管）等。

商品信息

商品状态： 实际商品是设计为仅使用发光二极管光源的电气台灯，由 LED 光源和台灯灯体两部分构成。LED 光源是台灯的发光元件，由框架、底座、电源板、灯头及多个发光二极管构成（电源板的功能是将交流电转化为直流电，并将直流电压和电流保持在发光二极管正常工作的范围内）。台灯灯体由灯伞、灯座、灯颈、夹持部分、电缆等零件组装在一起构成。LED 光源的灯头可以插入台灯灯体的灯座中，从而构成完整的 LED 台灯。

功能用途： 该商品的功能是以恒定亮度发光，该商品用于室内照明，通常夹持在桌边或床头等位置使用。

归类解析

正确归类： 实际商品是设计为仅使用发光二极管光源的电气台灯，属《税则》具体列名商品，根据归类总规则一及六，该商品应按照"仅使用发光二极管光源的电气台灯"归入税则号列 9405.2100。

归类差错： 品目 94.05 项下使用发光二极管光源的电气灯具及照明装置有时被错误地按照"白炽灯泡、放电灯管、发光二极管光源"归入品目 85.39 项下，或被错误地按照发光二极管归入子目 8541.41 项下。

归类辨析： 使用发光二极管光源且在《税则》其他品目未列名的电气灯具及照明装置应归入品目 94.05 项下。

商品照片

 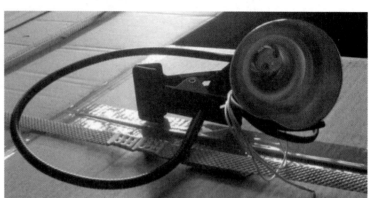

案例 **7** 设计为仅使用发光二极管光源的电气灯具

应归入税则号列 9405.4290

申报信息

申 报 名 称： 发光二极管等。

申 报 价 格： 183.7 美元 / 个等。

申报税则号列： 8541.4100（发光二极管）等。

商品信息

商 品 状 态： 实际商品是由 LED 灯板、灯罩、铝散热器、线束、密封圈、螺栓等零件组装在一起构成的电气灯具，且属于设计为仅使用 LED 光源的电气灯具。其中，LED 灯板由 10 个发光二极管和一个接线端子焊接在一块印刷线路板上构成。

功 能 用 途： 该商品的功能是通电后以恒定的亮度发出泛光。该商品的用途是用作路灯的光源，为街道及广场提供照明。该路灯是设计为仅使用发光二极管光源的、以恒定亮度发光的电气灯具，用于街道及广场的照明且需要安装在灯杆顶部使用。

归类解析

正 确 归 类： 实际商品是由 LED 灯板、灯罩、铝散热器、线束、密封圈、螺栓等零件构成的电气灯具。该商品的功能是通电后以恒定亮度发出泛光；用途是用作路灯的光源，为街道及广场提供照明。该商品明显已经超出品目 85.41 项下"发光二极管"的范围，且明显不符合《税则》和《税则注释》对品目 85.39 项下的"发光二极管光源"的描述。因此，该商品应按照"《税则》其他品目未列名的电气灯具及照明装置"归入品目 94.05 项下。该商品属于设计为仅使用发光二极管光源的电气灯具，结合其具体用途，该商品应按照"设计为仅使用发光二极管光源的其他电气灯具"归入税则号列 9405.4290。

归 类 差 错： 此类商品有时被错误地按照发光二极管归入子目 8541.41 项下。

归 类 辨 析： 使用发光二极管光源且在《税则》其他品目未列名的电气灯具及照明装置应归入品目 94.05 项下。

商品照片

案例 8　照明车用 LED 泛光灯

应归入税则号列 9405.4290

申报信息

申 报 名 称： 照明灯、照明车用 LED 灯等。

申 报 价 格： 1487.5 美元 / 个等。

申报税则号列： 8539.3290（金属卤化物灯）、8539.4900（红外线灯泡，紫外线灯管）、8539.3990（其他用途的放电灯管）、8543.7099（《税则》第八十五章其他品目未列名的具有独立功能的电气设备及装置）等。

商品信息

商 品 状 态： 实际商品是由 LED 灯盘、支架、稳压电源等零件组装在一起构成的电气照明装置。其中，LED 灯盘由 LED 光源、散热器件、外壳等零件构成；支架的功能是将 LED 灯盘固定在拖挂式移动照明车上；稳压电源的功能是将电压 100 伏 ~ 240 伏的交流电转化为电压 24 伏的直流电，为 LED 灯盘供电。LED 光源由多个发光二极管安装在一块印刷线路板上构成，散热器件的功能是将 LED 光源发光时产生的热量散发到周围环境中，外壳的功能是保护 LED 光源和散热器件。

功 能 用 途： 该商品安装在拖挂式移动照明车上使用，其功能是以恒定亮度发出泛光，对矿区的采矿环境或工地的施工场所进行照明。上述拖挂式移动照明车主要由车轮、车轴、底盘、发电机组、举升灯杆、灯架及本例所述的泛光式 LED 灯构成，该商品本身不带有动力装置，只能通过其他牵引车辆拖拽实现移动。

归类解析

正 确 归 类： 该商品符合《税则》和《税则注释》对品目 94.05 项下的"其他品目未列名的电气灯具及照明装置"的描述。根据归类总规则一，该商品应归入品目 94.05 项下。该商品属于设计为仅使用发光二极管光源的电气照明装置，但不属于光伏照明装置。因此，根据归类总规则六，该商品应按照"其他设计为仅使用发光二极管光源的电气照明装置"归入子目 9405.42 项下，并应归入税则号列 9405.4290。

归 类 差 错： 拖挂式移动照明车用 LED 泛光灯具有时被错误地按照"白炽灯泡、放电灯管、红外灯泡、紫外灯管"归入品目 85.39 项下，或被错误地按照"《税则》第八十五章其他品目未列名的具有独立功能的电气设备及装置"归入品目 85.43 项下。

归 类 辨 析： 该商品安装在拖挂式移动照明车上使用，其功能是以恒定亮度发出泛光，对周边环境进行照明。该商品的组成结构明显不符合《税则》和《税则注释》对品目 85.41 项下的"发光二极管"及品目 85.39 项下的"白炽灯泡、放电灯管、红外灯泡、紫外灯管及发光二极管光源"的描述。同时，该商品明显不属于自行车或机动车辆用照明装置（品目 85.12），亦不属于自供电源的便携式电灯（品目 85.13）。该商品以恒定亮度发光，明显不符合《税则》和《税则注释》对品目 85.30 和 85.31 的描述。结合其组成结构和功能用途分析，该商品符合《税则》和《税则注释》对品目 94.05 项下的"其他品目未列名的灯具及照明装置"的描述。故应归入品目 94.05 项下。

商品照片

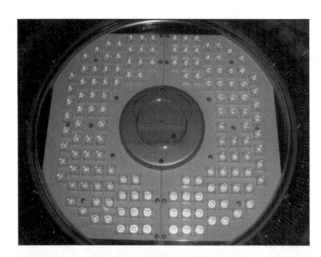

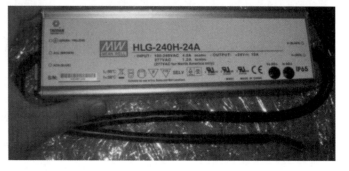

案例 **9** 机场导航用不闪烁电气灯具

应归入税则号列 9405.4290

申报信息

申 报 名 称： 机场导航用立式灯具等。

申 报 价 格： 54.2739 欧元 / 个等。

申报税则号列： 8530.8000（道路或内河航道、停车场、港口或机场用的电气信号、安全或交通管理设备）等。

商品信息

商 品 状 态： 实际商品为用于机场导航的不闪烁的电气灯具，由灯罩、铝合金连接件、电源板、LED 发光模块、圆形灯具支撑件、易折件、电缆连接头等零件构成。其中，LED 发光模块由多个发光二极管安装在底座上构成，是该灯具的光源。该灯具只能使用发光二极管光源，无法使用其他光源。

功 能 用 途： 该商品安装在机场滑行道的边线位置使用。其功能是通过发光来标识出机场滑行道的边线位置，从而为飞行员提供目视导航（飞行员通过该商品的光亮标识出的位置，可以获知飞机在滑行过程中是否偏离了机场的滑行道），引导飞行员驾驶飞机在机场滑行道中正确滑行。

该商品的发光方式是以恒定亮度向各个方向发光，该商品不能闪烁。根据机场周围环境、能见度变化情况，该商品可以发出 1～5 级不同等级的光亮。机场操作人员可以根据运行环境或能见度，通过相关的电气控制设备来调节该商品的发光亮度，并控制该商品开灯和关灯。当外界环境的亮度和能见度保持不变时，该商品会按照事先设定的亮度，以恒定亮度发光。

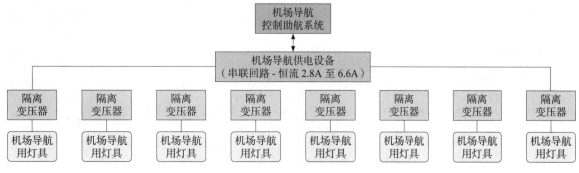

机场导航用立式灯具的控制方式示意图

归类解析

正 确 归 类： 实际商品是静态（以恒定亮度发光）的电气照明装置。根据《税则注释》对品目 85.30 的描述可知，该商品不应归入品目 85.30 项下。该商品属于《税则注释》品目 94.05 所列的"特殊用途灯"和"飞机场用的不闪灯标"，符合《税则》和《税则注释》对品目 94.05 项下的"《税则》其他品目未列名的电气灯具及照明装置"的描述，故应归入品目 94.05 项下。该商品属于设计为仅使用发光二极管光源的电气照明装置，且不属于光伏照明装置。根据归类总规则一及六，该商品应按照"其他设计为仅使用发光二极管光源的电气照明装置"归入税则号列 9405.4290。

归 类 差 错： 品目 94.05 项下的"电气灯具及照明装置"及"装有固定光源的发光标志、发光铭牌及类似品"，有时被错误地按照"铁道、电车道、道路或内河航道、停车场、港口或机场用的电气信号、安全或交通管理设备"归入品目 85.30 项下，或被错误地按照"电气音响或视觉信号装置"85.31 项下。

归 类 辨 析： 用于铁道、电车道、道路、内河航道、停车场、港口、机场等场所的电气灯具、照明装置、发光标志及类似物品，如以闪烁、可变方式发光，则通常归入品目 85.30 项下；如以恒定亮度（静态方式）发光，则通常归入品目 94.05 项下。核验此类商品时，应仔细核查商品的组成结构、功能、用途（所属设备、使用环境、使用场所）及工作原理，特别是应仔细核查商品的发光方式（以闪烁、可变方式发光，还是以静态方式、以恒定亮度发光），以便准确判定商品归类。

商品照片

案例 *10*　LED 节能灯管用塑料管体

应归入税则号列 8539.9090

申报信息

申 报 名 称：LED 节能灯灯管等。

申 报 价 格：30.48 美元 / 个等。

申报税则号列：8541.9000（品目 85.41 所列商品的零件）、8543.9090（《税则》第八十五章其他品目未列名的具有独立功能的电气设备及装置的其他零件）等。

商品信息

商 品 状 态：实际商品为两端安装有电极的半透明的密闭的圆柱形塑料空管，是 LED 节能灯管专用的塑料管体。

功 能 用 途：实际商品为 LED 节能灯管专用的塑料管体，在该商品内部安装发光二极管灯板和电源板后即构成完整的 LED 节能灯管。

归类解析

正 确 归 类：实际商品为 LED 节能灯管专用的塑料管体，属于 LED 节能灯管的专用零件。根据归类总规则一及六，该商品应按照发光二极管灯管的专用零件归入税则号列 8539.9090。LED 节能灯管属于《税则》品目 85.39 项下列名的发光二极管灯管，应按照具体列名归入税则号列 8539.5220。

归 类 差 错：发光二极管灯管有时被错误地按照"发光二极管"归入子目 8541.41 项下，或被错误地按照"《税则》第八十五章其他品目未列名的具有独立功能的电气装置"归入品目 85.43 项下（特别是被错误地归入税则号列 8543.7099）。因此，该商品作为发光二极管灯管的专用零件，有时被错误地按照"发光二极管的专用零件"归入子目 8541.90 项下，或被错误地按照"《税则》第八十五章其他品目未列名的具有独立功能的电气装置的零件"归入子目 8543.90 项下。

归 类 辨 析：核验零件归类时，应首先确定零件的直接母体设备，并准确核定直接母体设备的归类。然后根据直接母体设备所在类、章、品目的零件归类原则，准确判别其零件的归类。

商品照片

案例 **11**　LED 信号指示灯

应归入税则号列 8531.8090

申报信息

申 报 名 称: 喷涂机用信号指示灯等。

申 报 价 格: 31.39 美元 / 个等。

申报税则号列: 8424.9090（品目 84.24 所列机器或器具的零件）、8538.9000（其他专用于或主要用于品目 85.35、85.36 或 85.37 所列装置的零件）等。

商品信息

商 品 状 态: 实际商品为 LED 信号指示灯，由灯罩、护套、底座、LED 光源（由多个发光二极管安装在基座上构成）、电源板等构成。

功 能 用 途: 该商品为红色信号指示灯，其功能是在机器、电气或仪器设备出现故障时亮起，或在机器、电气或仪器设备出现紧急情况时闪烁，从而提醒工作人员进行相关处理。该商品进口后将安装在喷涂机器的电气控制柜中使用。

归类解析

正 确 归 类: 实际商品为 LED 信号指示灯，符合《税则》和《税则注释》对品目 85.31 项下的"电气视觉信号装置"的描述，属《税则》具体列名商品。根据归类总规则一及六，该商品应按照"其他电气视觉信号装置"归入税则号列 8531.8090。

归 类 差 错: 品目 85.31 项下的"电气音响或视觉信号装置"有时被错误地按照《税则》第十六类商品的专用零件归入零件的品目、子目及税则号列，例如按照喷涂机器专用零件归入税则号列 8424.9090。

归 类 辨 析: 核验零件归类时，应首先确定零件的直接母体设备，并准确核定直接母体设备的归类。然后根据直接母体设备所在类、章、品目的零件归类原则，准确判别其零件的归类。

商品照片

第二节　其他电气发光装置、灯具、照明装置

 工程车辆用照明车灯

应归入税则号列 8512.2010

申报信息

申 报 名 称：白炽灯泡（机动车照明用）、钻机用灯等。

申 报 价 格：46.69～141.54 欧元／个等。

申报税则号列：8539.2930（机动车辆用其他白炽灯泡）、8431.4310（石油或天然气钻探机用零件）、8431.4320（其他钻探机用零件）等。

商品信息

商 品 状 态：实际商品为钻探车等工程车辆的照明车灯，主要由玻璃灯罩、灯泡、灯座、反光碗、透镜等零件构成。根据实际需要，此类商品可以装配有连接线缆、防护罩或用以固定在车身上的螺栓。

功 能 用 途：该商品安装在钻探车等工程车辆的车头部位使用，其主要功能为照明。

归类解析

正 确 归 类：实际商品为钻探车等工程车辆（属于《税则》第八十七章品目 87.05 项下的"特殊用途的机动车辆"）的照明车灯，符合《税则》和《税则注释》对品目 85.12 项下的"机动车辆用电气照明装置"的描述，属《税则》具体列名商品。根据归类总规则一及六，该商品应按照"机动车辆用电气照明装置"归入税则号列 8512.2010。

归 类 差 错：机动车辆用电气照明及视觉信号装置（应归入子目 8512.20 项下）有时被错误地按照"白炽灯泡"归入子目 8539.2 项下（通常是按照"机动车辆用其他白炽灯泡"归入税则号列 8539.2930），或被错误地按照"钻探机等工程机械的专用零件"归入品目 84.31 项下（例如归入税则号列 8431.4310）。

归 类 辨 析：用于机动车辆的白炽灯泡应归入品目 85.39 和子目 8539.2 项下，但由玻璃灯罩、灯泡、灯座、反光碗、透镜等构成的"机动车辆用电气照明及视觉信号装置"应归入品目 85.12 和子目 8512.20 项下。

商品照片

案例 *2* 激光器用放电灯管（激励光源）

应归入税则号列 8539.3990

申报信息

申 报 名 称： 镭射管、激光管、激光打标机用激光管、激光灯、激光灯管等。

申 报 价 格： 316.6～350 美元／个等。

申报税则号列： 8466.9390（品目 84.56 至 84.61 所列机器用其他零件）、8515.9000（品目 85.15 所列机器及装置的零件）、9013.9010（税则号列 9013.1000 及 9013.2000 所列货品用零件、附件）等。

商品信息

商 品 状 态： 实际商品为在石英制管状外壳两端安装电极、内部充入氙气（氙气在放电时可发光）制成的放电灯管。商品包装物上印有"ARC LAMP"等标识。该商品为细长形状的灯管，通电后可发出强光。该商品发出的光为普通光，而并非激光。

功 能 用 途： 该商品可用于光泵式激光器，并用于光泵式激光器的激励（泵浦）系统，是光泵式激光器的激励（泵浦）光源。其功能是通电后发出强光照射（激励）激光器的激光工作物质，使激光工作物质产生激光。

归类解析

正 确 归 类： 实际商品为内部充有氙气的放电灯管，符合《税则》和《税则注释》对品目 85.39 项下"放电灯管"的描述，属《税则》具体列名商品。根据归类总规则一及六，该商品应按照"放电灯管"归入子目 8539.3 项下，并应按照"其他放电灯管"归入税则号列 8539.3990。

归 类 差 错： 进口环节，激光器用放电灯管（激励光源）有时被错误地按照"激光加工机床的专用零件"归入品目 84.66 项下（通常是归入税则号列 8466.9390），或被错误地按照"激光焊接机的专用零件"归入子目 8515.90 项下，或被错误地按照"激光器的专用零件"归入税则号列 9013.9010。

归 类 辨 析： 核验零件归类时，应首先确定零件的直接母体设备，并准确核定直接母体设备的归类。然后根据直接母体设备所在类、章、品目的零件归类原则，准确判别其零件的归类。该商品的直接母体设备为光泵式激光器，而并非激光加工机床或激光焊接机器。因此，判别该商品归类时，应依据激光器（属《税则》第九十章品目 90.13 项下商品）零件的归类原则进行判别，而不应将该商品按照激光加工机床或激光焊接机零件归类。

该商品符合《税则》和《税则注释》对品目 85.39 项下"放电灯管"的描述，属《税则》品目 85.39 项下具体列名商品。虽然该商品用于光泵式激光器（属《税则》第九十章品目 90.13 项下商品），但是，由于该商品本身已构成第八十五章品目 85.39 所包括的货品，根据《税则》第九十章注释二（一）关于第九十章商品零件的归类原则，该商品应按照"放电灯管"归入品目 85.39 项下，而不应按照激光器专用零件归入税则号列 9013.9010。

商品照片

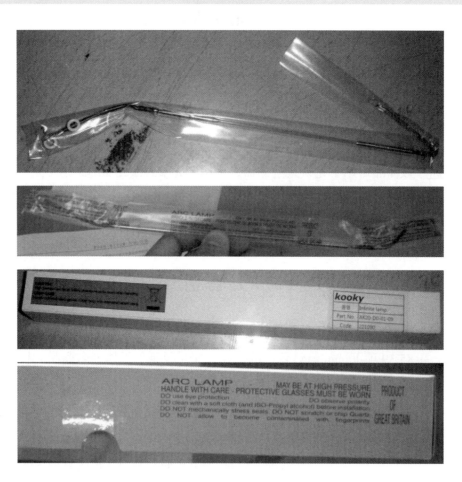

案例 **3** 船舶用电气灯具（电气照明装置）

应归入税则号列 9405.4990

申报信息

申 报 名 称： 灯等。

申 报 价 格： 858 欧元 / 个等。

申报税则号列： 8539.2920（火车、航空器及船舶用其他白炽灯泡）、8539.3920（火车、航空器及船舶用其他放电灯管）等。

商品信息

商 品 状 态： 实际商品为由玻璃外壳、灯座、电极、放电灯管等构成的圆柱状电气灯具（电气照明装置）。

功 能 用 途： 该商品的功能是以恒定亮度发出泛光，对周边环境进行照明。该商品安装在船舶的栏杆、廊柱等位置使用。

归类解析

正 确 归 类： 该商品符合《税则》和《税则注释》对品目 94.05 项下的"《税则》其他品目未列名的电气灯具及照明装置"的描述，且该商品使用的光源为放电灯管，根据归类总规则一及六，该商品应按照"《税则》其他品目未列名的电气灯具及照明装置"归入税则号列 9405.4990。

归 类 差 错： 此类商品有时被错误地按照"白炽灯泡""放电灯管""红外线灯泡""紫外线灯管"等商品归入品目 85.39 项下，例如归入税则号列 8539.2920。

归 类 辨 析： 由品目 85.39 项下的白炽灯泡或放电灯管、灯罩、外壳、底座等零件组装在一起构成，以恒定亮度发光，需由外接电源供电，且用于自行车和机动车辆以外用途的电气灯具及照明装置，通常应按照"《税则》其他品目未列名的电气灯具及照明装置"归入品目 94.05 项下。

商品照片

案例4 **机器用电气灯具（电气照明装置）**

应归入税则号列 9405.4990

申报信息

申 报 名 称：灯泡等。

申 报 价 格：143.38 英镑 / 个等。

申报税则号列：8539.2290（功率不超过 200 瓦，但额定电压超过 100 伏的其他白炽灯泡）等。

商品信息

商 品 状 态：实际商品为由玻璃外壳、灯架、放电灯管、灯座等零件构成的圆柱状的电气灯具（电气照明装置）。

功 能 用 途：该商品的功能是以恒定亮度发光。该商品用于安装在纸尿片切割机上，对操作人员的工作环境进行照明。

归类解析

正 确 归 类：该商品属于单独报验的机器用灯，符合《税则》和《税则注释》对品目 94.05 项下的"《税则》其他品目未列名的电气灯具及照明装置"的描述，且该商品使用的光源为放电灯管，根据归类总规则一及六，该商品应按照"《税则》其他品目未列名的电气灯具及照明装置"归入税则号列 9405.4990。

归 类 差 错：此类商品有时被错误地按照"白炽灯泡""放电灯管""红外线灯泡""紫外线灯管"等商品归入品目 85.39 项下，例如归入税则号列 8539.2290。

归 类 辨 析：由品目 85.39 项下的白炽灯泡或放电灯管、灯罩、外壳、底座等零件组装在一起构成，以恒定亮度发光，需由外接电源供电，且用于自行车和机动车辆以外用途的电气灯具及照明装置，通常应按照"《税则》其他品目未列名的电气灯具及照明装置"归入品目 94.05 项下。

商品照片

案例5　工业照明灯具用钢铁制外壳

应归入税则号列 9405.9900

申报信息

申 报 名 称： 卤素灯座等。

申 报 价 格： 255 美元 / 个等。

申报税则号列： 8536.6100（灯座）、8479.9090（《税则》第八十四章其他品目未列名的具有独立功能的机器及机械器具用零件）等。

商品信息

商 品 状 态： 实际商品为工业用电气灯具的钢铁制外壳。该商品外观为钢铁材质的长方体盒状物品，其正面为钢铁材质的格栅，其余五个面均由钢铁板材构成。该商品为单一材质的物品，仅由钢铁制成，不包含任何机械、电子或电气零件，且已具备特定的形态和结构。该商品与灯罩、灯架、灯座、电极、电缆、放电灯管等零件组装在一起后，可以构成完整的工业用电气灯具。该电气灯具的功能是以恒定亮度发光，可安装在生产车间等场所，为操作人员的工作环境提供照明。

功 能 用 途： 该商品的功能是对工业用电气灯具（电气照明装置）进行支承和保护，防止灯具受到外部冲击力而发生损坏。

归类解析

正 确 归 类： 实际商品为电气灯具用钢铁制外壳，属于电气灯具（电气照明灯具）的专用零件。该商品的直接母体为工业用电气灯具。该电气灯具符合《税则》和《税则注释》对品目 94.05 项下的 "《税则》其他品目未列名的电气灯具及照明装置" 的描述，应归入税则号列 9405.4990。根据归类总规则一及六，该商品应按照 "《税则》其他品目未列名的电气灯具及照明装置的其他零件" 归入税则号列 9405.9900。

归 类 差 错： 品目 94.05 项下的电气灯具及照明装置的零件有时被错误地按照《税则》第十六类商品的整机或零件归入整机或零件的税则号列。

归 类 辨 析: 除《税则》及《税则注释》另有规定的情况外,品目 94.05 项下的灯具及照明装置的专用零件应归入子目 9405.9 项下。

商品照片

 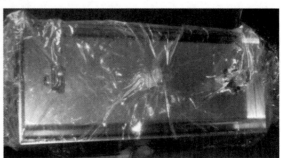

案例 **6**　未安装光源的工业照明灯具

应归入税则号列 9405.4990

申报信息

申 报 名 称： 灯泡、红外线灯等。

申 报 价 格： 83.22 元 / 个等。

申报税则号列： 8539.2290（功率不超过 200 瓦，但额定电压超过 100 伏的其他白炽灯泡）、
8539.2991（其他 12 伏及以下的白炽灯泡）、8539.2999（其他白炽灯泡）、
8539.4900（红外线灯泡，紫外线灯管）等。

商品信息

商 品 状 态： 实际商品为报验时未安装光源的工业用电气灯具（电气照明装置），由灯
罩、灯伞、灯口、灯座、电缆等零件组装在一起构成。该商品安装光源（卤
钨灯泡）后可用于照明。

功 能 用 途： 该商品安装光源（卤钨灯泡）后，能够以恒定亮度发光。该商品用于安装在
饲料加工机的支架上，为生产过程提供照明。

归类解析

正 确 归 类： 该商品属于单独报验的机器用灯，符合《税则》和《税则注释》对品目 94.05
项下的"《税则》其他品目未列名的电气灯具及照明装置"的描述，根据归
类总规则一及六，该商品归入税则号列 9405.4990。

归 类 差 错： 品目 94.05 项下的电气灯具、照明装置及其零件有时被错误地按照"白炽灯
泡""放电灯管""红外线灯泡""紫外线灯管"等商品归入品目 85.39 项下，
例如归入税则号列 8539.2290。

归 类 辨 析： 核验此类商品时，应仔细核查商品的材质、功能用途等信息，必要时可要求
企业提供说明资料，以便准确判定商品归类。

商品照片

案例 7　汞灯光源

应归入税则号列 9405.4990

申报信息

申 报 名 称： 汞灯等。

申 报 价 格： 65 美元 / 个等。

申报税则号列： 9027.8990（其他理化分析仪器及装置，测量或检验黏性、多孔性、膨胀性、表面张力及类似性能的仪器及装置，测量或检验热量、声量或光量的仪器及装置）等。

商品信息

商 品 状 态： 实际商品为以恒定亮度发光的电气灯具（电气发光装置），由灯体和稳压电源构成。灯体由金属制灯壳、带插头的连接电缆、汞蒸汽灯、灯座等构成。其中，汞蒸汽灯属于放电灯管，用作发光元件，可以安装在灯体内的灯座上。报验时，汞蒸汽灯尚未安装在灯体内。灯体通过电缆与稳压电源连接，由稳压电源为灯体中的汞蒸汽灯供电，使汞蒸汽灯发光。因采用汞蒸汽灯作为发光元件，该商品发出的光线为汞元素的特征光谱。

功 能 用 途： 该商品以恒定亮度发光，可用作标准光源（即，以该商品发出的光线作为标准，来校准或检验仪器的分辨率），或用作物理实验或理化分析过程中的辅助光源（即，配合仪器完成物理实验或理化分析过程）。该商品本身不具备测量、检验或理化分析功能，不能得出任何测量检验数据（结果）、实验数据（结果）或分析结论。该商品发出的光线为发散光线，而并非激光。该商品也不能作为红外线或紫外线辐照设备使用。

归类解析

正 确 归 类： 该商品属于《税则注释》品目 94.05 所列的"特殊用途灯"和"检查用灯"，符合《税则》和《税则注释》对品目 94.05 项下的"《税则》其他品目未列名的电气灯具及照明装置"的描述，根据归类总规则一及六，该商品应归入税则号列 9405.4990。

归 类 差 错：此类商品有时被错误地按照"理化分析仪器及装置"或品目 90.27 项下的其他测量或检验仪器及装置归入品目 90.27 项下，例如归入税则号列9027.8990。

归 类 辨 析：该商品仅用作物理实验或理化分析过程中的光源。该商品本身不具备测量、检验或理化分析功能，不能得出任何测量检验数据（结果）、实验数据（结果）或分析结论。因此，该商品不应按照"理化分析仪器及装置"或"测量或检验仪器及装置"归入品目 90.27 项下。该商品属于《税则注释》品目94.05 所列的"特殊用途灯"和"检查用灯"，符合《税则》和《税则注释》对品目 94.05 项下的"《税则》其他品目未列名的电气灯具及照明装置"的描述，故应归入品目 94.05 项下。

商品照片

案例 **8** 　氢灯光源

应归入税则号列 9405.4990

申报信息

申 报 名 称： 氢灯等。

申 报 价 格： 165 美元 / 个等。

申报税则号列： 9027.8990（其他理化分析仪器及装置，测量或检验黏性、多孔性、膨胀性、表面张力及类似性能的仪器及装置，测量或检验热量、声量或光量的仪器及装置）等。

商品信息

商 品 状 态： 实际商品为以恒定亮度发光的电气灯具（电气发光装置），由灯体和稳压电源构成。灯体由金属制灯壳、带插头的连接电缆、灯座、放电灯管等构成。其中，放电灯管内部充有高纯度氢，用作发光元件，可以安装在灯体内的灯座上。灯体通过电缆与稳压电源连接，由稳压电源为灯体中的放电灯管供电，使灯管发光。因采用充有高纯度氢的放电灯管作为发光元件，该商品发出的光线为氢元素的特征光谱。

功 能 用 途： 该商品以恒定亮度发光，可用作标准光源（即，以该商品发出的光线作为标准，来校准或检验仪器的分辨率），或用作物理实验或理化分析过程中的辅助光源（即，配合仪器完成物理实验或理化分析过程）。该商品本身不具备测量、检验或理化分析功能，不能得出任何测量检验数据（结果）、实验数据（结果）或分析结论。该商品发出的光线为发散光线，而并非激光。该商品也不能作为红外线或紫外线辐照设备使用。

归类解析

正 确 归 类： 该商品属于《税则注释》品目 94.05 所列的"特殊用途灯"和"检查用灯"，符合《税则》和《税则注释》对品目 94.05 项下的"《税则》其他品目未列名的电气灯具及照明装置"的描述，根据归类总规则一及六，该商品应归入税则号列 9405.4990。

归 类 差 错： 此类商品有时被错误地按照"理化分析仪器及装置"或品目 90.27 项下的其他测量或检验仪器及装置归入品目 90.27 项下，例如归入税则号列 9027.8990。

归 类 辨 析： 该商品仅用作物理实验或理化分析过程中的光源。该商品本身不具备测量、检验或理化分析功能，不能得出任何测量检验数据（结果）、实验数据（结果）或分析结论。因此，该商品不应按照"理化分析仪器及装置"或"测量或检验仪器及装置"归入品目 90.27 项下。该商品属于《税则注释》品目 94.05 所列的"特殊用途灯"和"检查用灯"，符合《税则》和《税则注释》对品目 94.05 项下的"《税则》其他品目未列名的电气灯具及照明装置"的描述，故应归入品目 94.05 项下。

商品照片

第十四章

化学工业及其相关工业的产品

第一节　原料药及成品药

酮洛芬原料药

应归入税则号列 2918.3000

申报信息

申 报 名 称: 酮洛芬、酮基布洛芬等。

申 报 价 格: 51.5 ~ 72.5 美元 / 千克等。

申报税则号列: 2941.9090(其他抗菌素)等。

商品信息

商 品 状 态: 实际商品为单一成分、未制成零售包装且未配定剂量的酮洛芬(又称酮基布洛芬)原料药,化学名称为 α - 甲基 -3- 苯甲酰基 - 苯乙酸,分子式为 $C_{16}H_{14}O_3$,分子量为 254.2806,CAS 号为 22071-15-4。酮洛芬外观均为白色或类白色结晶性粉末,无臭或几乎无臭。该商品报验时为桶装,包装规格(净含量)为 25 千克 / 桶。

化学结构式:

酮洛芬

功 能 用 途: 酮洛芬是具有消炎、镇痛、解热作用的非甾体抗炎药。酮洛芬适用于类风湿性关节炎、风湿性关节炎、骨关节炎、强硬性脊椎炎、神经痛、肌肉痛、头痛、偏头痛、痛风、痛经、牙痛、感冒、流感等病症,可用于减轻上述病症引起的疼痛或缓解感冒及流感症状。酮洛芬原料药可用于制造片剂、胶囊、针剂等成品抗炎药物。

归类解析

正 确 归 类： 根据酮洛芬化学结构式可知，酮洛芬属于"含酮基但不含其他含氧基的羧酸"，符合《税则》和《税则注释》对品目 29.18 和子目 2918.30 的描述，属《税则》具体列名商品。根据归类总规则一及六，酮洛芬应按照"含酮基但不含其他含氧基的羧酸"归入税则号列 2918.3000。

归 类 差 错： 单一成分、未制成零售包装且未配定剂量的酮洛芬原料药，以及其他原料状态的非甾体抗炎药，有时被错误地按照"抗菌素"归入品目 29.41 项下，特别是被错误地按照"其他抗菌素"归入税则号列 2941.9090。

归 类 辨 析： 非甾体抗炎药与抗菌素的主要区别为：

一是化学结构式和官能团不同。非甾体抗炎药通常在品目 29.34 或第二十九章品目 29.34 之前某个品目有化学定义，即其化学结构式和官能团通常符合《税则》和《税则注释》对品目 29.34 或第二十九章品目 29.34 之前某个品目的描述，故非甾体抗炎药通常应归入品目 29.34 或第二十九章品目 29.34 之前的品目。抗菌素在第二十九章品目 29.01 至 29.40 均无化学定义，即其化学结构式和官能团不符合《税则》和《税则注释》对品目 29.01 至 29.40 的描述，只能归入品目 29.41 项下。

二是作用原理（药理）不同。非甾体抗炎药是通过抑制炎性介质（例如，前列腺素或其他刺激性递质）的合成而在炎症组织局部发挥作用，从而产生消炎、镇痛、解热的功效。抗菌素是通过某种方式杀灭或抑制细菌、真菌等致病微生物。

根据上述两项区别，可以对非甾体抗炎药和品目 29.41 项下抗菌素的归类进行区分。

商品照片

案例 2　盐酸金刚烷胺原料药

应归入税则号列 2921.3000

申报信息

申 报 名 称： 盐酸金刚烷胺等。

申 报 价 格： 41 美元 / 千克等。

申报税则号列： 2941.9090（其他抗菌素）等。

商品信息

商 品 状 态： 实际商品为单一成分的盐酸金刚烷胺，化学名称为三环 [3,3,1,13,7] 癸烷 -1-胺盐酸盐，分子式为 $C_{10}H_{17}N \cdot HCL$，分子量为 187.71，CAS 号为 665-66-7。该商品外观为无色透明的结晶性粉末，桶装，每桶净含量 25 千克。

化 学 结 构 式：

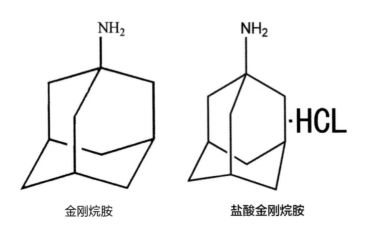

金刚烷胺　　　　　　　　盐酸金刚烷胺

功 能 用 途： 盐酸金刚烷胺具有抗 A 型流感病毒的功效，且对震颤麻痹有明显疗效。盐酸金刚烷胺可用于制造成药，来预防和治疗流感 A 型病毒感染，或治疗原发性震颤麻痹及脑炎后、脑动脉硬化的震颤麻痹综合征。

归类解析

正 确 归 类： 根据该商品的化学结构式可知，金刚烷胺（分子式为 $C_{10}H_{17}N$）属于"环烷单胺"；盐酸金刚烷胺为金刚烷胺的盐酸盐，属于"环烷单胺的盐"。该商品符合《税则》和《税则注释》对品目 29.21 的描述，属《税则》具体列名商品。根据归类总规则一及六，该商品应按照具体列名归入税则号列2921.3000（环烷单胺或多胺、环烯单胺或多胺、环萜烯单胺或多胺及其衍生物以及它们的盐）。

归 类 差 错： 单一成分、未制成零售包装且未配定剂量的盐酸金刚烷胺原料药，有时被错误地按照"抗菌素"归入品目 29.41 项下，例如按照"其他抗菌素"归入税则号列 2941.9090。

归 类 辨 析： 对细菌、真菌等致病微生物具有杀灭或抑制作用（即具有抗菌活性），是有机化学品（有机原料药）按照抗菌素归类的必要条件，而非充分条件。在判别有机化学品（有机原料药）是否按照抗菌素归类时，应根据商品的成分含量、化学结构式和官能团、功能用途（药效）、作用原理（药理）、包装规格等要素进行综合判定。不能仅凭"对细菌、真菌等致病微生物具有杀灭或抑制作用"这一属性，笼统、盲目地将有机化学品（有机原料药）按照抗菌素归入品目 29.41 项下。

虽然盐酸金刚烷胺具有抗病毒功效，但根据其化学结构式可知，该商品属于品目 29.21 项下的"环烷单胺的盐"，符合《税则》和《税则注释》对品目 29.21 的描述，在品目 29.21 项下已有化学定义。因此，根据《税则注释》品目 29.41 的排他条款（三），该商品应按照"环烷单胺的盐"归入品目 29.21 和子目 2921.30 项下，而不应按照"抗菌素"归入品目 29.41 项下。

商品照片

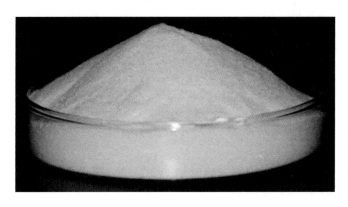  

应归入税则号列 2932.1900

申报信息

申 报 名 称: 呋喃铵盐等。

申 报 价 格: 28.35 美元 / 千克等。

申报税则号列: 2941.9090(其他抗菌素)、2932.9990(其他仅含有氧杂原子的杂环化合物)等。

商品信息

商 品 状 态: 实际商品为单一成分、未制成零售包装且未配定剂量的呋喃铵盐原料药,化学名称为(Z)-2-甲氧亚氨基-2-(呋喃-2-基)乙酸铵,分子式为 $C_7H_{10}N_2O_4$,分子量为 186.17,CAS 号为 97148-39-5。该商品外观为白色结晶粉末,无臭,无味,桶装,每桶净含量 25 千克。

化 学 结 构 式:

呋喃铵盐

功 能 用 途: 该商品用于精制头孢呋辛原料药或制剂。

归类解析

正 确 归 类: 根据该商品化学结构式可知,该商品符合《税则》和《税则注释》对品目 29.32 项下的"仅含有氧杂原子的杂环化合物"的描述,且符合《税则》和《税则注释》对子目 2932.1 项下的"结构上含有一个非稠合呋喃环(不论是否氢化)的化合物"的描述。根据归类总规则一及六,该商品应按照"其他结构上含有一个非稠合呋喃环(不论是否氢化)的仅含有氧杂原子的杂环化合物"归入税则号列 2932.1900。

归 类 差 错： 单一成分、未制成零售包装且未配定剂量的呋喃铵盐原料药，有时被错误地按照"抗菌素"归入品目 29.41 项下（例如，按照"其他抗菌素"归入税则号列 2941.9090），或被错误地按照"其他仅含氧杂原子的杂环化合物"归入税则号列 2932.9990。

归 类 辨 析： 根据该商品化学结构式可知，呋喃铵盐属于品目 29.32 项下的"仅含有氧杂原子的杂环化合物"，且属于子目 2932.1 项下的"结构上含有一个非稠合呋喃环（不论是否氢化）的化合物"，而不属于品目 29.41 项下的抗菌素。因此，该商品不应按照"抗菌素"归入品目 29.41 项下，而应按照"其他结构上含有一个非稠合呋喃环（不论是否氢化）的仅含有氧杂原子的杂环化合物"归入税则号列 2932.1900。

商品照片

案例4 阿维菌素原药

应归入税则号列 2932.2090

申报信息

申报名称： 阿维菌素、阿维菌素原药等。

申报价格： 72~86 美元 / 千克等。

申报税则号列： 2941.9090（其他抗菌素）等。

商品信息

商品状态： 实际商品为未配定剂量且未制成零售包装的阿维菌素原药，为多组分化学品，主要含阿维菌素 B1a 和阿维菌素 B1b 两种成分，且阿维菌素 B1a 含量不低于 90%、阿维菌素 B1b 含量不超过 5%。阿维菌素的分子式为 $C_{48}H_{72}O_{14}$(B1a)·$C_{47}H_{70}O_{14}$(B1b)，分子量为 887.11，CAS 号为 71751-41-2；阿维菌素 B1a 的分子式为 $C_{48}H_{72}O_{14}$，CAS 号为 65195-55-3；阿维菌素 B1b 的分子式为 $C_{47}H_{70}O_{14}$，CAS 号为 65195-56-4。阿维菌素原药外观为白色或浅黄色晶体粉末。该商品报验时为桶装，每桶净含量 25 千克。

化学结构式：

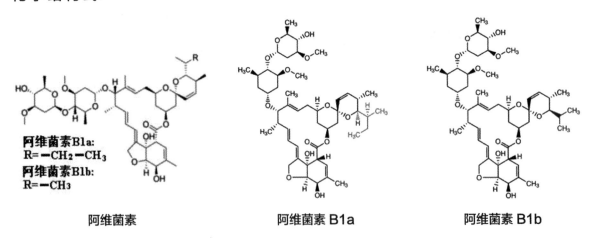

| 阿维菌素 | 阿维菌素 B1a | 阿维菌素 B1b |

功能用途： 阿维菌素是由链霉菌中的阿维链霉菌（Streptomyces Avermitilis）发酵产生的一种具有杀虫、杀螨、杀线虫活性的十六元大环内酯化合物。阿维菌素原药可用于生产农用杀虫剂（属于农药范畴，例如乳油、粉剂、水分散粒剂等）或兽用抗寄生虫成药（属于兽用药品范畴，例如片剂、针剂等）。

归类解析

正 确 归 类: 该商品具有杀虫功效,但不具有抗菌活性,故不应按照抗菌素归入品目
29.41 项下。从该商品化学结构式来说,该商品属于仅含氧杂原子的杂环化
合物,且属于内酯类化合物,属《税则》具体列名商品。根据归类总规则一
及六,该商品应按照"其他内酯"归入税则号列 2932.2090。

归 类 差 错: 未配定剂量且未制成零售包装的阿维菌素原药有时被错误地按照"抗菌素"
归入品目 29.41 项下(例如按照"其他抗菌素"归入税则号列 2941.9090),
或被错误地按照兽用药品归入品目 30.03 或 30.04 项下。

归 类 辨 析: 对细菌、真菌等致病微生物具有杀灭或抑制作用(即具有抗菌活性),是《税
则》第二十九章的有机化学品按照"抗菌素"归入品目 29.41 项下的必要条
件。因此,仅具有杀虫或抗寄生虫功效而对细菌、真菌等致病微生物不具有
杀灭或抑制作用的有机化学品,不应按照抗菌素归入品目 29.41 项下,而应
根据具体化学成分和化学结构式归入《税则》第二十九章的其他品目项下。

商品照片

案例 **5** 伊维菌素原药

应归入税则号列 2932.2090

申报信息

申 报 名 称: 伊维菌素、伊维菌素原药等。

申 报 价 格: 103.5 ~ 130 美元 / 千克等。

申报税则号列: 2941.9090（其他抗菌素）等。

商品信息

商 品 状 态: 实际商品为未配定剂量且未制成零售包装的伊维菌素原药，为多组分化学品，主要成分为伊维菌素 B1（伊维菌素 B1a+ 伊维菌素 B1b），且伊维菌素 B1 含量不低于 93%，其中伊维菌素 B1a 含量不低于 85%。伊维菌素的分子式为 $C_{48}H_{74}O_{14}(B1a) \cdot C_{47}H_{72}O_{14}(B1b)$，CAS 号为 70288-86-7。其中，伊维菌素 B1a 分子式为 $C_{48}H_{74}O_{14}$，CAS 号为 71827-03-7；伊维菌素 B1b 分子式为 $C_{47}H_{72}O_{14}$，CAS 号为 70209-81-3。伊维菌素原药外观为白色结晶性粉末，在甲醇、乙醇、丙酮、乙酸乙酯中易溶，在水中几乎不溶。该商品报验时为桶装，每桶净含量 25 千克。

化学结构式:

伊维菌素 B1a: R=—CH₂—CH₃
伊维菌素 B1b: R=—CH₃

功 能 用 途: 伊维菌素是由阿维链霉菌（Streptomyces Avermitilis）发酵产生的半合成大环内酯类多组分物质，对线虫、昆虫和螨虫均有驱杀活性作用。伊维菌原药可用于生产农用杀虫剂（属于农药范畴）或兽用抗寄生虫药成药（属于兽用药品范畴），近年来也用于制造人用抗寄生虫药成药（例如片剂、胶囊等）。

归类解析

正确归类：该商品具有杀虫功效，但不具有抗菌活性，故不应按照"抗菌素"归入品目29.41项下。从该商品化学结构式来看，该商品属于仅含氧杂原子的杂环化合物，且属于内酯类化合物，属《税则》具体列名商品。根据归类总规则一及六，该商品应按照"其他内酯"归入税则号列2932.2090。

归类差错：未配定剂量且未制成零售包装的伊维菌素原药，有时被错误地按照"抗菌素"归入品目29.41项下（例如按照"其他抗菌素"归入税则号列2941.9090），或被错误地按照兽用药品归入品目30.03或30.04项下。

归类辨析：对细菌、真菌等致病微生物具有杀灭或抑制作用（即具有抗菌活性），是《税则》第二十九章的有机化学品按照"抗菌素"归入品目29.41项下的必要条件。因此，仅具有杀虫或抗寄生虫功效而对细菌、真菌等致病微生物不具有杀灭或抑制作用的有机化学品，不应按照抗菌素归入品目29.41项下，而应根据其具体化学成分和化学结构式归入《税则》第二十九章的其他品目项下。

商品照片

案例 6 **青蒿素原料药**

应归入税则号列 2932.2090

申报信息

申 报 名 称： 青蒿素等。

申 报 价 格： 103.5 ~ 156 美元 / 千克等。

申报税则号列： 2941.9090（其他抗菌素）、3003.6010（含有青蒿素及其衍生物的两种或两种以上成分混合而成的治病或防病用药品）等。

商品信息

商 品 状 态： 实际商品为单一成分、未制成零售包装且未配定剂量的青蒿素原料药，分子式为 $C_{15}H_{22}O_5$，CAS 号为 63968-64-9，分子量为 282.33。青蒿素原料药外观为无色针状结晶。该商品报验时为桶装，每桶净含量 25 千克。该商品的常见中文名称包括青蒿素、黄花蒿素、黄花素、黄蒿素等，常见英文名称包括 Artemisinin、Arteannuin、Artemisinine、Qinghaosu 等。

化 学 结 构 式：

青蒿素

功 能 用 途： 青蒿素是从植物黄花蒿茎叶中提取的有过氧基团的倍半萜内酯类物质，对疟疾具有良好的治疗效果，亦可用于治疗系统性红斑狼疮与盘状红斑狼疮。青蒿素原料药可用于制造抗疟疾的成品药物（例如片剂、胶囊等），可直接使用，也可转化成青蒿琥酯等再使用。

归类解析

正 确 归 类： 根据该商品化学结构式可知，该商品属于仅含有氧杂原子的杂环化合物，且属于内酯类化合物。根据归类总规则一及六，并参考海关总署 Z2013—0019 号归类决定，该商品应按照"其他内酯"归入税则号列 2932.2090。

归 类 差 错： 单一成分、未制成零售包装且未配定剂量的青蒿素原料药，有时被错误地按照"抗菌素"归入品目 29.41 项下（例如按照"其他抗菌素"归入税则号列 2941.9090），或被错误地按照"含有青蒿素及其衍生物的两种或两种以上成分混合而成的治病或防病用药品"归入税则号列 3003.6010。

归 类 辨 析： 核验化学品归类时，应仔细核查商品的化学成分、分子式（或有机物结构式、官能团）、包装规格、功能用途（药效）、作用原理（药理）、加工工艺等要素，以便准确判定商品归类。

商品照片

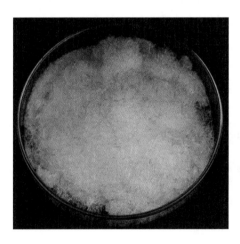 

案例 **7** 洛沙坦钾原料药

应归入税则号列 2933.2900

申报信息

申 报 名 称：洛沙坦钾等。

申 报 价 格：102.86 美元 / 千克等。

申报税则号列：3004.9090（其他已配定剂量或制成零售包装的治病或防病用药品）。

商品信息

商 品 状 态：实际商品为单一成分、未制成零售包装且未配定剂量的洛沙坦钾原料药，

化学名称为 2 丁基 -4- 氯 -1-([2'-(1H- 四唑 -5)(1,1''- 联苯)-4- 基] 甲基)-1H-

咪唑 -5- 甲醇单钾盐，又称氯沙坦钾，分子式为 $C_{22}H_{23}ClKN_6O$，CAS 号

为 124750-99-8，分子量为 461.00。洛沙坦钾原料药外观为白色至类白色粉

末。该商品报验时为桶装，每桶净含量 25 千克。

化 学 结 构 式：

洛沙坦钾

功 能 用 途：洛沙坦钾是选择性的非肽类血管紧张素，也是血管紧张素 AT1 型受体拮抗

剂。洛沙坦钾原料药可用于制造治疗高血压的成品降压药（例如片剂等）。

归类解析

正 确 归 类：根据该商品化学结构式可知，该商品属于仅含有氮杂原子的杂环化合物，且

属于结构上含有一个非稠合咪唑环的化合物。根据归类总规则一及六，该商

品应按照"其他结构上含有一个非稠合咪唑环的仅含氮杂原子的杂环化合物"归入税则号列2933.2900。

归 类 差 错： 单一成分、未制成零售包装且未配定剂量的洛沙坦钾原料药，有时被错误地按照"已配定剂量或制成零售包装的治病或防病用药品"归入品目30.04项下，特别是被错误地按照"其他已配定剂量或制成零售包装的治病或防病用药品"归入税则号列3004.9090。

归 类 辨 析： 单一成分、未制成零售包装且未配定剂量的有机原料药应归入《税则》第二十九章的相应品目，而不应按照成品药归入品目30.04项下。

商品照片

案例 8 盐酸环丙沙星原料药

应归入税则号列 2933.5920

申报信息

申 报 名 称：盐酸环丙沙星等。

申 报 价 格：34.75 美元 / 千克等。

申报税则号列：2941.9090（其他抗菌素）等。

商品信息

商 品 状 态：实际商品为单一成分、未制成零售包装且未配定剂量的盐酸环丙沙星。环丙沙星分子式为 $C_{17}H_{18}FN_3O_3$，CAS 号为 85721-33-1，化学名称为 1- 环丙基 -6- 氟 -1,4- 二氢 -4- 氧代 -7-（1- 哌嗪基）-3- 喹啉羧酸，又称环丙氟哌酸；盐酸环丙沙星分子式为 $C_{17}H_{18}FN_3O_3 \cdot HCl$，CAS 号为 86483-48-9，化学名称为 1- 环丙基 -6- 氟 -1,4- 二氢 -4- 氧代 -7-（1- 哌嗪基）-3- 喹啉羧酸盐酸盐，又称盐酸环丙氟哌酸。该商品外观为白色至微黄色结晶性粉末，桶装，每桶净含量 25 千克。

化学结构式：

环丙沙星   盐酸环丙沙星

功 能 用 途：环丙沙星和盐酸环丙沙星为合成的喹诺酮类抗菌药物，具有广谱抗菌作用，可抑制革兰氏阴性菌、革兰氏阳性菌、厌氧菌等多种细菌的生长和繁殖。环丙沙星原料药和盐酸环丙沙星原料药可用于制造片剂、胶囊、针剂等成品抗菌药物。

归类解析

正 确 归 类： 根据该商品化学结构式可知，环丙沙星和盐酸环丙沙星均符合《税则》和《税则注释》对品目 29.33 项下的"仅含有氮杂原子的杂环化合物"的描述，且符合《税则》和《税则注释》对子目 2933.5 项下的"结构上含有一个哌嗪环的化合物"的描述，属《税则》具体列名商品。根据归类总规则一及六，环丙沙星和盐酸环丙沙星均应按照具体列名归入税则号列 2933.5920（环丙氟哌酸）。

归 类 差 错： 单一成分、未制成零售包装且未配定剂量的环丙沙星原料药和盐酸环丙沙星原料药，有时被错误地按照"抗菌素"归入品目 29.41 项下，例如按照"其他抗菌素"归入税则号列 2941.9090。

归 类 辨 析： 对细菌、真菌等致病微生物具有杀灭或抑制作用（即具有抗菌活性），是有机化学品（有机原料药）按照"抗菌素"归类的必要条件，而非充分条件。在判别有机化学品（有机原料药）是否按照"抗菌素"归类时，应根据商品的成分含量、结构式和官能团、功能用途（药效）、作用原理（药理）、包装规格等要素进行综合判定，不能仅凭"对细菌、真菌等致病微生物具有杀灭或抑制作用"这一属性，笼统、盲目地将有机化学品（有机原料药）按照"抗菌素"归入品目 29.41 项下。

虽然环丙沙星和盐酸环丙沙星具有抗菌功效，但根据其化学结构式可知，环丙沙星和盐酸环丙沙星均属于品目 29.33 项下的"仅含有氮杂原子的杂环化合物"，且属于子目 2933.5 项下的"结构上含有一个哌嗪环的化合物"，符合《税则》和《税则注释》对品目 29.33 和子目 2933.5 的描述，在品目 29.33 和子目 2933.5 项下已有化学定义。因此，根据《税则注释》品目 29.41 的排他条款（三），环丙沙星和盐酸环丙沙星不应按照"抗菌素"归入品目 29.41 项下，而应按照"结构上含有一个哌嗪环的仅含氮杂原子的杂环化合物"归入子目 2933.5 项下。

商品照片

案例 *9* 诺氟沙星原料药

应归入税则号列 2933.5990

申报信息

申 报 名 称：诺氟沙星等。

申 报 价 格：25.6 美元 / 千克等。

申报税则号列：2941.9090（其他抗菌素）等。

商品信息

商 品 状 态：实际商品为单一成分、未制成零售包装且未配定剂量的诺氟沙星原料药，化学名称为 1- 乙基 -6- 氟 -1,4- 二氢 -4- 氧代 -7-（1- 哌嗪基）-3- 喹啉羧酸，分子式为 $C_{16}H_{18}FN_3O_3$，分子量为 319.33，CAS 号为 70458-96-7。该商品外观为类白色至淡黄色粉末，无臭，味微苦，桶装，每桶净含量 25 千克。

化 学 结 构 式：

诺氟沙星

功 能 用 途：诺氟沙星属于第三代喹诺酮类抗菌药，且属于氟喹诺酮类抗菌药，具有广谱抗菌作用。其抗菌原理为通过作用于细菌的 DNA 螺旋酶，抑制细菌 DNA 的合成和复制而导致细菌死亡。诺氟沙星原料药可用于制造片剂、胶囊、针剂等成品抗菌药物。

归类解析

正 确 归 类：根据该商品化学结构式可知，诺氟沙星符合《税则》和《税则注释》对品目 29.33 项下的"仅含有氮杂原子的杂环化合物"的描述，且符合《税则》和《税则注释》对子目 2933.5 项下的"结构上含有一个哌嗪环的化合物"的描述。根据归类总规则一及六，诺氟沙星应按照"其他结构上含有一个哌嗪环的仅含有氮杂原子的杂环化合物"归入税则号列 2933.5990。

归类差错: 单一成分、未制成零售包装且未配定剂量的诺氟沙星原料药，有时被错误地按照"抗菌素"归入品目 29.41 项下，例如按照"其他抗菌素"归入税则号列 2941.9090。

归类辨析: 对细菌、真菌等致病微生物具有杀灭或抑制作用（即具有抗菌活性），是有机化学品（有机原料药）按照"抗菌素"归类的必要条件，而非充分条件。

在判别有机化学品（有机原料药）是否按照"抗菌素"归类时，应根据商品的成分含量、结构式和官能团、功能用途（药效）、作用原理（药理）、包装规格等要素进行综合判定，不能仅凭"对细菌、真菌等致病微生物具有杀灭或抑制作用"这一属性，笼统、盲目地将有机化学品（有机原料药）按照"抗菌素"归入品目 29.41 项下。

虽然诺氟沙星具有抗菌功效，但根据其化学结构式可知，诺氟沙星属于品目 29.33 项下的"仅含有氮杂原子的杂环化合物"，且属于子目 2933.5 项下的"结构上含有一个哌嗪环的化合物"，符合《税则》和《税则注释》对品目 29.33 和子目 2933.5 的描述，在品目 29.33 和子目 2933.5 项下已有化学定义。因此，根据《税则注释》品目 29.41 的排他条款（三），诺氟沙星不应按照"抗菌素"归入品目 29.41 项下，而应按照"结构上含有一个哌嗪环的仅含氮杂原子的杂环化合物"归入子目 2933.5 项下。

商品照片

 **案例10** 扎托洛芬原料药

应归入税则号列 2934.9990

申报信息

申 报 名 称: 扎托洛芬、扎托布洛芬等。

申 报 价 格: 270 美元 / 千克等。

申报税则号列: 2941.9090（其他抗菌素）等。

商品信息

商 品 状 态: 实际商品为单一成分、未制成零售包装且未配定剂量的扎托洛芬（又称扎托布洛芬）原料药，分子式为 $C_{17}H_{14}O_3S$，分子量为 298.36，CAS 号为 89482-00-8。该商品外观为白色粉末状物品，桶装，每桶净含量 20 千克。

化学结构式:

扎托洛芬

功 能 用 途: 扎托洛芬是一种具有消炎、镇痛作用的非甾体抗炎药，主要是通过抑制环氧化酶，使前列腺素的合成减少，从而产生消炎、镇痛的功效。该商品适用于慢性风湿性关节炎、变形性关节炎、腰痛症、肩周炎、颈肩腕综合征，以及手术后、外伤后、拔牙后的消炎、镇痛。扎托洛芬原料药可用于制造片剂、胶囊、针剂等成品抗炎药物。

归类解析

正 确 归 类: 根据该商品化学结构式可知，扎托洛芬属于含有硫杂原子的杂环化合物，符合《税则》和《税则注释》对品目 29.34 项下的"其他杂环化合物"的描述。

根据归类总规则一及六，该商品应按照"其他杂环化合物"归入税则号列 2934.9990。

归 类 差 错： 单一成分、未制成零售包装且未配定剂量的扎托洛芬原料药，有时被错误地按照"抗菌素"归入品目 29.41 项下，例如按照"其他抗菌素"归入税则号列 2941.9090。

归 类 辨 析： 扎托洛芬的作用原理（药理）为通过抑制环氧化酶，使前列腺素的合成减少，从而产生消炎、镇痛的功效。该商品明显不具备杀灭或抑制细菌、真菌等致病微生物的功效，因此，不应按照"抗菌素"归入品目 29.41 项下。根据该商品化学结构式可知，扎托洛芬属于"含有硫杂原子的杂环化合物"。因此，该商品应按照"其他杂环化合物"归入品目 29.34 项下。

商品照片

 **案例11** 氧氟沙星原料药及左氧氟沙星原料药

应归入税则号列 2934.9990

申报信息

申 报 名 称： 氧氟沙星、左氧氟沙星等。

申 报 价 格： 氧氟沙星 45.5 美元 / 千克、左氧氟沙星 59 美元 / 千克等。

申报税则号列： 2941.9090（其他抗菌素）等。

商品信息

商 品 状 态： 实际商品为单一成分、未制成零售包装且未配定剂量的氧氟沙星原料药和左氧氟沙星原料药。氧氟沙星的 CAS 号为 82419-36-1，化学名称为 (±)-9- 氟 -2,3- 二氢 -3- 甲基 -10-(4- 甲基 -1- 哌嗪基)-7- 氧代 -7H- 吡啶并 [1,2,3-de]-[1,4] 苯并恶嗪 -6- 羧酸。左氧氟沙星（又称左旋氧氟沙星）的 CAS 号为 100986-85-4，化学名称为 (-)-(S)-3- 甲基 -9- 氟 -2,3- 二氢 -10-(4- 甲基 -1- 哌嗪基)-7- 氧代 -7H- 吡啶并 [1,2,3-de]-[1,4] 苯并噁嗪 -6- 羧酸。二者的分子式均为 $C_{18}H_{20}FN_3O_4$。氧氟沙星外观为白色至微黄色结晶性粉末，左氧氟沙星外观为类白色至淡黄色结晶性粉末。报验时，二者均为桶装，每桶净含量 25 千克。

化学结构式：

氧氟沙星、左氧氟沙星

功 能 用 途： 氧氟沙星和左氧氟沙星均属于喹诺酮类抗菌药物，左氧氟沙星是氧氟沙星的左旋异构体，二者均具有广谱抗菌作用。氧氟沙星原料药和左氧氟沙星原料药可用于制造片剂、胶囊、针剂等成品抗菌药物。

归类解析

正 确 归 类： 根据商品化学结构式可知，氧氟沙星和左氧氟沙星均属于同时含有氧杂原子和氮杂原子的杂环化合物，符合《税则》和《税则注释》对品目 29.34 项下的"其他杂环化合物"的描述。根据归类总规则一及六，氧氟沙星原料药和左氧氟沙星原料药应按照"其他杂环化合物"归入税则号列 2934.9990。

归 类 差 错： 单一成分、未制成零售包装且未配定剂量的氧氟沙星原料药和左氧氟沙星原料药，有时被错误地按照"抗菌素"归入品目 29.41 项下，例如按照"其他抗菌素"归入税则号列 2941.9090。

归 类 辨 析： 对细菌、真菌等致病微生物具有杀灭或抑制作用（即具有抗菌活性，是有机化学品（有机原料药）按照"抗菌素"归类的必要条件，而非充分条件。在判别有机化学品（有机原料药）是否按照"抗菌素"归类时，应根据商品的成分含量、结构式和官能团、功能用途（药效）、作用原理（药理）、包装规格等要素进行综合判定，不能仅凭"对细菌、真菌等致病微生物具有杀灭或抑制作用"这一属性，笼统、盲目地将有机化学品（有机原料药）按照抗菌素归入品目 29.41 项下。

虽然氧氟沙星和左氧氟沙星具有抗菌功效，但根据其化学结构式可知，氧氟沙星和左氧氟沙星均属于同时含有氧杂原子和氮杂原子的杂环化合物，符合《税则》和《税则注释》对品目 29.34 项下的"其他杂环化合物"的描述，在品目 29.34 项下已有化学定义。因此，根据《税则注释》品目 29.41 的排他条款（三），氧氟沙星和左氧氟沙星不应按照"抗菌素"归入品目 29.41 项下，而应按照"其他杂环化合物"归入品目 29.34 项下。

商品照片

案例 12　醋酸甲地孕酮原料药

应归入税则号列 2937.2390

申报信息

申 报 名 称： 醋酸甲地孕酮等。

申 报 价 格： 416 美元 / 千克等。

申报税则号列： 3004.9090（其他已配定剂量或制成零售包装的治病或防病用药品）等。

商品信息

商 品 状 态： 实际商品为单一成分、未制成零售包装且未配定剂量的醋酸甲地孕酮原料药，化学名称为 6- 甲基 -17α- 羟基孕甾 -4,6- 二烯 -3,20- 二酮 17- 醋酸酯，分子式为 $C_{24}H_{32}O_4$，分子量为 384.51，CAS 号为 595-33-5。该商品外观为白色粉末状物品，由金属罐包装，每罐净含量 4 千克。

化学结构式：

甲地孕酮

醋酸甲地孕酮

功 能 用 途： 醋酸甲地孕酮原料药可用于制造片剂、胶囊、针剂等成品药物，也可直接配定剂量，分装成小袋（例如 150 毫克 / 袋）供患者服用。

归类解析

正 确 归 类： 实际商品为单一成分、未制成零售包装且未配定剂量的醋酸甲地孕酮原料药。甲地孕酮，又称为 6- 甲基 -17α- 羟基孕甾 -4,6- 二烯 -3,20- 二酮或 17α- 羟基 -6- 甲基孕甾 -4,6- 二烯 -3,20- 二酮，属于《税则注释》品目 29.37 项下列名的孕激素。醋酸甲地孕酮是甲地孕酮的醋酸酯，属于甲地孕酮的衍生物。根据归类原则一及六，该商品应按照孕激素的衍生物归入税则号列 2937.2390。

归 类 差 错： 单一成分、未制成零售包装且未配定剂量的醋酸甲地孕酮原料药，有时被错误地按照"已配定剂量或制成零售包装的治病或防病用药品"归入品目 30.04 项下，例如归入税则号列 3004.9090。

归 类 辨 析： 品目 30.04 项下仅包括已配定剂量或制成零售包装的治病或防病用药品。单一成分、未制成零售包装且未配定剂量的有机原料药，不应归入品目 30.04 项下，而应归入《税则》第二十九章相关品目。

核验此类商品时，应仔细核查商品的化学成分、包装规格、功能用途、作用原理（药理药效）等信息，必要时可要求企业提供说明资料，并报送具有相关资质的化验机构化验，以便准确判定商品归类。

商品照片

案例 *13*　雷替斯 / 左甲状腺素钠片

应归入税则号列 3004.3900

申报信息

申 报 名 称: 雷替斯等。

申 报 价 格: 1.9974 美元 / 盒等。

申报税则号列: 3004.9090（其他已配定剂量或制成零售包装的治病或防病用药品）等。

商品信息

商 品 状 态: 实际商品为已配定剂量且制成零售包装的片剂型成药，其外观为类白色至微黄色的圆形药片。该商品的主要成分为左甲状腺素钠（又称左旋甲状腺素钠），分子式为 $C_{15}H_{10}I_4NNaO_4$，分子量为 798.85，辅料成分包括磷酸氢钙、微精纤维素、羟甲基淀粉钠、糊精、长链偏甘油酯。根据药片所含左甲状腺素钠的剂量不同，该商品分为两种规格：一种是左甲状腺素钠含量为 50 微克 / 片的药片，另一种是左甲状腺素钠含量为 100 微克 / 片的药片。该商品的外层包装物为纸盒，内层包装物为双铝泡罩，其包装规格分为两种：一种是每个纸盒包装 100 片药片，另一种是每个纸盒包装 50 片药片。该商品的 CAS 号为 55-03-8。该商品在进口时已经办理了进口药品注册证。该商品的外包装盒上印有商品中英文名称，包装规格，每片药片含左甲状腺素钠的剂量，药片性状，主要适应症，原产国，生产企业名称、地址及商标，进口药品注册证号，生产日期，产品批号，有效期，储藏条件，条码等信息。该商品的随货说明书上印有药品名称、成分、性状、适应症、规格、用法用量、不良反应、禁忌、注意事项、孕妇及哺乳期妇女用药、儿童用药、老年用药、实验室检测、药物相互作用、药物过量、药理毒理、药代动力学、储藏、包装、有效期、执行标准、进口药品注册证号、生产企业等多种供用户（医院、家庭、患者等）使用时参阅的信息。该商品的中文名称为雷替斯，通用名称为左甲状腺素钠片，英文名称包括 Letrox、Levothyroxine Sodium Tablets 等。

化学结构式：

左旋甲状腺素　　　　　　　　　　　左甲状腺素钠

功 能 用 途： 该商品的功能包括各种原因的甲状腺功能低减的替代治疗；预防甲状腺功能正常的甲状腺肿手术后甲状腺肿复发；治疗甲状腺功能正常的良性甲状腺肿；抗甲状腺药物治疗甲亢，当甲状腺功能正常时可和抗甲状腺药物合用；甲状腺癌手术后，抑制肿瘤生长和补充体内缺乏的甲状腺激素；甲状腺功能抑制试验。具体使用方法是由患者按照规定的剂量（根据不同的病症给以不同的剂量）口服服用。

归类解析

正 确 归 类： 实际商品为已配定剂量且制成零售包装的片剂型成药，具有明确的治疗作用，根据归类总规则一，该商品应按照"已配定剂量或制成零售包装的治病或防病用药品"归入品目 30.04 项下。《税则注释》品目 29.37 的注释中明确列出了左旋甲状腺素（分子式为 $C_{15}H_{11}I_4NO_4$，分子量为 776.87），并明确将左旋甲状腺素列为"其他激素"的一种；左甲状腺素钠为"左旋甲状腺素"的钠盐，也属于品目 29.37 项下列名的化学品。该商品"雷替斯"的主要成分为左甲状腺素钠，且不含抗菌素。因此，根据《税则》归类总规则一及六，该商品应按照"含有品目 29.37 所列商品但不含抗菌素的，已配定剂量或制成零售包装的治病或防病用药品"归入子目 3004.39 项下，并应归入税则号列 3004.3900。

归 类 差 错： 成品药雷替斯有时被错误地按照"其他已配定剂量或制成零售包装的治病或防病用药品"归入子目 3004.9 项下，特别是被错误地归入税则号列 3004.9090。

归 类 辨 析： 核定化学品归类时，应仔细核查商品的化学成分、分子式（有机物结构式和官能团）、包装规格、加工工艺、功能用途（药效）、作用原理（药理）等信息，必要时可报送具有相关资质的化验机构化验，以便准确判定商品归类。

商品照片

案例 14 注射用盐酸万古霉素

应归入税则号列 3004.2090

申报信息

申 报 名 称： 注射用盐酸万古霉素等。

申 报 价 格： 12.15 美元 / 克等。

申报税则号列： 3004.9090（其他已配定剂量或制成零售包装的治病或防病用药品）等。

商品信息

商 品 状 态： 实际商品为已配定剂量且制成零售包装的盐酸万古霉素粉针，其外观为类白色至微粉色粉末。该商品的化学成分为高纯度的盐酸万古霉素。该商品在进口时已经办理了进口药品注册证。该商品的内层包装物为小玻璃瓶，包装规格包括 500 毫克 / 瓶和 1 克 / 瓶两种；该商品的外层包装物为纸盒，每盒内装 1 瓶或数瓶药粉。该商品的包装盒和包装瓶的标签上印有药品名称、成分、适应症、规格、用法用量、不良反应、禁忌、注意事项、有效期等多种供用户（医院、家庭、患者等）使用时参阅的信息。该商品的中文通用名称为注射用盐酸万古霉素，其他中文名称包括稳可信等，英文名称包括 Vancomycin Hydrochloride for Injection、VANCOCIN(R)CP 等。

化 学 结 构 式：

盐酸万古霉素

功 能 用 途： 该商品的功能为治疗耐甲氧西林的金黄色葡萄球菌及其他细菌引起的感染

（例如，败血症，感染性心内膜炎，骨髓炎，关节炎，灼伤、手术创伤等浅表性激发感染，肺炎，肺脓肿，脓胸，腹膜炎，脑膜炎等）。具体使用方法为：将该商品配制成溶液（在 500 毫克 / 瓶的药粉中注入 10 毫升无菌注射用水或在 1 克 / 瓶的药粉中注入 20 毫升无菌注射用水制成溶液），并经进一步稀释后，为患者静脉滴注。

归类解析

正 确 归 类： 实际商品为已配定剂量且制成零售包装的注射用粉针型成药，具有明确的治疗作用，根据归类总规则一，该商品应按照"已配定剂量或制成零售包装的治病或防病用药品"归入品目 30.04 项下。该商品的化学成分为盐酸万古霉素，分子式为 $C_{66}H_{76}C_{13}N_9O_{24}$，分子量 1486，是一种窄谱抗菌素，仅对革兰阳性菌有效，例如溶血性链球菌、肺炎球菌、淋球菌及肠球菌等。因此，根据《税则》归类总规则一及六，该商品应按照含有除"青霉素及具有青霉烷酸结构的青霉素衍生物或链霉素及其衍生物"外的其他抗菌素的成药归入子目 3004.2 项下，并应归入税则号列 3004.2090。

归 类 差 错： 注射用盐酸万古霉素有时被错误地按照"其他已配定剂量或制成零售包装的治病或防病用药品"归入子目 3004.9 项下，特别是被错误地归入税则号列 3004.9090。

归 类 辨 析： 已配定剂量或制成零售包装的含有抗菌素的药品，应酌情归入子目 3004.1 或 3004.2 项下，而不应按照其他已配定剂量或制成零售包装的药品归入子目 3004.9 项下。

商品照片

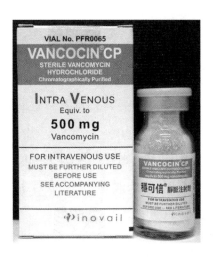

第二节 未列名化学品

案例 **1** 发热贴类商品

应归入税则号列 3824.9999

申报信息

申 报 名 称： 暖袋、发热暖贴、热袋、温热理疗贴、热帖等。

申 报 价 格： 0.52 美元 / 个等。

申报税则号列： 3005.1090（其他胶粘敷料及有胶粘涂层的其他物品）、3005.9090（品目 3005 项下的其他物品）等。

商品信息

商 品 状 态： 实际商品为发热贴（又称热贴、暖贴、热袋、暖袋、温旭贴、暖宝、帖衣型怀炉等），是内部含有铁粉、水、活性炭、木粉、无机盐等成分的自粘贴膏。此类商品在未使用时为密封包装。撕开包装后，此类商品中的成分即与空气中的氧气发生化学反应释放热量。

功 能 用 途： 此类商品可粘贴在人的内衣上起到发热、热敷、保暖等作用，也可用于对物品进行加热和保温。

归类解析

正 确 归 类： 该商品含有多种成分，符合《税则》和《税则注释》对品目 38.24 项下的"《税则》第三十八章其他品目未列名的化学工业及其相关工业的化学商品及配制品"的描述。根据归类总规则一及六，并参考海关总署 Z2022－0060 号归类决定，该商品应归入税则号列 3824.9999。

归 类 差 错： 发热贴类商品有时被错误地归入品目 30.05 项下，例如归入税则号列 3005.1090 或 3005.9090。

监管要点: 核验贴膏类商品时，应仔细核查商品的材质、结构、化学成分、功能用途、作用原理等信息，必要时可要求企业提供说明资料，以便准确判定商品归类。

商品照片

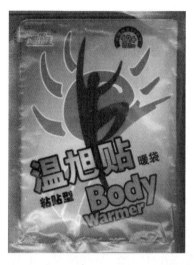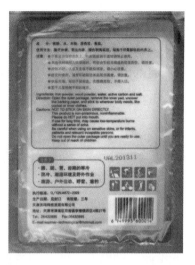

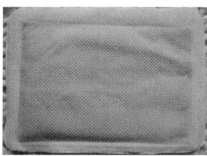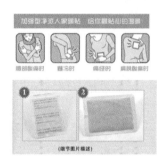

案例2 **降温贴类商品**

应归入税则号列 3824.9999

申报信息

申 报 名 称: 降温贴、退热贴等。

申 报 价 格: 0.16 美元 / 个等。

申报税则号列: 3005.1090（其他胶粘敷料及有胶粘涂层的其他物品）、3005.9090（品目 3005 项下的其他物品）等。

商品信息

商 品 状 态: 实际商品为降温贴（又称退热宝、退热贴、凉舒贴等），是含有水、甘油、右旋山梨糖醇、聚丙烯酸钠、酒精、薄荷醇等成分的胶贴类商品。

功 能 用 途: 此类商品粘贴在人的前额或伤痛部位使用，其功能是在人体发热时作紧急退热，或对肌肉、关节、软组织等的劳损、拉伤或挫伤等伤痛起冻疗作用。

此类商品通过物理降温方式（利用吸收热量的原理）对发热、疼痛、肿胀等症状进行辅助缓解。

归类解析

正 确 归 类: 此类商品含有多种成分，并通过物理降温方式（利用吸收热量的原理）对发热等症状进行辅助缓解，但并不具有治疗和预防疾病的作用，因而不能按照药品进行归类。该商品符合《税则》和《税则注释》对品目 38.24 项下的"《税则》第三十八章其他品目未列名的化学工业及其相关工业的化学产品及配制品"的描述。根据归类总规则一及六，并参考海关总署 Z2022—0061 号归类决定，该商品应归入税则号列 3824.9999。

归 类 差 错: 降温贴类商品有时被错误地归入品目 30.05 项下，例如归入税则号列 3005.1090 或 3005.9090。

归 类 辨 析: 核验胶贴类商品时，应仔细核查商品的材质、结构、化学成分、功能用途、作用原理等信息，必要时可要求企业说明资料，以便准确核定商品归类。

商品照片

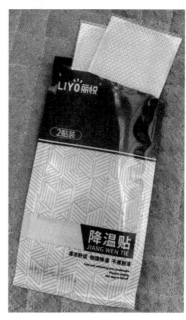

案例 3　化学荧光棒

应归入税则号列 3824.9999

申报信息

申 报 名 称：荧光棒、发光棒、亮棒、发光标识棒等。

申 报 价 格：0.3761 美元 / 个等。

申报税则号列：9505.1000（圣诞节用品）、9505.9000（其他节日用品或其他娱乐用品）、9405.5000（非电气的灯具及照明装置）、9405.6900（其他发光标志、发光铭牌及类似品）。

商品信息

商 品 状 态：实际商品为条状和直棒状的化学荧光棒（又称化学发光棒、荧光棒、发光棒、亮棒等），有些化学荧光棒还带有用于悬挂的挂钩。该商品在报验时尚未制成玩具、钓鱼用浮子等特定形态，尚不具备特定用途。该商品是一种依靠化学原理发光的物品，主要由塑料外壳、玻璃管及用以发光的化学物质构成。该商品外部为塑料外壳，内置一个玻璃管，在玻璃管内部和玻璃管与塑料外壳之间的区域分别存放着两组不同的化学物质，当两组物质相遇后即发生化学反应，产生荧光。上述两组化学物质最常见的搭配为：一组为过氧化物成分的氧化剂，另一组为草酸酯和荧光染料溶液。使用者只需对化学荧光棒进行折弯、击打或揉搓等操作，并轻轻摇动荧光棒，使荧光棒内的玻璃管破裂，并使荧光棒内的两种化学物质充分混合发生反应，化学荧光棒即可发光。

功 能 用 途：化学荧光棒可用于夜间户外作业、夜钓、军事、工程建设、水下作业等环境或场景，起到发光、照明、警示等作用；也可用于演唱会、晚会、体育比赛、婚庆、庆祝会、节日庆典等娱乐或庆祝场合，人们挥舞荧光棒，以增加、烘托娱乐或节日气氛。

归类解析

正 确 归 类：实际商品为条状和直棒状的化学荧光棒，尚未加工成玩具、钓鱼浮子等特定形态，尚不具备特定用途。根据《税则注释》对品目 38.24 的描述可知，该商品符合《税则》和《税则注释》对品目 38.24 项下的"《税则》第三十八章其他品目未列名的化学工业及其相关工业的化学商品及配制品"的描述。根据归类总规则一及六，条状和直棒状的化学荧光棒应归入税则号列 3824.9999。

归类差错： 条状或直棒状的化学荧光棒有时被错误地按照"节日用品或其他娱乐用品"归入品目 95.05 项下，或被错误地按照"非电气的灯具及照明装置"归入子目 9405.50 项下，或被错误地按照"发光标志、发光铭牌及类似品"归入子目 9405.6 项下。

归类辨析： 条状或直棒状、未加工成特定形态，且不具备特定用途的化学荧光棒，应归入品目 38.24 和税则号列 3824.9999。但加工成特定形态，具备特定用途的化学荧光棒，则可能需要按照具体用途归类。例如，制成玩具形态（如制成发光球、发光帽、眼镜、魔杖、发卡、手镯、项圈、项链、吊坠、耳坠、戒指、宝剑等形态）的荧光棒，应考虑按照玩具归入品目 95.03 项下；制成钓鱼浮子的荧光棒，应考虑按照钓鱼用具归入品目 95.07 项下。

核验此类商品时应仔细核查商品的材质、形态、组成结构、化学成分、功能用途、工作原理等信息，必要时可要求企业提供说明资料，以便准确判定商品归类。

商品照片

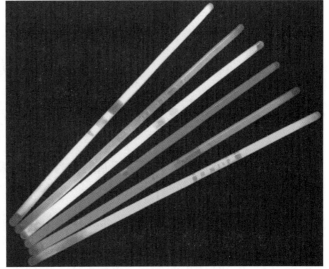

案例4 液体麦芽糖醇（液态糖浆混合物）

应归入税则号列 3824.9999

申报信息

申 报 名 称： 麦芽糖醇等。

申 报 价 格： 1.6 美元 / 千克等。

申报商品编号： 29061990.90（其他环烷醇、环烯醇及环萜烯醇）等。

商品信息

商 品 状 态： 实际商品为液态糖浆混合物，其外观为无色透明的黏稠浆液，由塑料罐包装，每罐净含量为 75 千克。该商品的化学成分为麦芽糖醇、山梨糖醇、水、还原糖等成分的混合物。其中（按质量百分比计），麦芽糖醇（干基）含量为 50%～55%，山梨糖醇（干基）含量小于 8%，还原糖含量 ≤ 0.3%。

功 能 用 途： 该商品用于添加到乳品、酱渍蔬菜、盐渍蔬菜、糖果、面包、糕点、饼干、饮料、果冻等食品中，充当甜味剂。该商品是通过对麦芽糖浆进行部分催化加氢反应（即该反应经人为中断）制得。

归类解析

正 确 归 类： 该商品为多种化学成分的混合物，符合《税则》和《税则注释》对品目 38.24 项下的"《税则》第三十八章其他品目未列名的化学工业及其相关工业的化学产品及配制品"的描述。根据归类总规则一及六，并参考海关总署 W2018－31 号归类决定，该商品应归入税则号列 3824.9999。

归 类 差 错： 该商品有时被错误地按照已有化学定义的有机化学品归入《税则》第二十九章，例如归入税则号列 2906.1990。

归 类 辨 析： 核验化学品时，应仔细核查商品的成分含量、包装规格、加工工艺、功能用途、作用原理等信息，必要时可要求企业提供说明资料，并报送具有相关资质的化验机构化验，以便准确判定商品归类。

商品照片

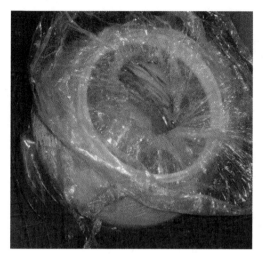 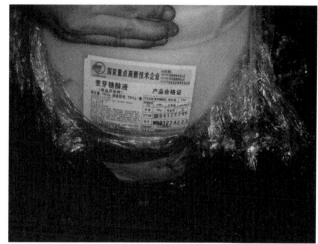

案例 5　导热胶片

应归入税则号列 3824.9099

申报信息

申 报 名 称： 导热胶片等。

申 报 价 格： 17.14 美元 / 个等。

申报税则号列： 35069190.90（其他以橡胶或塑料为基本成分的黏合剂）、39269010.00（塑料制机器及仪器用零件）等。

商品信息

商 品 状 态： 实际商品为矩形片状物品，颜色为灰色、浅绿色等，质地软，是硅树脂、氮化硼（或氧化铝）、玻璃纤维三种物质的混合物，其中玻璃纤维起增强作用。具体成分含量（按质量百分比计）为硅树脂 20% ~ 30%、氮化硼或氧化铝 65% ~ 75%、玻璃纤维约 5%。

功 能 用 途： 该商品的功能为对电子商品进行散热。该商品具有良好的导热性能，可以将电子商品工作时产生的热量有效散发出来，从而防止电子商品因发热而受到损害。该商品是通过将原材料（硅树脂、氮化硼或氧化铝、玻璃纤维）混合后模压成型，然后加热到一定的温度使其凝固，再裁切成一定的形状和尺寸制得。将该商品裁切成小块，粘贴在电子产品或电子元器件表面。

归类解析

正 确 归 类： 该商品的功能为散热，而并非用作胶或黏合剂，因此，该商品不符合《税则》和《税则注释》对品目 35.06 的描述，不应归入品目 35.06 项下。该商品是具有导热、散热功能的化学品，其化学成分和功能用途均符合《税则》和《税则注释》对品目 38.24 项下的"《税则》第三十八章其他品目未列名的化学工业及其相关工业的化学产品及配制品"的描述。根据归类总规则一及六，并参考海关总署 J2022－0005 号归类决定，该商品应归入税则号列 3824.9999。

归 类 差 错： 导热胶片有时被错误地按照胶或黏合剂归入品目 35.06 项下，或被错误地按照塑料制品归入《税则》第三十九章（例如归入品目 39.19、39.20、39.21

或 39.26 项下）。

归 类 辨 析：核验化学品时，应仔细核查商品的成分含量、加工工艺、功能用途、作用原理等信息，必要时可要求企业提供说明资料，并报送具有相关资质的化验机构化验，以便准确判定商品归类。

商品照片

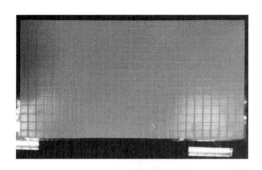

案例 6 经表面改性（表面连接有烷基、氨基、氰基等官能团）的二氧化硅微粒

应归入税则号列 3824.9999

申报信息

申 报 名 称： 八烷烃、十八烷烃、二氧化硅、硅土、硅藻土、偏硅酸钠等。

申 报 价 格： 15065.82 ~ 15066.67 日元 / 千克等。

申报税则号列： 2901.1000（饱和无环烃）、2811.2210（二氧化硅硅胶）、2811.2290（其他二氧化硅）、2839.1100（偏硅酸钠）等。

商品信息

商 品 状 态： 该商品外观为白色粉末状固体，由小塑料瓶包装，是经过表面改性的二氧化硅微粒（例如，用八烷烃、十八烷烃等成分的细粉对二氧化硅微粒的表面进行处理，使其表面改性），其颗粒形状为球形，粒径通常为几微米至几十微米。该商品的主要成分仍然为二氧化硅（二氧化硅的含量可达 97% 以上），但二氧化硅微粒的表面已经连接了烷基［例如，C_8-（即，八烷基）、C_{18}-（即，十八烷基）、C_4-、C_1-、C_6H_5-］、氨基（NH_2-）、氰基（CN-）等官能团。该商品的颗粒形状、平均粒径、比表面积、平均孔径、孔径分布范围、孔容、表面 Ph 值、吸附性能及用途均与普通的二氧化硅粉末具有很大区别。

功 能 用 途： 该商品具有很强的吸附性能。该商品的用途及使用方法是直接填充到色谱柱中，制造色谱柱。该商品的功能为利用自身的吸附性能对色谱仪的分析样品中的不同组分进行分离。

归类解析

正 确 归 类： 该商品是经过表面改性的球形形状的二氧化硅微粒，其表面已经连接了烷基、氨基、氰基等官能团。虽然该商品的主要成分为二氧化硅，但该商品的特殊性能源自其表面连接的官能团，并依靠其表面连接的官能团实现特定用途。因此，该商品不应按照二氧化硅归类。该商品符合《税则》和《税则注释》对品目 38.24 项下的"《税则》第三十八章其他品目未列名的化学工业及其相关工业的化学产品及配制品"的描述。根据归类总规则一及六，该商品应归入税则号列 3824.9999。

归 类 差 错：此类商品有时被错误地按照饱和无环烃归入税则号列 2901.1000，或被错误地按照普通二氧化硅归入子目 2811.22 项下，或被错误地按照偏硅酸钠归入税则号列 2839.1100。

归 类 辨 析：单一成分未经改性的普通二氧化硅应归入子目 2811.22 项下，但经过表面改性（表面已经连接烷基、氨基、氰基等官能团）、具备特殊性能、用以实现特定用途的二氧化硅微粒应按照"《税则》第三十八章其他品目未列名的化学工业及其相关工业的化学产品及配制品"归入品目 38.24 项下，并应归入税则号列 3824.9999。

商品照片

案例 **7** 分子筛

应归入税则号列 3824.9999

申报信息

申 报 名 称： H-ZSM-5 分子筛（工业级）等。

申 报 价 格： 36.5 美元 / 千克等。

申报税则号列： 2842.1000（复合或络合硅酸盐，包括不论是否已有化学定义的硅铝酸盐）等。

商品信息

商 品 状 态： 该商品外观为白色或乳白色粉末状固体，报验时由集装袋包装。该商品由人造沸石［又称为合成沸石，化学通式为 $M_{2/n}O \cdot Al_2O_3 \cdot ySiO_2 \cdot wH_2O$，其中，M 为 n 价阳离子（通常为钠、钾、镁或钙），$y \geq 2$，w 为水分子数］、高岭土（主要成分为 $Al_2O_3 \cdot 2SiO_2 \cdot 2H_2O$）、无定形二氧化硅、结晶二氧化硅等成分组成，其平均粒径为 68 ~ 90 微米。该商品的颗粒具有多孔的立体网状结构，其比表面积较大。

功 能 用 途： 该商品是以人造沸石、高岭土和硅溶胶（即将超细的二氧化硅粉末均匀分散在水中形成的胶状液体）为原材料制造的产品。其中，人造沸石和高岭土用于制造分子筛的骨架；硅溶胶起到黏结剂的作用，用以将固体粉末均匀地黏结在一起。

将硅溶胶、人造沸石和高岭土按照一定比例加入反应釜后搅拌打浆，使其充分均匀地混合；然后利用喷雾干燥机对混合物进行干燥和造粒（制成微粒）；然后在 550 摄氏度下对微粒进行有氧高温活化焙烧，经过焙烧后，微粒具有多孔的立体网状结构，冷却后得到的产品即为分子筛。

人造沸石、高岭土和硅溶胶的主要成分均为 Al_2O_3 和 SiO_2，通过上述工艺可以使 Al_2O_3 和 SiO_2 两种材料的结构发生重排，形成立体网状结构；通过喷雾干燥进行造粒，可以增大产品的比表面积。

该商品可用作化学反应的催化剂（例如，在合成吡啶碱的工艺中，用以提高反应速率），或用作工业吸附剂（用于吸附灰尘、杂质等）。

归类解析

正　确　归　类： 该商品是以人造沸石、高岭土和硅溶胶为原料（其中，人造沸石和高岭土用于制造分子筛的骨架，硅溶胶充当黏结剂），经搅拌打浆（均匀混合）—喷雾干燥造粒—有氧高温活化焙烧—冷却等工艺制成的产品。该商品由人造沸石、高岭土、无定形二氧化硅、结晶二氧化硅等成分组成，平均粒径为68～90微米，属于硅铝酸盐，且从加工工艺来说，该商品属于含黏结料的硅铝酸盐。

虽然该商品的化学成分为硅铝酸盐，但是，根据《税则注释》对品目28.42的描述，含黏结料的粒径通常在5微米以上的硅铝酸盐不应归入品目28.42项下，而应归入品目38.24项下。比照该商品的加工工艺和粒径可知，该商品应按照"《税则》第三十八章其他品目未列名的化学工业及其相关工业的化学产品及配制品"归入品目38.24项下，并应归入税则号列3824.9999。

归　类　差　错： 此类商品有时被错误地按照普通硅铝酸盐（不含黏结料的硅铝酸盐）归入税则号列2842.1000。

归　类　辨　析： 硅铝酸盐（不论其是否为单独的已有化学定义的化合物）应归入品目28.42项下。但是，根据《税则注释》对品目28.42的描述，含黏结料的粒径通常大于5微米的硅铝酸盐应按照"《税则》第三十八章其他品目未列名的化学工业及其相关工业的化学产品及配制品"归入品目38.24项下，并应归入税则号列3824.9099。

商品照片

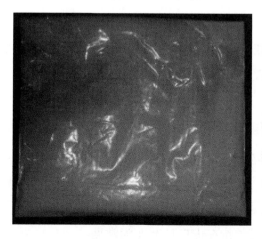

案例 **8** 　成卷的导电胶膜

应归入税则号列 3824.9999

申报信息

申 报 名 称： 手机显示屏用胶膜等。

申 报 价 格： 30970 日元 / 千克等。

申报税则号列： 8531.9090（除防火或防盗报警器及类似装置外，其他电气音响或视觉信号
装置的专用零件）、8517.7930（手持式无线电话机的其他零件）等。

商品信息

商 品 状 态： 实际商品为成卷（绕在卷轴上）的自粘胶膜，规格为 100 米 / 卷。该自粘胶
膜的主要成分为丙烯酸酯，且其中分布着导电粒子（表面镀银的镍颗粒）。

功 能 用 途： 该商品具有良好的导电性能，将该商品裁切成特定长度后，可以粘贴在电气
设备或电子产品的特定部位起电路连接、电流传导等作用。该商品此次进口
后的用途是：裁切成小段后搭接在智能手机的主板和液晶显示屏之间起导电
作用。

归类解析

正 确 归 类： 该商品实际是一种在《税则》第六类无具体列名的化工产品，且并不具备
《税则》第八十四章、第八十五章或第九十章商品零件的特征。该商品符合
《税则》和《税则注释》对品目 38.24 项下的 "《税则》第三十八章其他品目
未列名的化学工业及其相关工业的化学产品及配制品" 的描述。根据归类总
规则一及六，并参考海关总署 Z2022—0080 号归类决定，该商品应归入税
则号列 3824.9999。

归 类 差 错： 此类商品有时被错误地按照《税则》第八十四章、第八十五章或第九十章商
品的专用零件归入零件的税则号列，特别是被错误地按照 "除防火或防盗报
警器及类似装置外，其他电气音响或视觉信号装置的专用零件" 归入税则号
列 8531.9090，或被错误地按照 "手持式无线电话机的专用零件" 归入税则
号列 8517.7930。此类归类差错在进口环节尤为常见。

归 类 辨 析：成卷的导电胶膜（其中分布着导电粒子）应按照"《税则》第三十八章其他品目未列名的化学工业及其相关工业的化学产品及配制品"归入品目 38.24 和税则号列 3824.9999。

商品照片

案例 9 喷雾干燥玉米浆干粉

应归入税则号列 3824.9999

申报信息

申 报 名 称： 玉米浆干粉、喷雾干燥玉米浆干粉等。

申 报 价 格： 4.45 美元 / 千克等。

申报税则号列： 3821.0000［制成的供微生物（包括病毒及类似品）或植物细胞、人体细胞、动物细胞生长或维持用的培养基］等。

商品信息

商 品 状 态： 实际商品为喷雾干燥玉米浆干粉，由纸袋包装，包装规格为 25 千克 / 袋，其包装袋上印有 "喷雾干燥玉米浆干粉" "Spray dried corn steep liquor" 等标识。该商品外观为土黄色粉末状固体，粉末的平均粒径为 100 微米。该商品的成分含量（按质量百分比计）为蛋白质 44.9%、多肽及氨基酸 17.8%、水分 2.9%、乳酸 17.1%、还原糖 0.3%、灰份 17%。该商品的总磷含量为 3.2%、总氮含量为 9.2%。该商品的 CAS 号为 66071-94-1。

功 能 用 途： 将玉米粒在一定温度、一定浓度的亚硫酸（即二氧化硫水溶液）中浸泡 50 小时以上，然后将玉米粒从液体中捞出，剩余的不含玉米粒的液体称为 "玉米浸泡液"。利用超滤膜过滤 "玉米浸泡液"，将 "玉米浸泡液" 分离成透过液（即能够透过超滤膜的小分子成分）和截留液（即被超滤膜截留的大分子成分）。利用石灰乳与上述透过液发生反应，产生上层清液和下层沉淀。将上层清液与截流液混合形成混合液，再对混合液进行浓缩后得到玉米浆。利用喷雾干燥设备对玉米浆进行低温预热和喷雾干燥得到粉末状固体即玉米浆干粉。

该商品用于配制微生物（例如大肠杆菌等）发酵过程中的培养液。其功能为在微生物发酵过程中补充水溶性植物蛋白及水溶性维生素等营养物质。

将该商品投入并充分溶解于一定温度、一定体积的热水中，然后加入葡萄糖、维生素、硫酸锌、硫酸铜等，制成培养液。对上述培养液进行杀菌处理后，即可将大肠杆菌菌株接种到上述培养液中，在一定条件下使大肠杆菌充分发酵，得到大肠杆菌发酵液，即完成大肠杆菌发酵过程。

归类解析

正 确 归 类： 虽然该商品可以在微生物发酵过程中补充营养物质，但该商品本身并不是制成的培养基，并不能直接用于微生物的培养，因此，该商品不应归入品目38.21项下。该商品为多种化学成分的混合物，符合《税则》和《税则注释》对品目38.24项下的"《税则》第三十八章其他品目未列名的化学工业及其相关工业的化学产品及配制品"的描述。根据归类总规则一及六，该商品应归入税则号列3824.9999。

归 类 差 错： 此类商品有时被错误地按照"制成的供微生物（包括病毒及类似品）或植物细胞、人体细胞、动物细胞生长或维持用的培养基"归入品目38.21项下。

归 类 辨 析： 喷雾干燥玉米浆干粉与品目38.21项下的"制成的供微生物生长用的培养基"的主要区别为：喷雾干燥玉米浆干粉本身并不是制成的培养基，并不能直接用于微生物的培养。该商品需要充分溶解于热水中，并加入葡萄糖、维生素、硫酸锌、硫酸铜等成分制成培养液，再经过杀菌后，才能够用于微生物培养。而品目38.21项下的"制成的供微生物生长用的培养基"指的是可直接用于微生物培养的培养基。

核验此类商品时，应仔细核查商品的成分含量、加工工艺、功能用途、使用方法等信息，必要时可要求企业提供说明资料，并报送具有相关资质的化验机构化验，以便准确判定商品归类。

商品照片

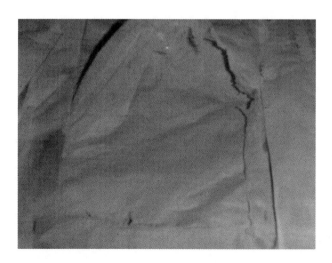  

第三节　其他需要关注的化学品

案例 1　原甲酸三乙酯

应归入税则号列 2915.9000

申报信息

申 报 名 称： 原甲酸三乙酯等。

申 报 价 格： 2.925～3.08 美元 / 千克等。

申报税则号列： 2909.1990（其他无环醚及其卤化、磺化、硝化或亚硝化衍生物）等。

商品信息

商 品 状 态： 实际商品为单一成分的原甲酸三乙酯，又名三乙氧基甲烷、1,1',1''［次甲基三（氧代）］三乙烷等，分子式为 $C_7H_{16}O_3$，分子量为 148.20，CAS 号为 122-51-0。该商品外观为无色透明液体，有刺激性气味，具有醚样气息，微溶于水，溶于乙醇、乙醚等有机溶剂。该商品报验时为桶装，每桶净含量为 50 千克。

化学结构式：

原甲酸三乙酯　　　　　　原甲酸　　　　　　乙醇

功 能 用 途： 该商品可用作制备抗疟药物（氯喹、喹哌）、照相药剂、感光材料的原料，也可用于合成甲川和花菁染料等。

归类解析

正 确 归 类： 实际商品为单一成分的原甲酸三乙酯。根据《税则》第二十九章注释五（一）、《税则注释》第二十九章第七分章总注释，并参考海关总署 Z2010—0008 号归类决定，该商品应按照"其他饱和无环一元羧酸的酯"归入税则号列 2915.9000。

归 类 差 错： 原酸酯（例如原甲酸三甲酯、原甲酸三乙酯、原甲酸三丙酯、原甲酸三异丙酯等）有时被错误地按照"醚"归入品目 29.09 项下，特别是被错误地按照"其他无环醚"归入税则号列 2909.1990。

归 类 辨 析： 虽然原酸酯的化学结构式和官能团与醚非常相似，但是，根据《税则注释》第二十九章第七分章总注释，原酸（可视作水合羧酸）属于第二十九章第七分章所列的羧酸范畴，原酸酯应按照羧酸酯归类，而不应按照醚归类。

具体来说，原甲酸三乙酯在归类时应视作原甲酸与乙醇形成的酯，属于《税则注释》第二十九章第七分章总注释所称的"原酸酯"范畴。原甲酸 $HC(OH)_3=HCOOH+H_2O$，可视作水合饱和无环一元羧酸，原甲酸三乙酯应按照"饱和无环一元羧酸的酯"归入品目 29.15 项下。

商品照片

案例 **2** **原甲酸三甲酯**

应归入税则号列 2915.9000

申报信息

申 报 名 称: 原甲酸三甲酯等。

申 报 价 格: 2.86 美元 / 千克等。

申报税则号列: 2909.1990（其他无环醚及其卤化、磺化、硝化或亚硝化衍生物）等。

商品信息

商 品 状 态: 实际商品为单一成分的原甲酸三甲酯，又称三甲氧基甲烷、原甲酸甲酯、三甲基原甲酸酯、三甲酯甲酸等，分子式为 $C_4H_{10}O_3$，分子量为 106.12，CAS 号为 149-73-5。该商品外观为无色透明液体，溶于乙醇、乙醚、苯。该商品报验时为桶装，每桶净含量 50 千克。

化 学 结 构 式:

原甲酸三甲酯   原甲酸   甲醇

功 能 用 途: 该商品在医药工业中可用于维生素 B1、维生素 A、磺胺嘧啶、吡哌酸及抗菌剂等的生产，在涂料方面可用作防止聚氨酯或环氧涂料因水合而硬化的脱水剂，亦可用于染料和香料工业。

归类解析

正 确 归 类: 实际商品为单一成分的原甲酸三甲酯。根据《税则》第二十九章注释五（一）、《税则注释》第二十九章第七分章总注释，并参考海关总署 Z2010—0008 号归类决定，该商品应按照"其他饱和无环一元羧酸的酯"归入税则号列 2915.9000。

归类差错：原酸酯（例如原甲酸三甲酯、原甲酸三乙酯、原甲酸三丙酯、原甲酸三异丙酯等）有时被错误地按照"醚"归入品目29.09项下，特别是被错误地按照"其他无环醚"归入税则号列2909.1990。

归类辨析：虽然原酸酯的化学结构式和官能团与醚非常相似，但是，根据《税则注释》第二十九章第七分章总注释，原酸（可视作水合羧酸）属于第二十九章第七分章所列的羧酸范畴，原酸酯应按照羧酸酯归类，而不应按照醚归类。

具体来说，原甲酸三甲酯在归类时应视作原甲酸与甲醇形成的酯，属于《税则注释》第二十九章第七分章总注释所称的"原酸酯"范畴。原甲酸 $HC(OH)_3 = HCOOH + H_2O$，可视作水合饱和无环一元羧酸，原甲酸三甲酯应按照"饱和无环一元羧酸的酯"归入品目29.15项下。

商品照片

案例 3　原甲酸三丙酯及原甲酸三异丙酯

应归入税则号列 2915.9000

申报信息

申 报 名 称：原甲酸三丙酯、原甲酸三异丙酯等。

申 报 价 格：5 美元 / 千克等。

申报税则号列：2909.1990（其他无环醚及其卤化、磺化、硝化或亚硝化衍生物）等。

商品信息

商 品 状 态：实际商品为单一成分的原甲酸三丙酯和单一成分的原甲酸三异丙酯，两种商品的分子式均为 $C_{10}H_{22}O_3$，分子量均为 190.28，CAS 号分别为 621-76-1、4447-60-3。两种商品外观均为无色透明液体，报验时均为桶装，每桶净含量均为 50 千克。

化学结构式：

原甲酸三丙酯　　　原甲酸　　　丙醇　　　异丙醇

功 能 用 途：原甲酸三丙酯和原甲酸三异丙酯是重要的中间体，可用于生产、合成多种化学产品。

归类解析

正 确 归 类：实际商品为单一成分的原甲酸三丙酯和单一成分的原甲酸三异丙酯。根据《税则》第二十九章注释五（一）、《税则注释》第二十九章第七分章总注释，并参考海关总署 Z2010—0008 号归类决定，原甲酸三丙酯和原甲酸三异丙酯均应按照"其他饱和无环一元羧酸的酯"归入税则号列 2915.9000。

归 类 差 错： 原酸酯（例如原甲酸三甲酯、原甲酸三乙酯、原甲酸三丙酯、原甲酸三异丙酯等）有时被错误地按照"醚"归入品目 29.09 项下，特别是被错误地按照"其他无环醚"归入税则号列 2909.1990。

归 类 辨 析： 虽然原酸酯的化学结构式和官能团与醚非常相似，但是，根据《税则注释》第二十九章第七分章总注释，原酸（可视作水合羧酸）属于第二十九章第七分章所列的羧酸范畴，原酸酯应按照羧酸酯归类，而不应按照醚归类。

具体来说，原甲酸三丙酯在归类时应视作原甲酸与丙醇形成的酯，原甲酸三异丙酯在归类时应视作原甲酸与异丙醇形成的酯，二者均属于《税则注释》第二十九章第七分章总注释所称的"原酸酯"范畴。原甲酸 $HC(OH)_3 = HCOOH + H_2O$，可视作水合饱和无环一元羧酸，原甲酸三丙酯和原甲酸三异丙酯应按照"饱和无环一元羧酸的酯"归入品目 29.15 项下。

商品照片

案例4 **1，3，6- 己烷三腈**

应归入税则号列 2926.9090

申报信息

申 报 名 称： 己烷三腈等。

申 报 价 格： 152 美元 / 千克等。

申报税则号列： 2901.1000（饱和无环烃）、2902.1100（环己烷）等。

商品信息

商 品 状 态： 实际商品为 1,3,6- 己烷三腈，外观为淡黄色液体，由塑料桶包装，包装规格为 25 千克 / 桶。商品包装物上印有 "1,3,6-Hexanetricarbonitrile" 标识。该商品成分含量（按质量百分比计）为 1,3,6- 己烷三腈 >98%、水 <2%。1,3,6- 己烷三腈的分子式为 $C_9H_{11}N_3$，分子量为 161.2，CAS 号为 1772-25-4。

化 学 结 构 式：

$$CH_2-CH_2-CH-CH_2-CH_2-CH_2$$
$$CN \qquad\qquad CN \qquad\qquad\qquad CN$$

己烷三腈

功 能 用 途： 该商品可用作电解液添加剂。

归类解析

正 确 归 类： 根据该商品的分子式和化学结构式可知，该商品不符合《税则》和《税则注释》对品目 29.01 项下的 "无环烃" 和品目 29.02 项下的 "环烃" 的描述，故不应归入品目 29.01 或 29.02 项下。该商品符合《税则》和《税则注释》对品目 29.26 项下 "腈基化合物" 的描述。根据归类总规则一及六，该商品应按照 "其他腈基化合物" 归入税则号列 2926.9090。

归 类 差 错： 进口环节，品目 29.26 项下的腈基化合物有时被错误地按照烃类化合物归入品目 29.01 或 29.02 项下。例如，1,3,6- 己烷三腈有时被错误地按照 "己烷" 归入子目 2901.10 项下，或被错误地按照 "环己烷" 归入子目 2902.11 项下。

归 类 辨 析： 核查该商品的化学结构式可知，该商品的分子由烷基连接氰基构成。根据

《税则注释》对品目 29.01、29.02 和 29.26 的描述可知，该商品不符合《税则》和《税则注释》对品目 29.01 项下的"无环烃"和品目 29.02 项下的"环烃"的描述，而是符合《税则》和《税则注释》对品目 29.26 项下"腈基化合物"的描述。因此，该商品不应归入品目 29.01 或 29.02 项下，而应归入品目 29.26 项下。

核验有机化学品时，应仔细核查商品的成分含量、分子式、化学结构式和官能团、功能用途、作用原理等信息，必要时可要求企业提供说明资料，并报送具有相关资质的化验机构化验，以便准确判定商品归类。

商品照片

鼠李糖

应归入税则号列 2940.0090

申报信息

申 报 名 称: 鼠李糖等。

申 报 价 格: 46 美元 / 千克等。

申报税则号列: 1702.5000（化学纯果糖）等。

商品信息

商 品 状 态: 实际商品为单一成分的 L- 鼠李糖一水合物（即鼠李糖），分子式为 $C_6H_{12}O_5 \cdot H_2O$，分子量为 182.17，CAS 号为 10030-85-0。该商品外观为白色结晶状粉末，桶装，每桶净含量 25 千克。

化学结构式:

```
        CH₃
          O
HO              OH    · H₂O

   HO      OH
```

鼠李糖

功 能 用 途: 鼠李糖可用来测定肠道的渗透性，也可用作甜味剂，还可用于生产香精香料。

归类解析

正 确 归 类: 该商品符合《税则》和《税则注释》对品目 29.40 项下的"化学纯糖"的描述。根据归类总规则一及六，该商品应按照"其他化学纯糖"归入税则号列 2940.0090。

归 类 差 错: 品目 29.40 项下的化学纯糖有时被错误地归入《税则》第十七章。例如，品目 29.40 项下的鼠李糖被错误地按照"化学纯果糖"归入子目 1702.50 项下。

归 类 辨 析: 在化学纯糖当中，只有化学纯蔗糖、乳糖、麦芽糖、葡萄糖、果糖 5 种化学纯糖应归入《税则》第十七章，其他化学纯糖均应归入品目 29.40 项下。

核验有机化学品时，应仔细核查商品的成分含量、分子式、化学结构式和官能团、功能用途、作用原理等信息，必要时可要求企业提供说明资料，并报送具有相关资质的化验机构化验，以便准确判定商品归类。

商品照片

案例 6 　**双美 1 号胶原蛋白植入剂**

应归入税则号列 3304.9900

申报信息

申 报 名 称： 双美 1 号胶原蛋白植入剂、胶原蛋白植入剂、注射用胶原蛋白等。

申 报 价 格： 70 美元 / 支等。

申报税则号列： 3824.9999（其他品目未列名的化学工业及其相关工业的化学产品及配制品）、3004.9090（其他已配定剂量或制成零售包装的治病或防病用药品）等。

商品信息

商 品 状 态： 实际商品为台湾双美生物科技股份有限公司研制的"双美 1 号胶原蛋白植入剂"（Sunmax Collagen Implant I）。该商品外观为浆液状物品，每毫升"双美 1 号胶原蛋白植入剂"含有胶原蛋白 35 毫克，由小型注射针筒包装，包装规格包括 1 毫升 / 支和 0.5 毫升 / 支两种。

该商品报验时已制成零售包装，具体来说，是由一支注射针筒包装的胶原蛋白、两个注射针头和一张纸质说明书共同包装在一个小纸盒内构成的零售包装货品。该商品进口时已获得国家药品监督管理局批准上市的注册证。

功 能 用 途： 由猪皮纯化（萃取）而制成 I 型胶原蛋白，对胶原蛋白进行过滤除菌，再将胶原蛋白以无菌操作方式分散于磷酸生理食盐缓冲溶液中，并填充于无菌注射针筒中，即制成该商品。

用作皮下填充剂。通过对面部真皮组织进行填充，以纠正、填补面部的皱纹（如眉间纹、额头纹和鱼尾纹等），从而达到抚平皱纹、改善脸部缺陷、雕塑完美肌肤的目的。

将该商品以 27 ~ 30 克细小的无菌针头进行注射，注射时依部位不同及医师临床经验，以 10 ~ 25 度适当角度注射入皮肤缺陷处的真皮层中。每支胶原蛋白植入剂仅限一次使用，一次使用后未用完的部分即行丢弃。

归类解析

正 确 归 类： 该商品符合《税则》和《税则注释》对品目 33.04 的项下的"美容品"的描述，根据归类总规则一及六，并参考海关总署 Z2013－0028 号归类决定，该商品应按照"其他美容品"归入税则号列 3304.9900，并应归入商品编号 33049900.99。

归类差错: 此类商品有时被错误地按照"《税则》第三十八章其他品目未列名的化学工业及其相关工业的化学产品及配制品"归入品目 38.24 项下（例如归入税则号列 3824.9999），或被错误地按照"其他已配定剂量或制成零售包装的治病或防病用药品"归入子目 3004.90 项下（例如归入税则号列 3004.9090）。

归类辨析: 核验此类商品时，应仔细核查商品的化学成分、加工工艺、功能用途、作用原理等信息，必要时可要求企业提供说明资料，并报送具有相关资质的化验机构化验，以便准确判定商品归类。

商品照片

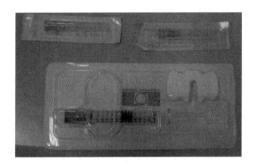 

案例 7 蚊蝇纸筒、粘蝇板、粘蟑盒、粘鼠板、粘鼠胶、粘虫胶及类似产品

应归入税则号列 3808.9910

申报信息

申 报 名 称：强力胶粘鼠板、粘鼠板、粘鼠胶、蚊蝇纸筒、粘蝇筒、粘蝇纸筒、粘蝇胶、迷你粘蟑屋、粘蟑屋、粘蟑胶、粘蚂蚁胶、无公害粘虫胶等。

申 报 价 格：粘鼠板 0.225～0.5 美元 / 个等、粘鼠胶 0.39 美元 / 个等、蚊蝇纸筒和粘蝇板 0.23～0.335 美元 / 个等、粘蟑盒 0.05～0.13/ 个等、粘虫胶 0.265～0.3631 美元 / 个等。

申报税则号列：3506.9190（其他品目未列名的调制胶及其他调制黏合剂）等。

商品信息

商 品 状 态：粘鼠板、粘蝇板、蚊蝇纸筒及类似商品是在塑料或纸质基板、纸张、纸筒等的表面涂覆强力黏着剂制成的商品，报验时已制成零售包装。粘蟑盒（又称粘蟑屋）是内表面涂覆有强力黏着剂的小屋形状的纸盒或类似商品，报验时已制成零售包装。粘鼠胶、粘虫胶及类似商品为制成零售包装的强力黏着剂。粘蟑盒等商品中还可含有用以引诱蟑螂等害虫的引诱剂。但此类商品中通常不含有用以杀灭鼠、蚊蝇、蚂蚁、蟑螂等有害动物的有毒物质。

功 能 用 途：此类商品专用于粘捕鼠、蚊蝇、蚂蚁、蟑螂等有害动物，而无其他用途。鼠、蚊蝇、蚂蚁、蟑螂等有害动物一旦被此类商品粘捕住，即无法动弹，直至饿死。

归类解析

正 确 归 类：蚊蝇纸筒、粘蝇板、粘蟑盒、粘鼠板、粘鼠胶、粘虫胶及类似商品是专用于粘捕鼠、蚊蝇、蚂蚁、蟑螂等有害动物的制品，报验时已制成零售包装。根据《税则注释》对品目 38.08 的描述，此类商品应按照"其他制成零售包装的杀鼠剂、杀虫剂及类似品"归入税则号列 3808.9910。

归 类 差 错：蚊蝇纸筒、粘蝇板、粘蟑盒、粘鼠板、粘鼠胶、粘虫胶及类似商品有时被错误按照"其他品目未列名的调制胶及其他调制黏合剂"归入品目 35.06 项下（例如归入税则号列 3506.9190）。

归类辨析： 核验此类商品时，应仔细核查商品的材质、组成结构、化学成分、功能用途、作用原理等信息，必要时可要求企业提供说明资料，以便准确判定商品归类。

商品照片

445

案例 **8**　乳糖基纳他霉素

应归入子目 3808.92 项下

申报信息

申 报 名 称： 纳他霉素等。

申 报 价 格： 190 美元 / 千克等。

申报税则号列： 2941.9090（其他抗菌素）等。

商品信息

商 品 状 态： 实际商品为白色至奶油黄色结晶性粉末，其成分含量（按质量百分比计）为纳他霉素含量 ≥ 50%、乳糖含量 ≤ 50%。该商品的有效成分为纳他霉素，乳糖是为了保持纳他霉素的稳定性和客户使用方便而人工添加到纳他霉素中的稀释剂。该商品由塑料瓶包装，包装规格 500 克 / 瓶。商品包装物的标签上印有商品的英文名称（Natamycin 50% in Lactose）、净含量、CAS 号、批号、用途（Food Preservative）、生产日期、保质期、储藏方法、生产企业等信息。

化 学 结 构 式：

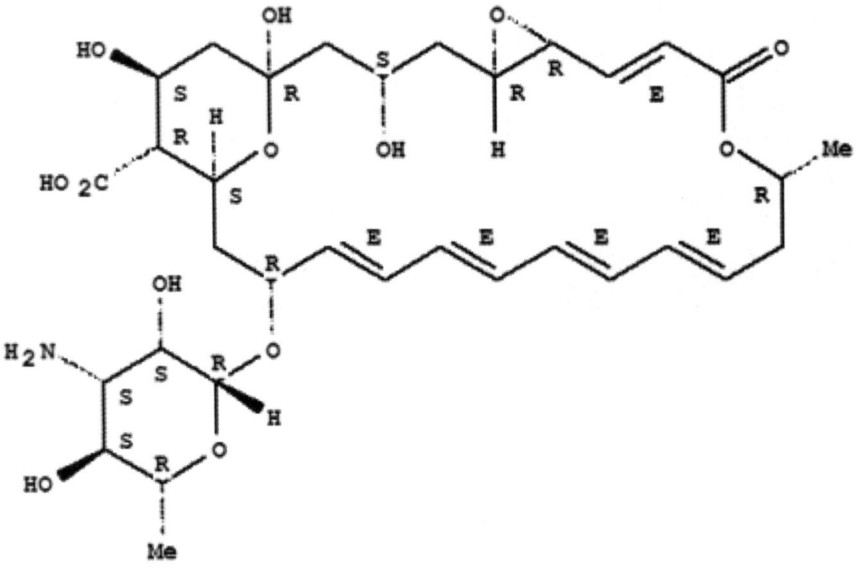

纳他霉素

446

功 能 用 途：该商品属于食品工业用防腐剂，将该商品喷洒到餐具、容器或食品表面，或添加到食品中，可以杀灭和抑制霉菌、酵母菌及其他真菌，达到食品防腐、防霉的目的。

归类解析

正 确 归 类：该商品的准确中文名称为"乳糖基纳他霉素"，是纳他霉素（含量 ≥ 50%）和乳糖（含量 ≤ 50%）两种成分的混合物，用于杀灭和抑制真菌，且乳糖是人工添加到纳他霉素中的。该商品符合《税则》和《税则注释》对品目 38.08 项下的"杀菌剂"的描述，根据归类总规则一及六，该商品应按照"其他杀菌剂"归入子目 3808.92 项下。

归 类 差 错：乳糖基纳他霉素有时被错误地按照"抗菌素"归入品目 29.41 项下，通常是按照"其他抗菌素"归入税则号列 2941.9090。

归 类 辨 析：纳他霉素，分子式为 $C_{33}H_{47}NO_{13}$，分子量 665.73，CAS 号为 7681-93-8，英文名称为 Natamycin，是由链霉菌的一个亚种纳他尔链霉菌在特定的工艺条件下发酵产生的高效多烯大环内酯类抗真菌剂，能有效地抑制霉菌、酵母菌等真菌的生长。从化学成分、化学结构式、功能用途及作用原理来说，单一成分的纳他霉素确应按照"抗菌素"归入品目 29.41 项下。但乳糖基纳他霉素为纳他霉素（含量 ≥ 50%）和乳糖（含量 ≤ 50%）两种成分的混合物，用于杀灭和抑制真菌，且乳糖是人工添加到纳他霉素中的，因此乳糖基纳他霉素不应按照"抗菌素"归入品目 29.41 项下，而应考虑按照"杀菌剂"归入品目 38.08 和子目 3808.92 项下。

商品照片

附录一

进出口货物申报
管理指南

一、什么是进出口货物申报?

进出口货物申报(以下简称"申报")是指进出口货物收发货人或受委托的报关企业,依照《中华人民共和国海关法》(以下简称《海关法》)以及有关法律、行政法规和规章的要求,在规定的期限、地点,采用电子数据报关单和纸质报关单的形式,向海关报告实际进出口货物的情况,并接受海关审核的行为。

申报是进出口货物收发货人履行海关手续的必要环节之一。从法律意义上讲,申报意味着收发货人向海关报告进出口货物的实际情况,申请海关按其申报的内容放行进出口货物。因此,申报不仅是收发货人必须履行的法定义务,也是海关确认进出口货物合法性的先决条件。

根据《海关法》的规定,进出口货物收发货人应当向海关如实申报,交验进出口许可证件和有关单证。如实申报是指进出口货物收发货人或受委托的报关企业在向海关申请办理货物通关手续时,按规定的格式真实、准确地填报与进出口货物有关的各项内容。如实申报不仅是货物快捷通关的前提,同时也是进出口货物申报人的法定义务。进出口货物收发货人、受委托的报关企业应当对申报内容的真实性、准确性、完整性和规范性承担相应的法律责任。

二、什么是规范申报? 海关对商品规范申报有何要求?

为规范进出口企业申报行为,根据《海关法》和《中华人民共和国海关进出口货物报关单填制规范》(以下简称《报关单填制规范》),海关总署编制了《中华人民共和国海关进出口商品规范申报目录》(以下简称《商品规范申报目录》),并以海关总署公告形式对外发布。进出口货物收发货人或其代理人应当严格按照《商品规范申报目录》中所列商品申报要素的内容填制报关单。

三、具备申报资格需满足哪些条件?

根据《海关法》的规定,进出口货物收发货人,可以自行向海关申报,也可以选择委托报关企业向海关申报。进出口货物收发货人、报关企业办理报关手续,应当依法向海关备案。

海关在接受申报时,首先审核报关单位(指依法在海关备案的进出口货物收发货人和报关企业)是否符合以下条件:

一是进出口货物的报关单位是有权经营进出口业务的企业;

二是有权经营进出口业务的企业已向海关办理备案手续;

三是专门或代理从事办理报关手续的专业报关企业、代理报关企业，已向海关办理备案手续。

四、申报有哪些主要方式？

办理进出口货物的海关申报手续，应当采用纸质报关单和电子数据报关单的申报形式。

纸质报关单申报形式是指进出口货物收发货人、受委托的报关企业，按照《报关单填制规范》的要求填制纸质报关单备齐随附单证，向海关当面递交单证的申报方式。进出口货物纸质报关单是收发货人向海关递交的报告货物情况的法律文书，是海关依法监管货物进出口的重要凭证。进出口货物收发货人或受委托的报关企业必须按照《报关单填制规范》的要求如实、准确地填写，并对所填制内容的真实性、准确性、合法性、完整性负责。

电子数据申报形式是指进出口货物收发货人、受委托的报关企业备齐随附单证，通过计算机系统，按照《报关单填制规范》的要求录入进出口货物报关单电子数据，通过中国电子口岸将数据传输至海关通关作业系统的申报方式。进出口货物收发货人或受委托的报关企业在向海关进行纸质报关单申报的同时，应当以电子数据报关单形式向海关申报。特殊情况下经海关同意，可以先采用纸质报关单形式申报，事后补报电子数据，补报的电子数据应当与纸质报关单内容相一致。电子数据报关单与纸质报关单具有相同的法律效力。进出口货物收发货人或受委托的报关企业必须承担因电子数据申报不实而引起的相关法律责任。因此，报关单位在向海关传输电子数据前应当认真核查所申报内容是否规范、准确，交验单证和随附单据是否齐全、有效，是否与申报内容相符。

五、进出口货物的申报期限有多长？

进口货物收货人、受委托的报关企业应当自运输工具申报进境之日起 14 日内向海关申报。进口转关运输货物收货人、受委托的报关企业应当自运输工具申报进境之日起 14 日内向进境地海关办理转关运输手续，有关货物应当自运抵指运地之日起 14 日内向指运地海关申报。出口货物发货人、受委托的报关企业，除海关特准外，应当在货物运抵海关监管区后、装货的 24 小时以前向海关申报。

六、进口货物逾期未申报需承担哪些法律后果？

根据《中华人民共和国海关征收进口货物滞报金办法》的有关规定，进口货物收货人超过规定期限向海关申报产生滞报，由海关依法征收滞报金。征收进口货物滞报金应当按日计征，以运输工具申报进境之日起第 15 日为起征日，以海关接受申报之日为截止日，滞报金起征日遇有休息日或者法定节假日的，顺延至休息日或者法定节假日之后的第一个工作日。

除另有规定外，起征日和截止日均计入滞报期间。滞报金的日征收金额为进口货物完税价格的 0.5‰，以人民币"元"为计征单位，不足人民币 1 元的部分免予计征。滞报金的起征点为人民币 50 元。

进口货物收货人自运输工具申报进境之日起超过 3 个月未向海关申报的，其进口货物由海关提取依法变卖处理，所得价款在扣除运输、装卸、储存等费用和税款后，尚有余款的，自货物依法变卖之日起 1 年内，经收货人申请，予以发还，其中属于国家对进口有限制性规定，应当提交许可证件而不能提供的，不予发还。逾期无人申请或不予发还的，上缴国库。

七、如何确定申报日期？

申报日期是指申报数据被海关接受的日期。无论是以电子数据报关单形式申报还是以纸质报关单形式申报，海关以接受申报数据的日期为接受申报日期。

以电子数据报关单形式申报的，申报日期为海关通关作业系统接受申报数据时记录的日期，该日期将反馈给原数据发送单位，或者公布于海关业务现场，或者通过公共信息系统发布。

以纸质报关单形式申报的，申报日期为海关接受纸质报关单并对报关单进行登记处理的日期。

除此之外，几种特殊情况申报日期的确定原则如下：

一是电子数据报关单经过海关计算机检查被退回的，视为海关不接受申报，进出口货物收发货人、受委托的报关企业应当按照要求修改后重新申报，申报日期为海关接受重新申报的日期。

二是海关已接受申报的报关单电子数据，人工审核确认需要退回修改的，进出口货物收发货人、受委托的报关企业应当按照海关规定进行修改并重新发送报关单电子数据，申报日期仍为海关接受原报关单电子数据的日期。

三是以纸质报关单形式申报的，海关审结报关单电子数据后，进出口货物收发货人、受委托的报关企业未在规定期限或校准的期限内递交纸质报关单的，海关删除电子数据报关单，收发货人或报关企业应当重新申报，由此产生的滞报金按照《中华人民共和国海关征收进口货物滞报金办法》的规定办理。

八、进出口货物收发货人如何委托报关企业办理报关手续？

进出口货物收发货人可以自行向海关申报，也可以委托报关企业向海关申报。进出口货物收发货人委托报关企业向海关办理申报手续，应办理委托手续，与报关企业签订载有明确委托事项的委托文件，并提供委托报关事项的真实情况。

委托文件应当使用规范统一的代理报关委托文书。代理报关委托文书纸质格式包括报关委托书、委托报关协议两个文本，进出口货物收发货人与受委托的报关企业也可以通过《代理报关委托书/委托报关协议》管理系统签订电子代理报关委托文书。报关委托书主要是明确双方的法律地位和责任，侧重于确立委托关系，是进出口货物收发货人单方面授权的法律文书。委托报关协议侧重于履行"合理审查"职责、为填制报关单做准备，进出口货物收发货人要如实提供委托报关事项的真实情况，报关企业要认真履行"合理审查"的法律义务。

报关企业接受进出口货物收发货人的委托，以自己的名义或以委托人的名义向海关申报的，应当向海关提交由委托人签署的授权委托书，并按照委托书的授权范围办理有关海关手续。

九、报关企业对进出口货物收发货人提供情况的"合理审查"包括哪些内容？

报关企业接受进出口货物收发货人的委托办理报关手续时，应当对委托人所提供情况的真实性、准确性、完整性进行合理审查，审查内容包括：

一是证明进出口货物实际情况的有关资料，包括进出口货物的品名、规格、用途、产地、贸易方式等；

二是有关进出口货物的合同、发票、运输单据、装箱单等商业单据；

三是进出口所需要的许可证件及随附单证；

四是海关要求的加工贸易手册(纸质或电子数据)以及其他进出口单证。

此外，报关企业还应当向其委托人了解买卖双方是否具有关联关系，对货物的处置、使用是否有特殊的限制条件等情况，以便向海关如实申报。

报关企业对进出口货物收发货人所提供情况的真实性、准确性、完整性未能履行合理审查义务，致使其申报的内容不真实、不合法的，应承担相应的法律责任。根据《中华人民共和国海关行政处罚实施条例》(以下简称《海关行政处罚实施条例》)的规定，报关企业、报关人员对委托人所提供情况的真实性未进行合理审查，或者因工作疏忽致使发生申报不实情形的，海关可以对报关企业处货物价值10%以下的罚款，暂停其6个月以内从事报关活动；情节严重的，禁止其从事报关活动。

十、进口货物收货人能否在申报前查看货物或提取货样？

进口货物收货人在向海关申报前，因确定货物的品名、规格、型号、归类等原因，可以向海关提出查看货物或者提取货样的书面申请。经海关审核同意的，派员到场实际监管。

进口货物收货人查看货物或提取货样时，由海关开具取样记录和取样清单。提取货样的货物涉及动植物及其产品以及其他须依法提供检疫证明的，应当按照国家有关法律规定在取得主管部门签发的书面批准证明后提取。提取货样后，到场实际监管的海关工作人员和进口货物收货人应当在取样记录和取样清单上签字确认。

十一、进出口货物收发货人或报关企业办理申报手续时需向海关递交哪些报关单证？

以纸质报关单形式申报的，进出口货物收发货人、受委托的报关企业应当自接到海关"现场交单"或"放行交单"通知之日起 10 日内，持纸质报关单并备齐随附单证，向货物所在地海关递交书面单证并办理相关海关手续。

进出口货物收发货人、受委托的报关企业到海关现场办理接单审核、征收税费及验放手续时，应当向海关递交与电子数据报关单内容相一致的纸质报关单、国家实行进出口管理的许可证件及海关要求的随附单证等。进出口货物报关单应当随附的主要单证包括：

1. 贸易合同；

2. 商业发票；

3. 装箱清单；

4. 载货清单（舱单）；

5. 提（运）单；

6. 代理报关授权委托协议；

7. 进出口许可证件；

8. 海关要求的加工贸易手册（纸质或电子数据）；

9. 其他需要提供的进出口有关单证。

货物实际进出口前，海关已对该货物作出预归类决定的，进出口货物收发货人、受委托的报关企业在货物实际进出口申报时应当向海关提交"预归类决定书"。

适用通关作业无纸化作业模式的进出口货物收发货人、受委托的报关企业可选择通关作业无纸化作业方式。根据《关于深入推进通关作业无纸化改革工作有关事项的公告》（海关总署公告 2014 年第 25 号）的有关规定，通关作业无纸化报关单需要上传电子随附单证，包括：

1. 进口货物

（1）加工贸易及保税类报关单：合同、装箱清单、载货清单（舱单）等随附单证企业在申报时可不向海关提交，海关审核时如需要再提交。

（2）非加工贸易及保税类报关单：装箱清单、载货清单（舱单）等随附单证企业在申报时可不向海关提交，海关审核时如需要再提交。

（3）京津冀海关实施区域通关一体化改革的报关单：合同、装箱清单、载货清单（舱单）等随附单证企业在申报时可不向海关提交，海关审核时如需要再提交。

2. 出口货物

出口货物各类报关单，企业向海关申报时，合同、发票、装箱清单、载货清单（舱单）等随附单证可不提交，海关审核时如需要再提交。

十二、报关单申报的商品编号与所附许可证商品编号不一致时，如何处理？

当报关单申报的商品编号与所附许可证商品编号不一致时，在电子审单环节判断出商品编号与许可证不符，转入人工审单环节，海关关员对报关单作退单处理，并要求货主去相应许可证发证机关换领许可证，再行申报。若有特殊情况。可酌情处理。

十三、什么是"属地申报、口岸验放"通关模式？

"属地申报、口岸验放"是指符合海关规定条件的守法水平较高的企业，在其货物进出口时，可以自主选择向属地海关申报，并在口岸海关办理货物验放手续的一种通关模式。

"属地申报、属地放行"是"属地申报、口岸验放"通关模式的一种方式，是指符合海关规定条件的高资信企业，在其货物进出口时，可以自主选择向属地海关申报，并在属地海关办理货物放行手续。

商品归类总规则

货品在协调制度中的归类，应遵循以下原则：

规则一 类、章及分章的标题，仅为查找方便而设；具有法律效力的归类，应按税目条文和有关类注或章注确定，如品目、类注或章注无其他规定，则按以下规则确定。

规则二 （一）品目所列货品，应视为包括该项货品的不完整品或未制成品，只要在报验时该项不完整品或未制成品具有完整品或制成品的基本特征。还应视为包括该项货品的完整品或制成品（或按本款规则可作为完整品或制成品归类的货品）在报验时的未组装件或拆散件。

（二）品目中所列材料或物质，应视为包括该种材料或物质与其他材料或物质混合或组合的物品。品目所列某种材料或物质构成的货品，应视为包括全部或部分由该种材料或物质构成的货品。由一种以上材料或物质构成的货品，应按规则三归类。

规则三 当货品按规则二（二）或由于其他原因看起来可归入两个或两个以上品目时，应按以下规则归类：

（一）列名比较具体的品目，优先于列名一般的品目。但是，如果两个或两个以上品目都仅述及混合或组合货品所含的某部分材料或物质，或零售的成套货品中的部分货品，即使其中某个品目对该货品描述得更为全面、详细，这些货品在有关品目的列名应视为同样具体。

（二）混合物、不同材料构成或不同部件组成的组合物以及零售的成套货品，如果不能按照规则三（一）归类时，在本款可进用的条件下，应按构成货品基本特征的材料或部件归类。

（三）货品不能按照规则三（一）或（二）归类时，应按号列顺序归人其可归入的最末一个品目。

规则四 根据上述规则无法归类的货品，应归入与其最相类似的货品的品目。

规则五 除上述规则外，本规则适用于下列货品的归类：

（一）制成特殊形状，适用于盛装某一或某套物品并适合长期使用的照相机套、乐器盒、枪套、绘图仪器盒、项链盒及类似容器，如果与所装物品同时报验，并通常与所装物品一同出售的，应与所装物品一并归类。但本款不适用于本身构成整个货品基本特征的容器。

（二）除规则五（一）规定的以外，与所装货品同时报验的包装材料或包装容器，如果通常是用来包装这类货品的，应与所装货品一并归类。但明显可重复使用的包装材料和包装容器不受本款限制。

规则六 货品在某一品目项下各子目的法定归类，应按子目条文或有关的子目注释以及以上各条规则（在必要的地方稍加修改后）来确定，但子目的比较只能在同一数级上进行。除条文另有规定的以外，有关的类注、章注也适用于本规则。